STOLEN IDENTITY

Jesus Christ: History or Hoax?

Jonathan Gray

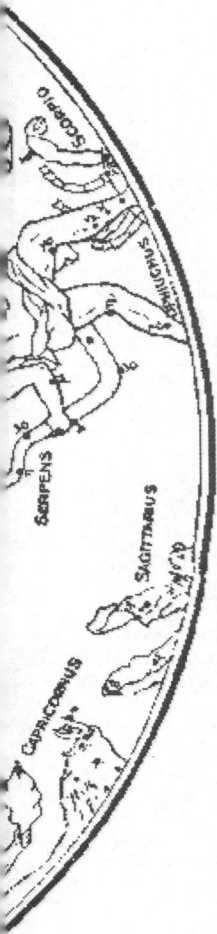

多一个视点看世界

秘史译丛

主编 一枝笔

被窃的身份

耶稣·基督：是历史还是骗局？

[美] 乔纳森·格雷 著

邱琳光 译

吉林出版集团股份有限公司

序 言

　　本书属于"秘史译丛"系列的一本,延续之前的揭秘风格,探讨西方进化论背后的神秘历史。作者乔纳森・格雷为美国考古学家、古代宗教和神秘主义研究学者,在此书中,他从考古学、宗教学、历史学、人类学,甚至天文学、神话学、语言学、统计学和外星人轶闻方面全新阐释了人类历史。正如作者所言,本书是"一部考古、历史与宗教交织的探秘史",充满悬念,涉猎领域广泛,时空跨越宏大,兼具历史性、知识性、趣味性。

　　此书题为"被窃的身份",源自作者认为世界各异教的救世主传说都是对一则著名预言的剽窃。基于相关研究,信奉有神论的作者认为,人类史本质上是造物主与路西法军团的旷日对抗。自受引诱堕落及文明伊始,人类就被给予一则预言,预示他们终将被拯救。一条象征魔鬼的蛇控制了地球,然而处女之子将会到来并与之战斗,将其击败,让生机、和平与幸福重归人间。根据作者的考察资料,此为人类历史上最早的预言。为了让它代代相传,该预言被有意识地刻在星图中,即今日我们熟知的黄道带十二星座,它最初并非用于占卜,而是用于讲述一条重要信息,告知人类救世主将如何到来。此预言出现于公元前4000年,远早于苏美尔、古巴比伦、古波斯、古埃及、古印度、古中国等文明中的救世主传说。

最初，人类生活在同一社群，拥有相同的语言和星空符号。人类始祖曾谨记那则预言，奉行一神教信仰，虔诚期盼预言的实现。然而路西法军团不甘就此失败，他们成功寻找人类代言人篡改原始预言，蒙蔽人类的双眼。公元前2200年，塞米勒米斯阴谋将其丈夫宁录改装成预言中的救世主形象。一神教就此渐渐沦为太阳崇拜、多神教及神秘祭祀等。随着接踵而至的语言大混乱和两次人类扩散，人类在世界各地创立各种新文明和新宗教，而被歪曲的原始预言也被纳入之中，不断传承，甚至延续至今。这也解释了为何从现今看来，世界各地的救世主传说有许多共通之处，因为它们都源自一则最早预言的仿冒货。而真正救赎者的身份却被劫持、冒名顶替。

对此，作者解释说，造物主并未坐视不理，而是进行了神圣反击。为防止世界滑入更深的黑暗，造物主选中希伯来人为救赎计划的接受者，委托他们记下神的启示。许多先知不顾迫害、挺身而出呼唤人类回归初衷。尽管遭受百般迫害，一支犹太后裔成功回到赐予他们的土地上，为救赎者降临做好准备。随后，历史上有一人不同于其他仿冒救世主，他的身世——精准地应验了先知们的预言，那就是耶稣基督，此处作者提供了多项非常有意思且详实的考古资料和研究。然而，发生在这个被劫持星球上的巨大权力斗争尚未完结。根据预言，在末日之际，救赎者将再次降临，终结所有战斗。就此，作者并未如许多阴谋论者，认为此末日战役于2012年到来，鉴于该书的成书时间在此之前，作者的思考角度和研究有其深刻之处，值得思索。

可以说，书中许多研究及观点对很多中国读者而言新颖且富有挑战性，为宗教的形成和人类文明的进程等问题提供了不同寻常的视角，可以作为我们了解西方社会和文化的重要借鉴。当然，其中的一些宗教主张和观点，仅仅代表作者本人的观点，我们对此应有自己的正确判断，希望读者能抱以开放的态度和思辨的精神来品阅。

邱琳光

2016年7月于广州

目 录

第四部分　救援计划启动

附　录

引　言

　　1997 年 9 月 28 日，云（音译）乘坐国航班机从北京飞往法兰克福。

　　云是一名通缉犯，没有护照，没有身份证。他拿的是另一个人的护照。一旦当局发现他逃狱，他就会面临死刑。

　　在机场，他填了表格，支付了离境税，然后走进海关，排队等候文件审核。排到队首时，他把护照和登机牌递了过去。海关官员看看照片，又看看云，大笑起来："哈！照片上的人不是你！跟你一点都不像！"然后他举起照片让其他隔间的官员看，他们全都鄙夷地大笑起来。

　　这名官员随后走进旁边的一间办公室，出来后又说："照片上的人不是你！"他一心要查出云的身份。云直瞪着他，眼中充满怒火。

　　几分钟后，排在云后面的乘客们不耐烦了，开始责备官员耽误太久时间。见此，官员便让云站在一边，先处理其他乘客的文件。

　　忙完手头工作后，官员对云说："这本护照明显不是你的。就算我让你走，你也不能获准进入德国，他们会把你塞到下一班飞机遣送回来！"

　　真是不可思议，他说完便在护照上盖了个戳，说了声："走！"

　　接着云来到了海关安检处。将手提行李放在扫描器上时，他注意到有一名官员正一边看着他，一边用对讲机说些什么。云走上前，拿了包，但那名官员什么也没说。接着又是一个奇迹，他通关了！

　　在等候区，云用公用电话给一个朋友打电话，告诉他自己通关了。几分钟后，他上了飞机，机门锁上，国航客机起飞。很快，他就在天上了。漫长的旅途中，他心中涌起一阵喜悦。

在法兰克福，官员看了看他便在护照上盖了章，递还给他，然后示意他走！他进入德国了！

他用的是假身份。

本书的主题即为真假身份。

假如发现有人假冒你的身份通关——利用你的名誉、你的名字甚至你的私人信笺，你要怎么办？

本书讲述了一群冒名顶替之徒偷走了一个人——一个很有来头的人——的身份！其中将有你迄今听到过的最离奇的造假故事。

在我看来，你将要发现的秘密会毁掉许多显达"专业人士"的事业，它比皮尔当人大骗局（Piltdown Hoax）[①] 被揭穿的后果还要严重得多。

其影响超乎你我的想象。尽管我们将直面一些人情愿逃避的事实，但我谦卑地请你和我一起仔细思考它们。

这个故事将不时地引人兴奋。它充满悬念，是一首考古、历史与宗教交织的阴谋史诗。

要解决的问题

有新发现对进化论造成了威胁，让人们对不明飞行物和外星人理论产生怀疑，世界因此陷入骚乱。我们要穿过这片雷区，但发现将被迫面对以下问题：

我究竟如何来到地球？你又是如何来到地球的？是进化而来，还是从外星球迁徙而来？是由地球母亲生出来，还是更高存在的创造？

下面是关于基督教的一些争议：

• 耶稣是不是一个弄错的身份？

• 耶稣·基督是否从未存在？

• 耶稣是否只是抄袭异教"救世主"的一个神话传说？

• 为什么耶稣、克里什那、佛陀的故事和训诫如此相似？

---

① 译者注：20世纪初一块古人类化石在英国村庄皮尔当附近被发现，当时考古学家称该种骨骸属于前所未见的早期人类化石，轰动一时；然而到50年代，该样本被鉴定为假造，由一只猿猴的下颚骨与一颗完全发育的现代人颅骨拼凑而成。

· 耶稣·基督到来前是否至少有 16 位下凡天神 / 救世主 / 弥赛亚，如克里什那、密特拉、奥西里斯、透特、普罗米修斯、佛陀和羽蛇神？

· 为什么他们的神话传说惊人的相似——如处女受孕、12 月 25 日诞生、皇族后裔救世主、暴死、复活、升天，等等？

· 基督教是否是换汤不换药的异教？

· 《圣经》是否不可信，人们不能相信它的内容？

· 《圣经》是否曾被篡改？

· 教会是否在掩藏真相？

我最好现在提醒你，真相是有人把我们当傻瓜耍。我认为你和我需要一个解释。

为此，我们将面对以下问题：

· 是否存在无止境的毁灭与转世的循环？

· 撒旦（路西法）是真神吗？

· 2012 年地球会毁灭吗？

爆炸性证据

· 你是否知道存在一则和人类历史同样古老的预言，且它曾提及世界将出现一位拯救者 / 救世主 / 基督？

· 你是否知道在公元前 2200 年，一个傲慢的骗子宣称自己应验了那则预言？

· 你是否知道那个骗子的追随者后来遍布世界各地，并散布假"基督"传说？你又是否知道世界因此诞生了各种宣扬假"基督"的异教？

· 你是否知道后来又出现了一个人，称他应验了原始预言的种种细节？而他后来却因冒名顶替的罪名遭到审判？

· 那则预言——究竟是否可靠？

· 身份转换：你如何辨伪存真？

· 最后，这一切真的重要吗？现在就告诉你：是的，当然重要！因为在 21 世纪，两大竞争者的决斗就要到来。不管你喜欢与否，这颗星球上的所有人都要为那场决战做好准备。

本书讲求的是证据。个人观点如枯枝烂叶般无用，例如，我的个人观点有时就是错的。但在我们要探讨的这件事上，证据的效力将不言而喻。

事实上，那些证据将挑战你一直以来的观念。所以这本书对你有益处！

很快，在掌握了证据后，你就能抒发己见，不会因为被人驳倒而感到难堪。

你不仅会明白世界为什么会是今天这个样子……还了解当下种种事件发生的缘由。真知于你有益处，它能驱走所有恐惧。

准备好知晓真相了吗？……以下发现可是比投放在伊拉克的所有贫铀弹更具爆炸性！

来了……

每章概要

本书的内容安排如下：

1—3 章，我们将追踪工程师罗兰·布朗的痛苦觉醒经历，探查隐藏在（a）进化论和（b）UFO 外星人背后的欺诈势力。

4—8 章，我们将看到一则对地球遭劫持和一次全球范围救援行动的惊人预言。

9—19 章，我们将看到劫持者如何精心策划了一场冒名顶替的游戏，以颠覆救援计划。

20—42 章，我们将看到救援计划的启动和劫持者的疯狂反击。

最后，43—45 章，两股强大力量一决雌雄来临之际，对你我意味着什么？

本书也会对一些大多数人常思考的难题有所启示："我为什么在此？""生命有没有更重要的意义？""我还有来生吗？"换句话说，"我要到哪里去？"

让我们开始吧……

第一部分

进化论与外星人调查

第一章

进化论？——调 查

罗兰·布朗（Roland Brown）勃然大怒。

他的手重重捶向水槽，餐具碎落一地。这位坚强的工程师感到绝望。

几个月来，他的妻子安琪（Angie）忍受着外阴周围的印记带来的剧痛。她那儿长了一个肿瘤。不过，更糟的是，她已不再是当初和他结婚的那个女人了。

安琪是桑顿（Thornton）高中的牙科护士。她本是个开心、谈笑风生的人。但8月时，她开始抱怨感到恶心，并且好像害怕上床睡觉。事实上，她整个人格都变了。

安琪同意去看精神科医生和催眠师，但是她和她的丈夫都未对以下惊人的信息做好心理准备……

催眠中，安琪描述了她曾遭外星人绑架、强奸。无论这是否是真的，那个"强奸犯"正在操控她。她的情感被俘虏了。

渐渐地，安琪将自己完全交付给她所说的俘虏者。她变得奇怪，沉迷于密教。罗兰感觉被拒之于她的世界之外，他无法忍受了。

他的妻子是否爱上了那位"绑架者"？

那个入侵者，不管他是什么，已经控制了他们两人的生活。

罗兰·布朗必须查出个究竟，否则他会被逼疯。

本丛书中的《UFO 外星人：致命的秘密》（*UFO Aliens: The Deadly Secret*）揭露了伪装成外星人、来头可疑的邪恶灵体轻蔑、虐待人类的恐怖故事。

我们偶然发现的确凿证据表明，那些存在于地球的实体并非来自外太空，而是来自另一维度。他们聪明，甚至能与人类交流。但他们是骗子，是撒谎高手。永远不要相信他们。

一直以来，饱受折磨的罗兰不断问：那些恶棍到底是谁？

随后，谎言开始被拆穿……随着证据的抖出，一个名为路西法军团（Legion of Lucifer）组织的伪装被剥落……那是个邪恶、危险的组织。事实上，现今社会种种战争、犯罪和腐败的起因都直指他们。那帮欺诈者控制了政府、商业、科学、宗教及医学的最高层。

他们制订了一个总计划，企图拿下美国、中国……乃至全世界。

* * * * * * *

坐在太阳底下，罗兰回顾着这些最初发现。

他的思绪飘回到一件乍看之下毫不相干的事——前一年对当地科学讲师艾尔·科斯特（Al Coster）的调查。科斯特被指控教授违背学校教学大纲的东西。他一直教给学生，地球所有生命的出现都与智慧设计论（intelligent design）有关。校董事会认为有必要会会这个人，并决定该如何处置他。

校董事会决定，每个董事会成员都应不带偏见地进行个人调查，就像警察追踪杀人犯那样。他们须详查支持两方的证据——进化论（教学大纲坚称的）及智慧设计论（艾尔·科斯特的立场）。每位成员都应如法庭陪审团那样仔细权衡证据。一个月后，他们将会面做出裁定。

罗兰思索着这个调查。那是多么的大开眼界！他极力支持进化论，但结果——令他万分惊讶——困窘不堪。

他被迫思考一些令他尴尬的问题。

1.DNA 只是进化而来？

活细胞的起源是个两难推理。

罗兰想，如果有足够的时间，任何事都可能发生。但是，第一个简单细胞随机形成的概率是多少呢？他联系了统计学家朋友拉里·梅尔德（Larry Melders）。

"简单细胞随机产生？你活在幻想世界里啊，罗兰，"这是拉里的反应，"你知道你在问什么吗？"然后他开始详细说明细胞产生所需的条件。

要形成基本的蛋白链，就连你能想到的这世上最简单的细胞都需要至少 10 万个 DNA 碱基对及 1 万个左右的氨基酸。别更说第一个细胞形成所需的其他条件了。

记住，DNA 链中的每个碱基对都必须拥有相同的分子取向（"左旋"或是"右旋"）！与此同时，所有氨基酸都必须有相反取向。每个都不得有误。

拉里解释道："随机产生所有准确取向，你知道概率是多少吗？1/2110000，或是 1/1033113！"

"换句话说，如果在 150 亿年间，每秒试验 1 万亿万亿万亿个组合，得到所有准确取向的概率仍只有 1 万亿万亿万亿万亿……分之一，总共有 2755 个万亿！"

"这就像买 4700 多张国家彩票连续中奖的概率。换句话说……不可能。"

"哇！我从没想过是这样。"罗兰惊叹。

拉里继续说："随机产生生命，正确的分子取向还只是要攻克的众多难题中的一个。"

2. "生命"如何被添予？

"另一个问题：'生命'如何被注入非生命物质中？"

"上面说的还只是第一个最简单细胞随机产生所要面临的问题。地球上有 1700 多万种构造极其复杂的物种……它们几乎不可能随机产生。身为一名统计学家，我可以向你保证，随机进化出生命是不可能的。"

3. 最初信息如何进化而成？

然后，罗兰必须面对另一个问题——信息。

遗传信息如何进化而成？它最初从何而来？从无机物中来？这个问题最终难住了他。

事实是，人体内的 DNA 密码是精心设计和编码的可测证据。

这一事实让身为工程师的罗兰感到困惑。DNA 是创造思维存在的证据。创造者并非我们中的一员，而要更伟大。证据表明有一位比造物本身还伟大的设计师或程序大师的存在。

那所谓的"简单细胞"……啊，继续！……它比高峰时期的纽约大型交通网还复杂。说它是偶然生成简直是数学谬论。

更要命的是，一个活细胞得以存在之前，每个细胞内的 DNA 机制都必须与其连锁运作部分百分百契合。

罗兰起初只是对这个发现着迷。但之后，其中的暗示如同雪崩一样朝他扑来。

他匆匆记下这些问题……

第一，DNA 源于智慧设计句子，它不是像某种语言，它就是一种语言。DNA 密码设计的背后存有许多缜密心思。

第二，此分子机器具有自我功能复制的能力。为此，它必须变得更繁复。

第三，告知细胞"城市"各部分分工运行的 DNA 分子是已知宇宙中最复杂的存储系统。

这就是令他惊醒的证据。问题在于，这一套复杂的编码信息究竟是如何进化而成、即刻完美的？

沃纳·吉特（Werner Gitt）是世界顶级"信息科学"专家，也是德国联邦物理技术研究所（German Federal Institute of Physics and Technology）所长兼教授。吉特认为，科学完全确定的一个事实是，信息不可能从无序中碰巧生成。信息产生的前提总是存在一个更大的信息源。因而结论是，信息是智慧的结晶。[①]

吉特博士指出：

> 编码系统总是思维运作的结果（它需要有一个智能起源或发明者）……应强调，物质本身无法生成任何编码。所有经验都表明，编码的生成需要有一个主动践行其自由意志、认知及创造力的能思存在。[②]

问题是：

---

① 《你会如何回答？》www.answersingenesis.org/docs/3270.asp#r16，2003年3月13日。

② 沃纳·吉特，《最初是信息》，《基督文学传播》，64—67页。

已知自然法则中没有哪个能够让物质生成信息，任何已知的物理过程或物质现象都无法做到这点。[1]

进化论的噩耗？对着其中的寓意，罗兰做了个鬼脸。

似乎那还不够……DNA 的生成同时还需要一个完整的机能系统，它能够并准备好书写、读取、运用信息，也就是书写机制、读取机制，以及运用机制。

它们必须在信息出现的最初时刻同时存在。倘若缺失其中一个，整个系统便无法运作。这是"不可化约的复杂性"（irreducible complexity）[2]的一个例证。

生命真的有可能只是碰巧产生的吗？自然过程可能将纯粹的化学物质变为生命系统吗？概率微乎其微。

罗兰自问，为何自己当初臆断生命是进化而来的呢？他猜想，因为学校是那样教他的。但是，此时此刻，他必须面对这些现实：

（1）科学家从未观测到化学物自行变成复杂的 DNA 分子。

（2）生命不可能由非生命自发生成。

（3）连最简单的生命有机体都表现出"不可化约的复杂性"。

最重要的是，没有哪个自然过程可以解释生命的产生……也没有哪个科学机制能使非生命物质变成生命物质。

罗兰现在只剩下一个合理选择，那就是，最初的生命一定是预先被设计好，而后被创造的。

实验室创造生命？

不过生命能否在实验室中被创造，这值得思考。罗兰对此仔细思索着。是的，他听说科学家已经创造出某些生命构成部分——氨基酸。

等等，罗兰。别这么快下结论！首先，此种氨基酸是由聪明人士在与早期地球条件大不相同的人工实验室中合成的。其次，氨基酸只是生命必要构成的极小一部分。如果只因为实验室能够创造氨基酸就论断生命可以在实验室中被创造，那就像用偶然出现的一滴墨渍去证明《大英百科全书》是随机

---

[1] 沃纳·吉特，《最初是信息》，79页。

[2] 译者注："不可化约的复杂性"是智慧设计论的一个论点，认为智慧单靠生物进化和自然选择无法生成如此复杂的生物系统。

进化而成。

不，罗兰不能逃避事实。DNA 是被预先设计好的，如电脑芯片那样，且源代码（或生命信息）是由某个设计师输入 DNA 之中的。

46 岁的罗兰·布朗之前从未意识到这点。此时，他惊叹背后的原因。

实际上，今晚，他跟前的咖啡桌上放着一篇有关人类眼睛的杂志文章。今天早些时候读它时，罗兰震惊了！

他再次拿起那篇报道，上面的文字又朝他扑来：

> 模拟人类眼睛单个神经细胞 1 秒内的所有运动，一台超级电脑需要花上几分钟。人类眼睛有 1000 万个或更多的此类细胞，彼此不断相互作用，方式复杂。这意味着，模拟眼睛内每秒的多次运动，超级计算机至少要花上 100 年的时间！

是的，眼睛。达尔文自己不也曾说过，试着用进化论对眼睛的复杂机制加以解释时，他感到脊背一阵发凉。

这更不妙了。罗兰必须做出判断，进化论能否合理解释生命的起源，结论是，如果进化论合理，那牙仙子[①]就真的存在。

生命创造必须是出于缜密的智慧设计。除此之外，罗兰想不出有其他可能。

好的，但生命被创造之后，是否有某种方法使其能够向高级进化，产生我们今天看到的各种生物？例如通过突变？

罗兰的调查正朝这个方向前进……

---

① 译者注：牙仙子出自美国一个民间传说。相传小孩子将掉落的牙齿放在枕头下，牙仙子会在睡觉时取走牙齿，并放上小礼物。

第二章

进化论? ——视而不见

安琪睡着了。罗兰倒了一杯酒,他脑中盘旋着辩论双方的证词。他像个侦探一样仔细侦查这个案子……仿佛自己的性命全靠它了。

他自然不希望艾尔·科斯特被不公平地解雇,但也不想这位科学讲师的学生受到错误教导。

罗兰已感到颇为震撼。他有信心的一些假设不可避免地受到了冲击。

即便是最奇妙的异想天开,他现在也不能想象生命是凭空而来。

好的,好的,他得采取补救措施。如果 DNA 曾是被创造的,那也许之后就是进化在起作用。

如何? 当然是通过突变! 进化论课上不都是这样教我们的吗?

4. 突变如何增加信息使进化成为可能?

好,就此打住。突变? 什么是突变? 就是遗传复制错误。

罗兰,这位工程师突然停下,错误可能产生进化所需的智慧组织信息吗?

他之前从未从这个角度思考过。此刻,他的思想正受到冲击。仔细分析后,他发现那确实讲不通。

错误可能产生进化所需的信息吗? 最初这只是个直觉想法,但罗兰很快就发现观测证据并不支持这个观点。

确切地说,在科学已知的所有案例中,突变过程中一直存在遗传信息丢失。

罗兰，醒醒！DNA 分子无论如何也不能产生新的遗传信息。它们只能复制遗传信息。

确定？是的。李·斯伯特纳（Lee Spetner）博士是生物物理学家、信息论专家和约翰·霍普金斯大学前教授。他为此做证，关于突变，他透露：

> 在所有分子层面点突变的研究中，我们都发现遗传信息减少了，而非增加。①
>
> 遗失信息的突变不可能增加信息，就像每次都有亏损的生意不可能赢利。②

好吧，谁能反驳这一点呢？

遗传备份模板能修正突变

然后是普度大学植物科学家的惊人发现。

艾尔·科斯特刚刚打电话告诉罗兰。他叫道："去买一份今天的《纽约时报》。"

那些科学家发现了什么？植物中含有模板，也就是完整的基因蓝图，它能修正遗传自父母的基因缺陷。

"什么？！"罗兰听到后大叫。

"是真的，"艾尔说，"他们检查了两株有基因缺陷的突变植物的后代，发现其中的 10% 并没有遗传父母辈的畸形，而是像正常的（非突变的）祖父母。"

正如《纽约时报》记者尼古拉斯·韦德（Nicholas Wade）的报道：

> 这项发现也引出了一些有趣的生物学问题——发现结果是否妨碍了进化论？进化论认为进化取决于改变生物的突变，而不是靠备份系统……此发现给进化论提出了一个难题，因为它指出了进化论所依赖的突变能够产生新事物（新特征）的观念是错误的。③

就连此现象的发现者罗伯特·普鲁伊特（Robert Pruitt）都感到困惑。他承认：

---

① 李·斯伯特纳，《不是偶然》，纽约布鲁克林：犹太文物出版公司，1997年，138页。
② 同上，143页。
③ 《震撼科学家，植物自我修复基因缺陷》，《纽约时报》，2005年3月23日。

这挑战了我们深信的所有事物……

这些（含有突变基因的）植物好像保有一份神秘副本，其中存有前代所有的遗传信息，但是那个副本不在 DNA 中，也不在染色体中。某种不为我们所知的基因序列信息拥有修改遗传特征的能力。[1]

科学家还不知道有多少有机体含有这种完整备份复制。但是他们已经开始调查。

"很好！"艾尔评论说，"进化论者将很难给出解释，按照达尔文式的循序渐进机制，生物怎么能没有父母的遗传，而有祖父母或更早祖先的遗传！"

"我想，这改变了整个局面。"罗兰低语着。他感到脊背一阵发凉。

只在物种内部的突变

不管怎样，突变发生时，改变仅限于此物种的 DNA。改变只发生在该物种内部，而非物种之间。

生长不全的器官？：没有存活价值

"毫无例外，"艾尔说，"所有生物都是适应其如今所处环境的完美设计。大自然的设计可靠且实用，一直都是如此。"

这位科学讲师将问题推进一步："告诉我，罗兰，如果进化正在发生，那它在哪呢？应该有许多半进化的特征啊。但没有！没有一种生命形态有生长不全的器官或是多余的器官。不存在不适当、不相称的器官。"

"相反，我们看见的是什么？无数生物惊人地高度分工，显现出某种智慧——那是它们自身所没有的智慧。不仅如此，它们也拥有高度分工的器官，对于它们的存活至关重要——器官不可能是长期渐进'随机突变'的结果。"

"告诉你，罗兰，这数百万极其复杂的'专门器官'若要发挥作用，它们必须同时存在。"

这位工程师对此仔细思考着。无须很聪明，他就能明白，任何生物存在

---

[1] 苏珊·斯蒂夫斯，《植物挑战孟德尔遗传规律，教科书可能因此改变》，《普渡新闻服务》。

伊始都需要有无数精确构造同时完美地运转。所有活动部件都是相互依存的。这使得它们在代代渐进过程中不可能发生改变和产生新组织。

对动植物而言，脱离完整机制的单个构造无实际用处。与此同时，导致无用的过渡阶段的突变没有存活价值，将会被所谓的"自然选择"过程移除。

所有这些信息令罗兰烦恼。他一直为自己是名讲求实际的工程师——诚实的工程师——感到自豪。他最近听到这个词：不可化约的复杂性——就是指系统若要运行，必须处于一个已经完整的有机体中。

罗兰想，现在看来，任何事物都不简单。连简单的捕鼠器都是由多个不同部件组合而成——一块木头、弹簧闩和槌子。倘若三者缺一，捕鼠器就没有用。

按照进化论，捕鼠器的每个部分都需分别缓慢发展。但那还有意义吗？因为三个部件最初若不同时存在，捕鼠器就根本没有用。

回到人类的眼睛。眼睛可不像捕鼠器那么简单，它由无数部分构成——瞳孔、晶状体、肌肉、视神经、无数视杆细胞和视锥细胞。所有部分必须同时存在。眼睛是如何产生的？进化论能做出回答吗？当然不能。但是智慧工程师能。

改变并非一蹴而就

罗兰的思绪又回到突变。迈克尔·贝赫（Michael Behe）是宾夕法尼亚利哈伊大学生物化学家兼教授。他解释说，遗传信息首先是本指导手册：

> 设想一个列有所有步骤（基因）的指示单子。一次突变是单子中的一个步骤，指示一项改变。突变不可能说"取个 1/4 英寸的螺帽"，而会说"取个 3/8 英寸的螺帽"。突变也不会说"将圆桩插入圆孔中"，而可能说"将圆桩插入方孔中"……突变不能在一个步骤内改变整个指示——如（指示）不造收音机，造传真机。[1]

罗兰感到头晕目眩。但这是他想要的真相，其他都无所谓。

---

① 迈克尔·贝赫，《达尔文的黑匣子》，1996年，41页。

变异确实会发生……不过……

当然，进化论的确有一样是正确的——有机体确实会产生变异。

但是……别心急，罗兰！即便发生最终变异，生物仍是同"种"有机体。狗不可能突变成马。今天所有品种的狗都源于最早的某条狗。那条狗必须具备产生我们现在见到的各种狗的所有遗传信息。然而，变异的狗——它们中的每一个——仍是狗。

那物种灭绝呢？罗兰摇摇头。不，物种灭绝不是进化。

那物种选择呢？有时确实能看到某类生物快速变化，其中都包括某种物种选择。但那是进化吗？罗兰又摇了摇头。在那些情况下，种群中某些成员被淘汰，而留下的继续繁衍。

所以，存活个体的已有特征（如抗生素耐药性或长喙）成为后代的显著特征。但不幸的是……那过程中基因库减少了，与进化正好相反。

如何解释化石证据

但支持进化论的化石证据怎么解释？解开这个问题耗费了罗兰大量时间。但令罗兰再次大吃一惊的是，答案是个清楚的"不"。尽管公众仍被告知化石记录是支持进化论的证据，但现在相关领域的人士已承认，那是错误的。[①]

第一，那些证据显示，各类有机体都是突然出现的，并在出现时已完全成形。

第二，不同物种之间存在无法逾越的差异——如爬行动物与鸟类，化石记录与今天的代表性生物之间都是如此。它们之间没有关联。

不存在尚待发现的过渡期

罗兰暗自发笑。他曾在游览博物馆时注意到，不同生命形式之间实际没有任何联系。有人曾试图用艺术手法来"填补缺口"，但那就像青蛙变王子的童话，你可以随意编造故事。

现在，罗兰将这个缺失视为一个重大问题。真正的过渡环节应是某物具有非功能性的"不完整"部分——如部分成形的羽毛。然而，无数出土的化

① 乔纳森·格雷所著的两本书收录了大量相关科学资料：《惊人见证》，14—17章<http//.www.beforeus.com/second.php>；《颠覆进化论的发现》，3—9章<http://www.beforeus.com/evol.html>。

石中都只有完整的功能构件。

需全部重设

第三,一种物种变成其他物种……罗兰大笑,"那已不是修改的程度,而是完全取消一项完美计划,并开始另一项。"如果新的设计系统只完成了部分,整个有机体将不能运转。仅在那一代,物种就会灭绝。整体的每个部分都相互依存——罗兰无法不正视这一点。

如何解释设计的相似性

如何解释不同生物享有相似的身体部位设计?这是否暗示存有一个共同的进化先祖?

好的,罗兰,你是名工程师,好好想想。但答案又是"不"。按照常识,相似部位背后可能有位共同的设计师。如果轮子适用于汽车,那轮子也会对滑板或自行车适用。但滑板不能生出汽车。支撑进化论的纯粹投机……无数次"误打误撞"能做到吗?这让罗兰开始烦恼。

第四,罗兰不断回到信息的问题上。任何的向上改变都要求信息的增加。

自然选择能做到吗?答案再次是"不"。每当产生新的变种,自然选择只会造成信息的减少。

进化要发生,两点必不可少:

(1)引导进化的代码;

(2)可行的机制。

理论……但不是证据

哦,是的,我们从不缺少理论……千奇百怪的猜想有一大堆!罗兰对它们思量许久。但如果一个理论必须要靠造出无人知晓、无人见过的机制才能成立,那这个理论岂不是有问题?

罗兰,这名顽固的工程师——以前一直以为进化论毫无问题,想到这他就笑了。缺少证据的情况下就认定某物为真,是会让自己出丑的。

当然,问题的关键是信息。由于信息不能增加,那么每个原始生命从一开始就必须拥有足够的变种信息,这样其后代才能适应各种环境变化。

罗兰又自嘲，自己蔑视奇迹……却一直以来都相信生命是自创的（这才真是个奇迹）；自己蔑视上帝创世……却曾博学地谈论无意识物质能够生成有意识，原始细胞是自我生成的！他曾坚持生命自始论，否认上帝创世的可能性！

掩盖

那么，对这些最近发现，科学家做何反应？彻底搜查相关文献后，罗兰发现这些事实令大多数科学家惊讶。而知道这些发现的其他人却在装傻——害怕违反当权者！罗兰对此感到沮丧。他们都是无赖！当然，在很多情况下，那些科学家那么做是出于好意，但他们依然是对学生和公众隐瞒了事实。视而不见，这儿有些不对劲。

罗兰打电话给科斯特："艾尔，你觉得背后有什么原因？"

"这是场游戏，"艾尔回答，"名誉、证书、研究经费等都受到了威胁。"

"还有事业？"罗兰补充道，"但他们只知道那些。"

他怒从中来。那些人当我是傻子！原来我一直被骗。啊，我真蠢！

（罗兰，你并不傻。没人会责怪你。大家都被骗了……几乎所有人。是的，这卑鄙的伪科学被盲目地广泛接受。但真相不可能永远被掩藏。谎言已在决堤，事实正要爆发。你还不相信？请读本丛书中的《颠覆进化论的发现》中的惊人事实。）如果你不知道许多科学家——包括主要无神论者——都在抛弃进化论，那就照我说的，去看看本丛书中的《颠覆进化论的发现》。

大部分医生的看法

罗兰坐着思考这些事时，另一则爆炸性新闻又出现了。在一项对 1482 名医生的调查中，大多数人拒绝严格的达尔文主义。这次投票是由 HCD 调查（HCD Research）和路易斯·芬克尔斯坦宗教与社会研究所（Louis Finkelstein Institute for Religious and Social Studies）共同发起的。

"严格的达尔文主义"？那是什么？调查给出的定义是："人类是自然进化而成，无超自然干涉——没有神的参与。"

只有 38% 的医生接受此信念。这次投票显示 65% 的医生相信，智慧设计论应被准许或需在学校与进化论一同被教授。

"当然，大多数医生怀疑达尔文主义，"医学博士、美国内外科医师协会（Association of American Physicians and Surgeons）主席兼犹太世界评论网（JewishWorld Review.com）医学专栏作家罗伯特·契亚科（Robert Cihak）说，"眼科医生深知人类视觉系统的惊人复杂性，因此含糊不清的眼睛进化故事是骗不了他们的。无数器官与体内互相依存的系统也能推翻进化论的解释，眼睛只是例证之一。"①

上述调查公司与研究所于 2004 年 12 月发起了另一项对 1100 名医生的调查，结果表明 74% 的医生相信过去发生过"奇迹"，73% 的医生相信"奇迹"仍旧发生于今天。此外，近一半（46%）医生指出，祈祷对于他们而言意义重大，并且 2/3 的医生都鼓励患者祈祷。

罗兰站在生命起源的十字路口思考，如果地球生命不是进化而来，那有可能是外星人的杰作吗？

生命是否有可能起源于"外界"，并以某种方式被移植到地球？我们的生命是否与外太空有联系？

一连串新问题开始涌现……

---

① 发现研究所，《近2/3医生怀疑达尔文进化论》，2005年5月31日。

第三章

外星起源？——来自外太空？

1938 年 10 月 30 日晚上，"拉蒙·拉魁罗（Ramon Raquello）和其管弦乐队"的演奏首先被一阵渐强的无线电警告简讯打断。

"我们打断这个节目，带来……"

最先传来的是火星上观测到"白炽气体"爆炸的新闻。接着，一阵音乐过后，信号又与普林斯顿天文台连接上（据称如此），节目在采访理查德·皮尔逊（Richard Pierson）教授。他要听众放心，无须惊恐。另一段简短插曲过后，流星撞击地球的第一时间报道闯入节目中。

那时，节目里出现了格罗弗磨坊（Grover's Mill）这个地名。当晚，对于许多人而言，那个沉睡的小村庄变成了世界的中心。

格罗弗磨坊成为火星人入侵地球的登陆地。新闻快讯随后报道，火星人正朝纽约前进，美国卫队被扫除，沿途许多熟悉的地方被摧毁。一则紧急政府声明确认了此事。

在特伦顿，听到火星人入侵的新闻快讯时，13 岁的亨利·西尔斯（Henry Sears）正在做家庭作业。他把收音机拿到楼下母亲开的酒馆，与十多个顾客一起听广播。恐惧感渐增。一个人很快跳起来，说要拿起枪加入格罗弗磨坊保卫战。

当时同在特伦顿的托马斯夫人回想道："我们惊呆了。大家只是面面相觑，吓得不知所措。有人在猛敲我们的前门，原来是街对面的邻居。她已经把七个孩子安置在自家车里，不停大叫：'快点，我们赶紧离开这儿！'"

惊慌失措的听众打爆了警局的电话。但警局向他们保证，没有任何异常发生，谣言是由一出广播剧导致的。

恐慌的源头为奥逊·威尔斯（Orson Welles）对赫伯特·乔治·威尔斯（H. G. Wells.）的小说《星球大战》（*The War Of the Worlds*）的戏剧性演绎。

近百万人相信火星人入侵真的发生了，尽管该广播剧开头就介绍了：

"哥伦比亚广播公司及附属电台将播放奥逊·威尔斯和水星剧团的《星球大战》，该剧改编自赫伯特·乔治·威尔斯的同名小说。"节目播放期间还出现了三次类似声明。该剧播放的消息甚至还被登在报纸广播节目单上。

显然，许多人没有花时间检查他们听到信息的真实性，就急忙关上窗户屏蔽毒气，或是逃离家中，有个人甚至从窗户跳下身亡。

马丁·加德纳（Martin Gardner）在其《以科学之名的狂热与谬论》（*Fads & Fallacies in the Name of Science*）一书中评论说：

> 如果……火星入侵在 1938 年被当真，那或许就不难理解原子弹爆炸后的十年中飞碟理论被广为接受。[1]

* * * * * * *

罗兰注意到，近来有很多关于"外星干预"的言论。承受着妻子声称遭外星人"强奸"带来的痛苦，罗兰现在锁定了目标。

1）生命孢子飘自外太空？

罗兰开始思考他曾听过的一个推测，或许生命最初是出现在其他星球上，然后裸细菌孢子从一个星球飘至另一个星球，最后来到了地球。这有可能是真的吗？按他的习惯，罗兰会对此彻底调查。然后……

很遗憾。艾萨克·阿西莫夫（Isaac Asimov）已宣告，实验显示紫外线很快会杀死那种孢子。而太空中的紫外线越发强烈。不只有紫外线，太空中还存在其他能杀死任何微观孢子的辐射。对太空飘散孢子而言，长时间累积所

---

[1] 马丁·加德纳，《以科学之名的狂热与谬论》，纽约：多佛，1957年，67页。

需剂量是个大问题。

然而，仍存在一个底线：物质本身最初并不包含产生生命的信息。罗兰，如果你又在想多个星球上能随机进化出生命……那还是放弃吧。

罗兰注意到两个事实：①DNA信息不可能来自无机物质，就连创造孢子的信息也是如此。②外太空辐射会杀死穿行至地球的孢子。

进化论至此剧终。

2）DNA由外星人带来？

外星人。好吧，罗兰注意到，外星人理论家说对了一件事，外太空存有其他世界以及智慧生命。

尽管感到自己正试图找借口逃避这一明显事实，但为了满足自己，罗兰必须探个清楚。会不会是外星人先将DNA带至地球，再让进化主导生命呢？

不，他再次感到震惊。当然不是。为增加生命复杂性，进化需要不断补充基因信息。罗兰又回到这个事实，自然机制无法补充那种信息。进化主导？基因法则说不！

想到托马斯·赫胥黎（Thomas Huxley）曾说的，罗兰不禁大笑："……科学的大悲剧——丑陋的事实残杀美丽的假想。"

向上进化——不可能！所以不论外星人想怎么做，他们都得一蹴而就地造出完满的智慧人类。其他生命形式的创造也是如此……变异无法补充新信息。换句话说，不存在之后的进化。每种生命自诞生伊始就必须是百分百的完美健全。

3）外星人与地球生命混种？

罗兰的一个朋友想到这点，外星人会不会与灵长类混种？

听上去很有意思……不过一些难以解决的问题又出现了。

首先，无论是自然性交，还是人工受精，混种都要求两个物种有相似的基因构成，这是生物学必要性。外星人与灵长类混种极不可能，因为那需要外星人与灵长类的染色体形态和数量都相同，不仅如此，就连他们的基因也必须有相同的基本序列——并且位于相应的染色体中。

换句话说，混种需要两个物种的染色体可以互换，要求两个物种的染色体和基因必须同时吻合。罗兰，所以外星人与灵长类之间不可能发生混种，就连生活在同一个星球上的动物与人之间也不能发生混种。

当然，你会意识到，如果两种生命体具有足够相似的染色体数量和基因序列，能够受精和繁育后代，那他们就已经属于相同或相近物种——那意味着人已经是智慧生命。

罗兰虽然抗拒，但会不断地回到这个问题上，那么，最先是谁创造了DNA？

造物主只是我们中的一员？

那位设计大师只是我们中的一员吗？或许是个十分高等的外星人？

罗兰咯咯地笑着。这是在开谁的玩笑？

身为工程师，罗兰发现自己对那架 DNA 机器越来越着迷。是的，它们是机器！瞧，在每个微观细胞中，那些机器一同运作，完成特定任务。并且——让他震惊的是——由其他特殊形状的机器引导，它们会精确地到达所需位置。

这绝对令人难以置信。这般微型且精致有序的装置一定承载了智慧设计与制造的印记。

承认吧，这是精心编程和设计的可见证据。DNA 是由一位终极高等实体根据预订计划设计出的……那个存在比任何外星人都伟大，比我们伟大……比造物本身还伟大。

事实。证据。事实。事实。事实。

罗兰，放下那杯马提尼，承认吧！

不可能是进化——不论在这还是在外太空

DNA 密码必须是最初就被编程好的。它不是一步步进化就能形成的东西，更不可能是自发生成且突然信息就变得完整。

罗兰想到——用于存储和翻译的 DNA 密码实际包含了理想数量的基因字母。这真是不可思议。

同样不寻常的是，若要使 DNA 的复制机制达到最大效率，每个单词中的字母数量必须为偶数。罗兰清楚这个道理：在所有可能的数学组合中，四位字母一直是存储和抄写的理想数。

而地球每种生命的基因内部正是如此——包含四位母数字码。确实如此。不可思议！沃纳·吉特博士也证实：

> 从工程学的立场看，人类的遗传密码系统是最理想的。

他还说：

> 这意味着人类遗传密码为有意的设计，而非（幸运的）巧合。①

不过先回到外星人的假设上……事实是，就连外星人"播种"的说法也不能回答这两个问题：

无论是地球上的，或是其他星球上的 DNA 起源？外星人生命及他们的智慧起源？

地球智慧源自其他星球的生命？再想想，罗兰还是得不出答案，并且又遇上了另一个星球的智慧起源问题。

罗兰，你现在必须要解释两个而不是一个世界的文明起源，并且还要找出最初智慧是如何开始的。

道理就是这么简单。其他星球上的外星人也有个起源。他们在得以存在前，其 DNA 也必须被预先编程好！

外太空进化？哈，别扯了！

进化论若不能解释地球上的智慧编程（或甚至生命编程），那它同样不可能解释其他星球更高等智慧人类是进化而来的。

如果原始细胞不可能是进化而来，那有着物质身体的外星人也不可能是进化的产物。外星人不可能创造了造就自己的基础物质。

面对现实吧。什么样的进化都解释不了。

罗兰不怀疑其他星球存有智慧生命，但地球上那些自称为外星人的……好吧，事实是，越来越多所谓的外星人接触表明，他们并非其所称的那样。

外星人利用我们的信仰控制我们

罗兰认为，他们——比我们——更清楚进化论是无稽之谈。然而，他们

---

① 沃纳·吉特，《最初是信息》，95页。

很乐意和我们瞎扯进化论——随时准备利用相信进化论神话的人。为其邪恶目的，他们会恶意利用那人的信仰。进化论信徒很容易成为那些恶人的猎物。

实际上，UFO 调查者约翰·基尔（John Keel）也洞察到：

> 他们似乎不过是变成我们所能理解的样子。数千名接触者指出，他们是骗子，是行骗高手。[①]

"育种计划可以帮助进化"

那些所谓的外星人有时会告诉接触者，其目的是创造能在地球生活的杂交物种。他们或者会说，在人类摧毁地球生命系统后，他们会来帮助我们推进进化。

罗兰大致明白了。那些外星人是在吹嘘，说他们策划了或一直监视着人类进化。

并且，那些外星人接触的是少数被选中的"先知"。他们鼓励那些先知起义，向他人展示人类如何"进化"到更高阶段。这里同样涉及进化论。

显然，大多数 UFO 调查者仍深陷进化论的泥潭——他们认为自己和外星人都是进化而来。这样一来，他们多容易上外星人的钩！此时，罗兰心里真不是滋味。

"宇宙兄弟"？才不是……他们是骗子！那他们还对我们撒了其他什么谎？

外星人创造了我们？还是我们的生命应归功于一个超自然存在？它具有不可思议的创造力量，且位于时空之外。

智慧设计师

罗兰有生以来第一次意识到，一切都讲得通了：

DNA 和存留的化石证据都表明，地球生命的复杂性显示了从无中"突生"出生命的各种迹象，而不存在随后的进化环节。

支持进化论应有的化石从未被找到，因为根本不存在那样的化石！

而遗传学等新科学却不为人熟知。

---

① 约翰·基尔，《操纵特洛伊木马》，乔治亚州利尔伯恩：光照网出版社，1996 年，266 页。

我们为什么不承认呢？罗兰这位工程师皱着眉头。从如今的知识来看，进化论不过是虚张之事，是伪科学宣传罢了。

此外，由于物质本身不可能经由自然过程变成任何类型的复杂生命，所以外星人也需要一位造物主。

DNA，罗兰点点头，它是关键所在。它改变了整个游戏版图。人类祖先不再是靠外星人加速其进化的愚蠢类人动物。相反，自首个细胞产生伊始，人类已为智慧生命——从诞生之初，借助人类本有的信息，人类就有能力发明自己的科技和高等文明。"上帝"存在不合科学吗？恰恰相反，种种迹象已然表明上帝的存在。

无须外星人帮助

无论喜欢与否，罗兰知道自己必须面对这个事实，如此聪明的造物主的存在完全可以解释（a）地球生命起源，（b）人类最初智慧和（c）早期人类的先进文明。

那些全都无须外星人协助。文明不是从某颗星星突然落至中东的。

造物主从何而来

不过那位智慧造物主从何而来？

好吧，罗兰思考着，对于启动者而言，他必须置身于他的所有创造物之外。

罗兰回想起一周前他在桑顿运动场遇到的事。一场棒球赛正进入白热化。他扑通坐在草地上观看比赛。短短几分钟里，他的注意力一直被草地上一只英勇搏斗的小蚂蚁吸引。

突然，美分掉落！那只生活在运动场下的小蚂蚁……在草皮下四处移动，它对它的小世界了如指掌——头顶的叶片、脚下的土壤和周围更微小的生命。那是蚂蚁所了解的世界。

棒球比赛开始时，那只小蚂蚁可能偶尔看到头顶有阴影飞过。它也许会听到巨人脚落地的声音，感到地动山摇。但它对它之上的世界正发生着什么毫无头绪。它在草中四处爬行，除了它的小宇宙，它一无所知。

罗兰想，我究竟该如何向那只蚂蚁解释这场刺激的棒球赛呢？它将无法理解。

罗兰的嘴角露出一丝笑意。对了，他想，说到了解至上的存在，我不正像那只小蚂蚁吗？

如果我能全然认识上帝，那要么我自己是神，要么上帝不再是上帝。

只因为我活在自己的现实中，没有理由要消除另一个现实的存在。

他慢慢想着，地球上的所有事物都受到时间或空间的限制，不是吗？罗兰·布朗只能知道那些有始有终的事物。他依附于自己对所生活的这个时空的理解。

但假使某个存在创造了所有事物，那他会受限于时间吗？他需要有我们所理解的起点吗？当然不需要。

他渴望交流吗

然后，一个疯狂的想法进入他的脑海：至上存在会想与他创造的生物进行交流吗？

罗兰站起身，打开门，凝视花园。那是个让他头脑灵光的好地方。他想得出神，喃喃自语。他想，如果我创造了 DNA，并给予我的生物沟通能力，那我是会对他们不再有兴趣，还是会渴望将我的思想传达给他们呢？传达？我猜我会的！

交流能力

不过这位至上存在能与我们交流吗？好吧，这个问题很傻，不是吗？这位设计大师都能够跨维度地将数据编码进 DNA 分子中，用其他方式将更多信息传给人类对他而言难道不是轻而易举？那他会不会引导人们写下他的信息？

好吧，罗兰陷入沉思，根据 UFO 研究家和通灵人，外星实体会那样做。显然，他们会与个别人交流——那些人则记下他们受到的教导。

所以造物主为什么不也那么做呢？罗兰记起，第一次听到科学讲师艾尔·科斯特提这个时，他是如何对他冷嘲热讽。现在，罗兰·布朗，这位顽固的工程师——理性怀疑论者——竟有了类似的想法。

艾尔说了什么？哦，是的……古代先知说，一直以来，造物主都与人类有交流。

但他不需要驾着太空飞船来实现。

$$* * * * * * *$$

那些外星人是谁

好的，回到外星人的话题。他们一定很聪明，因为他们能与人类交流。但他们是骗子。

但是，一直令罗兰烦恼的问题是，那些行骗高手究竟是谁？

罗兰在学校拦下艾尔。他们回到艾尔家中，一起追查这件事。

"安琪的事你全都知道，"罗兰伤心地说，"我需要知道有关那些恶棍的更多信息。"

"坦白说，"艾尔回答，"只专注于外星人是得不到答案的。"

罗兰放下手中的杯子，盯着艾尔："这是什么意思？"

"你得了解更大的背景。"

"更大背景？那到底是什么？

"外星人只是地球参演的宇宙大戏中的一部分。了解了那个更大背景，你就会明白他们为何在此。"

"你认为有邪恶的事正在发生？"

"那是场危险游戏。"

"你在说什么？"罗兰脑中全是安琪。他感到一阵痛楚。

"游戏关乎操控。"

"操控？你指什么？"

$$* * * * * * *$$

骰子已掷出。你所爱之人是赌注。准备好了解更多吗？……

第二部分

允诺之人

第四章

古星图——天空奇异记号

在最高安全级别的牢里蹲上一辈子！

牢门猛然关上，戴蒙（Damon）的妻子与他断绝了关系。

戴蒙朝袭击他姐姐的入侵者开了十一枪。他曾是名厨师，现在独自待在令人绝望的牢房中，无所事事。数月来，他感到心跳要戛然而止。啊，能死就好了！

醒醒，戴蒙！否则你的余生就要在这里度过。最好打起精神……集中注意力。这名罪犯的奇异冒险就要开始了，我们稍后再来看。

* * * * * * *

与此同时，在科罗拉多拉洪塔（La Junta）南边的佩加托尔河（Pergatoire River）旁的一个偏远峡谷中，研究者加里·维伊（Gary Vey）正在检查一些十分古老的岩石雕刻。

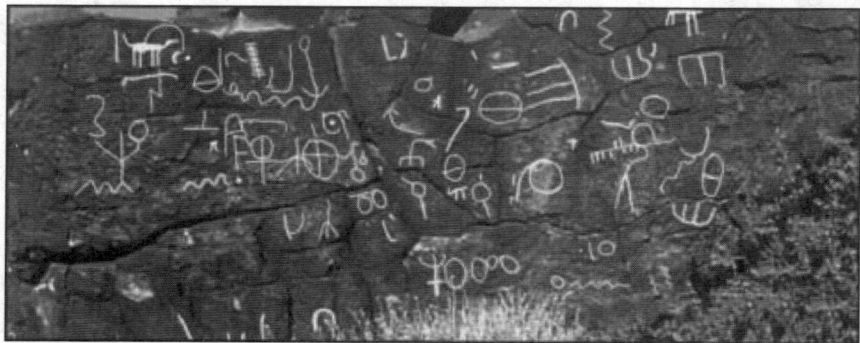

美国科罗拉多"原初语"（First Tongue）岩画（加里·维伊摄）

让人吃惊的是，那些古代字母符号与在以色列内盖夫（Negev）沙漠、澳大利亚南部、也门、智利和不列颠群岛上发现的几乎一模一样。

经过数次破解尝试，研究者最后发现用一种古希伯来方言可将它们成功翻译。

科罗拉多字母由 22 个基本几何形状和一些变体构成。维伊称之为"原初语"。

澳大利亚另一小组对类似岩画的翻译表明，那些语言起源于同种文化，且归属于相同语法规则和符号。

1994 年，在一次哈佛大学组织的考察中，詹姆斯·哈里斯（James Harris）博士记下的以色列内盖夫沙漠岩画同样如此。

它们与其他大陆上发现的岩画字母共同暗示了一种原始通用语的存在。

两次人类扩散

爱尔兰语源学家约翰·菲利普·科汉（John Philip Cohane）对根词[1]的长期研究表明，古代曾发生过两次主要的从中东向外的人类扩散。[2]

---

① 译者注：根词为词汇中最原始、最基本的词。
② 约翰·菲利普·科汉，《钥匙》，纽约：皇冠出版有限公司，1970年。

最初全球使用同一种语言

追溯第一次迁徙浪潮的足迹，我们会发现，所有人类语言最终都将归根于同一种通用语言。

全世界都曾说着相同语言的事实留存在许多种族的记忆中。

牛津大学楔形文字学者奥利弗·格尼（Oliver Gurney）抄写的一块残存苏美尔泥板文书中提及，有段时间"全世界"都说着"相同语言"。

宾夕法尼亚大学克雷默（S.N. Kramer）教授出版的史诗故事《恩美卡和阿拉塔之王》（*Enmerker and the Lord of Araita*）①中有记录，在苏美尔智慧之神恩基（Enki）将言语扰乱之前，所有人都说着同一种语言。

埃及和印度文书中也可以找到所有人曾说着相同语言的记录。

同样，中美洲的玛雅文献《波波尔·乌》（*Popul Vuh*）②也有记述："在其西行之前……凝视太阳升起之人（曾在美洲东部居住的祖先）……只有一种语言。"

而《创世纪》记载："那时，天下人的口音、言语都一样。"③

我写的《尸体归来》（*The Corpse Came Back*）第 8 章中提到了有关"原初语"的惊人证据。④

第二次人类扩散

相较之下，第二次迁徙浪潮——人类显然是被迫从中心地中东扩散开来——的结果是多种不同语言产生了。

这个只在现代才被发现的惊人事实令我们想起了《圣经·创世纪》中的有趣记录。

《创世纪》中说到，大洪水之后出现两次人口扩散：

（1）始于今天土耳其东部的快速扩散，那时"整个地球"都说着同一种语言。

---

① 译者注：《恩美卡和阿拉塔之王》记述了苏美尔乌鲁克国王恩美卡和无名之王阿拉塔之间的斗争。书中有十分类似于《创世纪》巴别塔传说的记载。

② 译者注：《波波尔·乌》为危地马拉玛雅文明基切人的圣书，记录了玛雅创世神话及基切人的历史。

③ 《创世纪》11:1。

④ http://www.beforeus.com/third.php。

（2）之后，美索不达米亚突如其来的语言混乱，造成居住者四散于"地球表面各处"。

这正为今天的考古学发现所印证。

突如其来的语言混乱

众多古老传统一致认为：

（1）人类最初都说着同一种语言。

（2）不同语言的产生并非杂乱无章、毫无关联的。

（3）在一次重大事件中，同一种原始语言突然混乱。

（4）然后，从一个中心，人们分散至地球各个角落。

有趣的是，三大人种都有此种记述。

许多民族的文化，如墨西哥人、迦勒底人、印度人、希腊人、美洲的恰帕人、澳大利亚土著部落和斐济人，都有与这一事件相关的传统。因这个事件，每个部落都获得了新语言。

显然，这不只是《圣经》中的神话故事。这一古老事件烙印在全人类的种族记忆之中。

语言不是"进化"而成

你知道历史上有哪个已知社会没有发展出完整的语言？[1]

没有证据表明语言是进化而来的。没有证据、没有解释可支持语言进化论的假设。事实上，进化论都不能合理解释一种语言的产生，更不必说解释数百种语言的产生了。不管怎样，在那些为了多活几分钟都要东奔西跑的年代，谁有时间去制定语法规则？

苏美尔、埃及、印度河流域文明在那之后出现

正是突如其来的语言混乱造成了第二次迁徙。埃及文明、苏美尔文明和其他文明之后很快在美索不达米亚涌现（接近语言混乱事件）。它们是直至这次语言分裂事件之后才出现的。

---

[1]　《不列颠百科全书》，第15版，《百科详编》，第19卷，1033页。

重要的是：最初只有一种语言和统一字母系统。

最高安全级别囚犯戴蒙受过良好教育，但现在他将开始进一步的自我教育。

这则消息像刚出炉嘶嘶作响的炸薯条紧紧吸引着他。他想知道更多。

当然，有个诱人的问题：为什么在找到古希伯来方言这把钥匙之前，所有对"原初语"的翻译尝试都失败了？

显然，"原初语"与古希伯来语是同根同源！

戴蒙大为激动。真不可思议！这是否意味着全世界最初使用的语言近似于古希伯来语？

他的斗志变高。世界各地的最早人类还有其他什么共同之处吗？

戴蒙在狱中遇见了另一名犯人。他是位科学家，也因激情犯罪[1]入狱。他叫欧文（Owen）。他们开始交谈。

"听着，"欧文说，"研究古代文明，你会发现世界各地的星名意义和星座意义几乎一样……在你能追溯到的历史中，它们都没有太大变动。"

"真的？"戴蒙问。

"图书馆有相关书籍，"欧文透露，"那会让你震惊。"

戴蒙决定将这个主题上升为首要研究对象……这是一步聪明的棋，因为他很快就有了一些精彩发现。

还有一张原始星图

首先，他发现所有民族最初的黄道带知识都来自同一源头。

黄道带，那不是占星术语吗？不见得。或许在继续之前，我们应给这个词下定义。占星学相信天体的相对位置和相对运动会影响万物变化及人事命运，而天文学只是对天体及现象的纯粹科学研究。黄道带属于天文学知识。

人类历史的很早时期，星星就被给予名字，被分组（星座）。它们在星空图上被画成动物、人和其他物体。

这些星座散布于一条环绕地球大约 16 度宽的带子上。如果白天能看见星星，你会发现太阳、月亮和行星一年中都在这条名为黄道的带子中穿行。这条带子依步程或路程被分为 12 个月，我们称之为黄道带（它并非源自普遍说

---

① 译者注：激情犯罪一般指当事人因受到某种外界刺激情绪异常激动而产生的犯罪行为。

的希腊神话，而是出自一个更古老的希伯来词，意为行步之路）。

这里又出现了古希伯来语。

以一年为周期的每段步程都包含各自的星群，那些星群由图画或符号表示，也就是黄道 12 星座。每个星座都伴有另外 3 个相邻星座，即旬星（decan）（段）。这样就构成了一组编号有序的 48 星座（12 组，每组 4 个星座）。

（实际上总共有 88 个星座，但只有其中 48 个位于环绕天空的黄道带内。）

无法解释

世界对这些星座起源的调查都徒然无果。现今对黄道带存在原因的解释都明显站不住脚，荒诞可笑，毫无事实根据。

天文学入门课上是这样教的：这些星群是原始幻想的产物。

随便问一个专家："星座从何而来？"

"为了确定周边民族的位置。"一些人答道。

"不对，"其他人反驳，"它们源自对季节的观察和人类季节劳作。"

例如说，12 月，太阳北移，所以人们把山羊座赋予那个月份，因为山羊喜欢攀爬岩石！嗯……呃，好吧。

黄道平面投影示意图（北方）

9 月昼夜平分则产生了天秤座，他们如是说。（但人们会想，为什么 3 月不是这个星座[①]。同样不幸的是——他们不敢提及——那"平衡"的天平竟是一边高一边低！）

10 月是果实成熟的季节，也意味着许多人会生病，因此 10 月是只蝎子[②]！（蝎子不属于任何特定季节，可这些天才似乎对此毫不担忧。）这种可笑的胡扯实际上被印在科学课本上。一些星座的确有时被用作季节标志。然而，没有无穷智慧的我要问些愚蠢的问题。

天文学初学者会问，为什么这些解释无法同时适用于世界上任何一个国家所有星座的起源？

还有，如果星座是用来反映当地种植条件（全球各地的种植条件不一），或是为赞颂地方传说，那为什么——从墨西哥到非洲到波利尼西亚——全世界的星座都一样呢？[③]

此外，现代解释仅限于 12 星座的起源，那剩下 36 个同样显著的星座的起源该作何解释？

虽然我们还可以继续发问，不过你已明白了要点。不忧心吗？这一伟大精巧的远古象形符号系统是如此古老，且沿用至今，现代人却无法对其做出合理的历史或科学解释。这令他们困扰。所以他们就靠猜。他们轻率的回答应付了部分问题，却忽略了其他方面，这表明他们并未完全理解那些星座的意义。

虽然我为那些理论家感到遗憾，但他们的解释行不通。

有足够证据表明此种错误观点直至希腊、罗马或更晚时期才出现。更久远时候的人类从不那样解释星座的意义，而是一致认为，星座的来源及意义十分神圣。

一些古老民族，如迦勒底人、埃及人、波斯人、印度人和中国人，虽然彼此相距甚远，却都拥有相同的天文法则。它们是由某个总源头传承下来的：就像今天的工匠，他们虽然懂得使用某些数学或几何学规则，却不清楚它们

---

① 译者注：9月秋分为昼夜平分，3月春分也是昼夜平分。

② 译者注：即天蝎座。

③ 乔纳森·格雷，《死人的秘密》，17页<http://www.beforeus.com>。

最初是基于什么原理构建，古老民族在使用那些天文法则时同样如此。

现今研究指出，星座图形是一种图形科学坐标系。换句话说，它们是一套测量方位的假想线。但它们构成的图形是有故事的。

共同起源？

这套星座体系可能有个共同起源吗？

拿昴宿星来说，它是个特别有意思的星群。昴宿星是个希腊名字，意为"七姐妹"。而在地球另一端的一些澳大利亚土著语中——及其他语言中——此星群的名字有相同意思。

这暗示星名在种族分散前就已存在，所以尽管它们的名称或许（随着新语言的出现）发生了变化，内在含义却并未改变。

这些星座有何意义

托尼·劳伦斯（Tony Lawrence）是位新时代运动热衷者。这促使他对占星学做了全面研究。他的发现令他惊叹！他告诉我们：

> 研究占星术的这些年里，我总是对星座本身抱有好奇。据说它们会对我们的生活产生影响，我想知道它们本身的含义。
>
> 知名的或无名的，没有一个占星家能回答我的问题。虽然他们能告诉我这些星座如何影响彼此、家宅、旬星、与其他星座的关系等，可是星座自身的含义在整个占星界完全是个谜。事实上，一位占星家告诉我："别管它们的意思了——不管它们有何意义，那早已遗失——我们还是关心它们对我们有什么影响吧！"
>
> 我却不满足。我非得找出为什么某些星群被选中组成特定星座的原因。它们有何秘义？
>
> 水瓶座有何含义？头与身为垂死的山羊、下半身为蜷曲鱼尾的摩羯座传达着什么信息？天平（天秤座）、公牛（金牛座）和所有其他生物物体究竟有什么意义？
>
> 我确信，如果揭开黄道 12 星座的秘密信息，我或许能发现惊人的隐秘宝藏——例如可能是水瓶时代基督或弥赛亚的身份。

这些星座是因某种目的被创造，我想找出那个目的为何。

我首先对比了不同占星图，发现其他文明使用的星座不总是与我们的相同。例如，中国的星座有马、狗、鸡等。中国古代星座曾与西方星座相同，但很久以前，一位中国皇帝将其改变。[①]

明白了？东西方星座最初是一样的！

黄道带源于希伯来

他继续写道：

我还发现，最早的黄道带图出自希伯来人之手。希腊人从希伯来人那继承了黄道带知识，罗马人从阿拉伯人那获得此方面信息，而阿拉伯人又是从希伯来人那学习了这一知识。[②]

这将新时代运动者托尼·劳伦斯引向希伯来文献——《圣经》——以寻求谜底。

他的报告继续着：

如果能揭开这些星座的隐秘信息，我就能发现其创造者最初要宣告的伟大真相。我当时并不知道，我正要开启一趟绝妙之旅。我将发现隐藏已久的秘密，此信息虽被掩盖，却为我们的时代留下了一则清晰信息！[③]

明白了。今天使用的星座比占星术的历史要久远得多。这样就冒出一个问题：它们来自哪？

其年岁或许是条有用的线索。这些星座有多古老？

---

① 特洛伊·劳伦斯，《黄道带的秘密信息》，此为人生出版社，1990年，14页。
② 同上。
③ 同上，13—14页。

第五章

古星图——星座的历史

　　我们知道地图有助于使用者了解某地某时的地理特征。

　　因为边界、地区和公路会发生变化，所以我们常可能通过地图上的地理特征来确定地图的年代。

　　例如，坐在书桌前写这章时，我正面朝新西兰泰晤士海岸。19 世纪 60 年代的淘金热时期，两座喧闹的小镇一夜之间拔地而起，紧邻彼此。随便拿一幅 1867 年到 1871 年出版的新西兰地图，你都会发现这两座镇子被标在一起——格雷厄姆斯敦（Grahamstown）和肖特兰（Shortland）。

　　若某幅地图的那个地方没有"泰晤士"，却有"格雷厄姆斯敦"和"肖特兰"，那它一定是在 1867 年至 1871 年出版的。就是这么简单。

　　这种规则如何适用于星空图呢？

　　我们可以根据古代星空图的特征追溯星空图的年代吗？是的，可以。地球和太阳系沿着宽广的轨道在宇宙中运行，而从地球看到的天空在 6000 年间转动了 90 度。

　　19 世纪名副其实的优秀研究者约瑟夫·赛斯（Joseph A. Seiss）称，他发现了最古老的星空图。那是黄道带历史早于古代伟大文明的证据。赛斯确认了以下可以确定那古老星空图时代的特征：

　　（1）南十字座在北纬 40 度可见；

　　（2）天龙座阿尔法星是北极星。

（3）分至年^①于金牛座开始，那时太阳于 3 月穿行于金牛座所在位置。而现在不再如此。现在一年中的那个时刻，太阳在天空中的位置移动了 90 度，位于水瓶座内。

（4）夏至日位于处女座第 1 度。

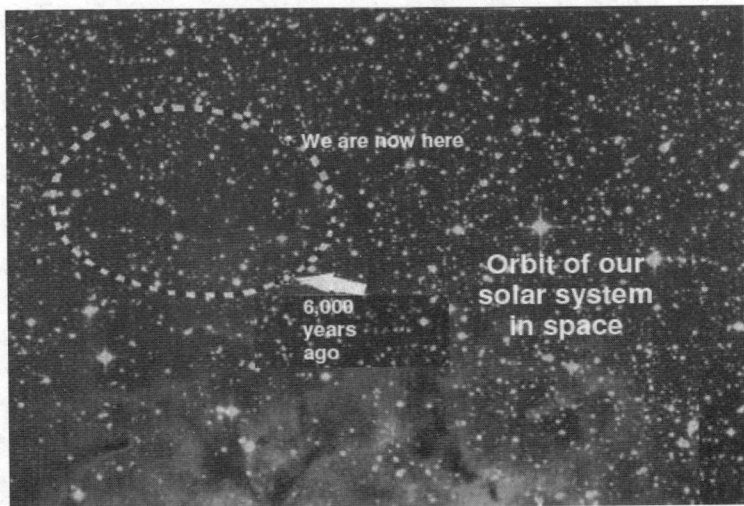

移动示意图

简言之，从最早星空图绘制的时间到现在，地球在太空中已移动了 90 度，或圆的 1/4。

如果赛斯的观察准确，那这幅最古老的星空图的历史有近 6000 年之久。

无论如何，这显示了黄道带在大洪水之前就已被创造，在公元前 4000 年至公元前 2900 年。

我们首先来看古代文明在这个问题上的说法，然后再检验科学证据。

古代传统的证词

我找到了能证明以上观点的事实、记录和纪念碑证据。

有个不争的事实，我们所能追溯到的最早天文学记录里的黄道带与现今的大体相同。

---

① 译者注：分至年又称太阳年或回归年，指太阳中心相继两次通过春分点的时间间隔。

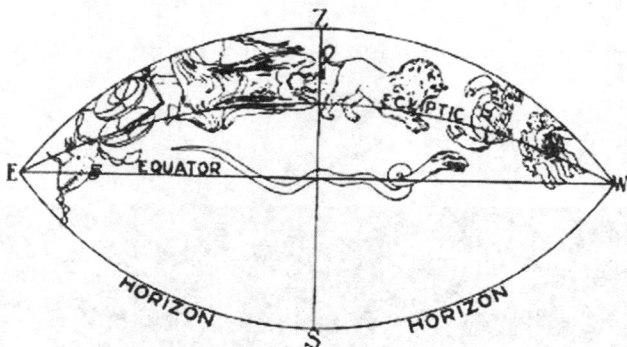

公元前 4000 年夏至日的处女座

北纬 45 度南方的地平线上空

E-W = 东-西

Z-S = 中央子午线

位于天顶（Z）的太阳出现在处女座头部于冬至午夜和夏至正午可见

（注意长蛇座沿着天赤道①从中央子午线向西延伸了 45 度）

黄道带历史：

· 可回溯至基督降生前 752 年的古罗马时期。

· 可回溯至公元前 778 年的古希腊时期。

· 古埃及人的黄道带历史可回溯至基督降生前 2781 年。

· 东方民族的黄道带历史可回溯至公元前 3447 年。

贝利（Bailly）等人推论，天文学产生的时间一定是在夏至日位于处女座第 1 度时，而黄道星座诞生的时间也与之相当，即它们约于公元前 4000 年产生。

《以诺书》（*The Book of Enoch*）②也提供了相关证据，在以诺的时代（公元前 3379 年至公元前 3014 年），星座已被命名、划分。

1）希伯来人的证词

这点很重要，须铭记于心。至公元前 536 年，犹太人被囚禁于异教地巴

---

① 译者注：地球赤道在天球上的投影。

② 译者注：《以诺书》记录了以诺与上帝同行300年所见异象，为启示文学之一。

比伦已有 70 年,而那年波斯王居鲁士(Cyrus)解除其牢狱,准许他们返回原处。自那以后，犹太人竭力避免任何异教事物，十分遵从摩西律法。

就在那时，他们接受了黄道星座知识，视其为可接受的历史文化，可与他们的非异教信仰相融。

公元 1 世纪犹太历史学家兼拉比[①]约瑟夫斯（Josephus）认为，星空图上的标志始于塞特[②]（Seth）和以诺所处的大洪水以前的世界（早在公元前 4000 年至公元前 3000 年）。约瑟夫斯记录了此项犹太民族传统，八位非犹太人权威对此也表示认同[③]。

2）腓尼基人的证词

腓尼基历史学家桑科尼亚顿（Sanchoniathon）对此也有相关记述。他将最早的字母系统与已存的黄道星座联系起来。

字母系统通常被认为是直到公元前 1500 年才由腓尼基人发明。然而，桑科尼亚顿和其他一些古代历史学家认为，世界所有字母系统都源自同一古老字母系统。该系统包括 25 个字母，7 个元音。像今天的字母表，其起首字母为 A、B、C，末尾字母为 S、T、U。

你是否好奇过，为什么字母表都是相同的固定字母顺序？为什么元音如此不规则地散布在辅音中？

事实上，元音如此布局是为了指示该字母系统产生时 7 颗可见行星在黄道带上的位置。

25 个字母和 12 个主要黄道星座彼此重叠,例如起首两个字母位于双子座，等等。间隔不一的元音是为了表示当时行星的位置。

所以，如古人所说，散布于辅音中的 7 元音是用于表示当时可见行星的位置。结果我们发现月亮（由"a"表示）位于双子座前半部，金星（"e"）位于狮子座前半部，太阳和水星（两个附加"e"音）分别位于处女座后半部和天秤座前半部，火星（"i"）位于天蝎座前半部，木星（"o"）位于水瓶座

---

① 译者注：犹太牧师或法学教师。
② 译者注：亚当与夏娃的第三个儿子。
③ 弗拉维奥·约瑟夫斯，《约瑟夫斯作品集》，卷1，第1—3章。

前半部，而土星（"u"）位于双子座前半部。

此字母系统是一套精准的符号，记录了过去一个可知日期的真实天空状况。它们所指示的行星关系数千年才出现一次——该字母系统记录的时间是公元前 3447 年 9 月 7 日！

天文学家核对了这个日期，发现它准确无误。

公元前 3447 年意味着黄道 12 星座比埃及、苏美尔、印度、玛雅等宗教出现的时间早 1000 多年。[①]

重点是，我们今天熟悉的星座在所有古老文明涌现之前就已被使用。这些星座不是由埃及人发明的，也不是由印度人、苏美尔人或是希腊人发明的。

3）希腊人的证词

约在公元前 150 年，诗人亚拉图（Aratus）详细描述了星空状况——不过那与他同时代人看见的星空不同，像是较当时更久远时期的记述——3500 年前或更早。[②]

科学证据

三组重要的科学证据可以确定星座的起源时间。它们一致指向公元前 3000 年（瑟斯顿认为是公元前 2700 年）、北纬 36 度。[③]

那三组证据是什么？

1）天空空白处

古代天空有片空白处，那儿的星星永远不会升上地平线。最早的 48 星座中没有一个位于天空南方那片半径 36 度的圆中。

因此，创造星座的人显然是住在约北纬 36 度。为什么？因为在那个位置，他们正好看不见那片南方天空。

---

① 这些宗教的产生时间请见本丛书第二册《UFO外星人：致命的秘密》，第27—28章。
② 亚拉突，《现象》，英文版请见G.R.梅因译本，《亚拉突》，剑桥：哈佛大学出版社，1996年。
③ 休·瑟斯顿，《早期天文学》，纽约：施普林格出版集团，1994年，135—137页。

因为岁差①（周期为 2.6 万年），那片没有星座出现的天空在天空成圆形移动，那片空白区域的中心也在天空缓缓穿行。

黄道带的起源时间可以通过那片空白区域的中心位置确定。经天文学计算，那个时间为公元前 2900 年左右。

2）偏斜的星座

这些象形符号（星座）中的许多并不是朝向正东、正西、正南、正北，而是要偏斜一定的角度。那这些星座是否会在一定时间和地点成垂直、水平排列？答案是肯定的。那个时间为公元前 2900 年左右。

显然，这与上面是完全不同的一条推理线索，却给出了十分相似的起源时间和位置。不只如此，许多星座是当时重要的天文地域标记。例如，长蛇座与名为天赤道的圆圈完美重合。

3）星起星落

亚拉图特别提及，某些星星同时升起或降落，或是一颗星星升起的时间正好是地平线对面另一颗星星降落的时间。

这些信息很有帮助。因为存在地球岁差，那些时间巧合的出现取决于当时的地球位置与观测时间。我们可以算出，亚拉图所描述的星起星落是约于公元前 2600 年（误差 800 年内）北纬 36 度（误差 2 度内）出现的天象。

观察世界地图，你会发现，北纬 36 度对于埃及而言太北，而对于希腊而言太南。因此，一些现代作者将靠近该纬度的苏美尔人视为星座的发明者。然而，应注意，苏美尔人不具备资格，因为该文明在公元前 2000 年左右才繁荣起来。②

这则证据与古代传统的记述更为一致，即星座为大洪水前的元老所创。我们应相信谁呢？究竟谁更接近真相呢？

---

① 译者注：岁差在天文学中是指一个天体的自转轴指向由重力作用导致在空间中缓慢且连续的变化，例如，地球的自转轴在空间的指向并不是固定不变，而是不断发生变化的，以大约2.6万年为周期扫出一个圆锥。

② 见《UFO外星人：致命的秘密》第26章、30章、31章。

星座及其名称自那时起从未改变

阿拉伯人是世界上最出色的天文学家和历史学家之一。阿尔巴梅泽（Albamazer）是格拉纳达哈里发（Caliphs of Granada）[1]的天文学家。谈及星座符号，他说：

> 从诞生之初，这些符号就未有改变，（名）字没有变化，不增不减。[2]

明白了？阿尔巴梅泽所处时代的星空图——约为公元850年——和我们今天星空图使用的图形和名称，自其5000至6000年前诞生以来都基本未变化。

不过有少数例外，但我们可以追溯变化的源头，我在《蝎子之螫》一书中对此有说明[3]。

阿尔巴梅泽编列的星座与我们今天的不尽相同。公元150年左右，古希腊天文学家托勒密（Ptolemy）编列的48星座精确记录了星座图形上的每颗星星。而今天的星座与托勒密时期的几乎一致，且加入了另外40个星座，以覆盖整片天空，构成了全天88星座。

托勒密的希腊星座（与今天的相比），45个相同，3个不同。阿尔巴梅泽提到的一个星座完全遗失，显然是在古希腊之前就已不见。

以诺所处的时代（那时星座符号已存在）比希腊文明早3000年，如此多的星座信息完好留存至今，多么令人惊奇。

就这些宝贵图形的保存工作而言，我们应感谢埃及人。古代传统认为，是希伯来先祖亚伯拉罕（阿拉伯人和希伯来人的祖先）于公元前2000年左右将星座知识传授给了埃及人。据说古希腊学者欧多克索斯（Eudoxus）在公元前300年左右，把一个画有星空图的地球仪从埃及带回希腊。欧多克索斯的部分著作由古希腊诗人亚拉图保存，后者在其诗中详细地描述了那个地球仪上的每个星座。

---

① 译者注：哈里发为旧时伊斯兰国家统治者的称号。

② 阿尔巴梅泽，《占星之花》。原文为阿拉伯语，阿本·埃兹拉将其译为希伯来语，拉丁译本收藏于大英博物馆图书馆。

③ 第44页、45页。

明显比希腊 48 星座还要古老的是波斯星座，阿尔巴梅泽对其有详细描述。

最重要的是这点：6000 年前的星座名称与今天的基本一致。而且不只是星座的名字，那些星群构成的图形这些世纪以来也大体相同。

然而，现在，星体的确更多是被用数字而非名字表示——依据星座中星等（亮度）次序，或者星体所处的黄纬[①]。不过我们依旧可从星体的古代名字认出它们。

主要为希伯来-阿拉伯-智慧之根

有趣的是，古老星空图中大多数的星体名字源于希伯来-阿拉伯-智慧（Hebrew-Arabic-Noetic）之根。

在语言分裂之前，加里·维伊称之为"原初语"的语言就已在使用。

同样重要的是，就连埃及人在谈到"神圣"语言或举相关例证时，引用的都是希伯来文。

这些证据都强有力地表明，此"神圣"语言就是原始希伯来语。（它不是犹太语。今天的犹太人只是继承了希伯来语的现代版本。而原始希伯来语似乎曾是世界语，为我们所有人的祖先使用。）

如果"原初语"近似于古老的希伯来语，那就可以解释，地球上所有民族为何一直使用源于原始希伯来语的古老星体名字及意义。

今天留存的众多星名源自希伯来先祖亚伯拉罕的子孙所使用的希伯来语和阿拉伯语，这不令人惊叹吗？

你或许会问，我们为何要谈论星座？它们与本书的主题"被窃的身份"有什么关系？答案就在星空图被创造的目的之中。这些星座描绘了一个预言。实际上，它是有史以来最古老的预言。

---

① 译者注：即天球黄道坐标系中的纬度。

第六章

"种子"预言——星空图上的秘密信息

戴蒙满心激动。

他看见碎片开始整合。他和楼下的新狱友巴格斯(Baggs)正一同研究此事。每次经过巴格斯的牢房门，戴蒙都会被他叫住，巴格斯眼中透出炽热的光芒。

"听这个！"他大叫。

"你知道星空图吧，"巴格斯说，"上面怎么被人、动物和其他符号图案覆盖着？"

"知道。"戴蒙回答。

"那好，在我看来，这些古老图案和星名似乎都经过精心挑选。不只如此，它们依此排列大概是为了传达一个故事。明白了？"巴格斯神采飞扬，"嘿，这会令你震惊！据说它们描绘了一则重要预言。"

"一则预言？"戴蒙竖起耳朵。

"是的，老兄。相同的星体故事散布于整个远古世界。"

星空图记录了一则预言

戴蒙感到一阵欣喜！预言？在由 48 幅图构成的星空图和星体名字意义的背后？

那则预言是什么？如新时代运动者托尼·劳伦斯发现的那样，它是一则关于拯救者降临的预言。

如此多人认为，星座的意义只是通过星体给人算命。哦，拜托！它们显然与占星术毫无关系，它们在占星术出现很久之前就已存在。

预言是这样的。古文明认为一条蛇（代表魔鬼）控制了地球。他们相信一位处女之子会与蛇战斗，将其击败，并把生机、和平与幸福带回人间。

星空图上的象形图案说明的就是这个信息。世界的祖先将这则预言放在星空图上传给他们的后代。

有着数千年历史的星空图，其上布满星座图案及古希伯来语星名——预言了一位救世主！怎么样？

仔细研究那些星空图后，我发现星空图中的信息与《希伯来圣经》中的预言至少有116处完全相同。从头至尾，两组信息都讲述了一模一样的故事——弥赛亚将到地球拯救人类的预言。

从哪里被救起？

你会说，慢着，为什么人类需要被拯救？从哪里被救起？古代人对此有更多说明吗？

原始"星球大战"

尽管我在本丛书中的《UFO外星人：致命的秘密》（17—19章）一书中已详述了这个故事，但在此做个简要回顾或许对读者有所帮助。

根据古代资料，一出致命的大戏上演于种种历史事件背后，这是场巨大的权力斗争。战事虽发生在这颗星球上，其影响却波及整个宇宙。

它如何开始又将如何结束，古代文献都有记述。最初所有人都知晓这场看不见的大戏：

> 在天上就有了争战：米迦勒同他的天使与龙争战；龙也同他的
> 天使去争战，并没有得胜；天上再没有他们的地方。大龙就是那古蛇，
> 名叫魔鬼，又叫撒旦（路西法），是迷惑普天下的：他被摔在地上，
> 他的天使也一同被摔下去。[1]

---

[1]　《启示录》12:7-9。

如果此描述可信，那这场战争始于一次因反叛引起的"星球大战"。

宇宙命运岌岌可危

古代文本记述，造物主的统治受到挑战，他的品质受到质疑。他诚实且关心子民的声誉岌岌可危。

未知的致命"病毒"

当然，作为至上者，他本可以在当时就摧毁路西法，但他没有。为什么？好的，假设他那样做了，那些忠诚于他的或许会下此结论："瞧，上帝干了什么！也许路西法是对的！上帝一定是个暴君。"而不理解他的或许会出于恐惧依然对他效忠，但他们心里会想："当心点。违背上帝可能招来杀身之祸。"

所以上帝什么问题都没有解决，路西法的问题仍旧存在，且越发严重。

不，古代文献记述，造物主决定用爱回击叛乱。路西法的邪恶品性一定会被揭发。"原罪"（或邪念）这一神秘病毒的恶果一定会显现。为了所有人将来的安全，人类必须了解该病毒。

遭受驱逐

所以路西法同他的支持者被从天界放逐。许多古代民族——从巴比伦至墨西哥——的口述史与成文史都记录了此事件。[1]

地球遭劫持

这些叛乱者满腹仇恨，酝酿复仇。他们寻找到新的基地——朝我们的星球行进。地球在当时是一颗新生的星球，正赞咏着生命的创造。

这里将成为战场。路西法和他的军团将从此处反击。路西法在此建立他的王国，证明他的计划优于上帝。因此宇宙战争的中心舞台移至地球。地球将成为上帝之王与路西法（撒旦）持久无尽战争的舞台。

---

[1]　也见《启示录》12:7-9;《路加福音》10:18;《彼得书》2:4;《犹大书》6。

人类受诱背叛

第一个男人和女人被委任为地球的监管人。

次等物族被赋予他丧失的统治权，撒旦对此愤怒沸腾，难以平息。妒火中烧加上自尊严重受创，他成为自己仇恨的饵食。他现在唯一的慰藉就是向造物主的新子民复仇泄愤。一场长久的力量较量就此开始。

据说，一天，女人在林间漫步，她看见树上一条美丽的蛇在品尝果实。突然，它说话了！（或看上去如此。）

这是个诡计！是狡猾的路西法让蛇好似在说话，像腹语表演那样……还是路西法让蛇成为附体媒介，像降神会那样……还是路西法的灵体化身为蛇，那都不是关键。重要的是某事发生了。

不管怎样，靠着迷惑人的伪装，路西法激起了人类对其创造者的怀疑。然后路西法给出了"更好"的东西。尽管受过警告，我们的始祖还是中了路西法的诡计。"自立门户吧，"他催促，"独立吧。你们不需要上帝。"

解放，这个词听上去多美好。路西法以此欺骗了他们，让他们背叛了造物主，然后取代了他们监管人的身份，接管了地球。

我们的始祖与其生命赋予者分离，死亡便是自然的结果。从那天起，他们体内一个个细胞开始了死亡之路，并且传给了他们所有的后代。

等等，我听到有人问，如果造物主无所不能，那他为何不阻止此事发生？为何他不造出不会犯错的我们？当然，他本可以那么做……如果我们只是机器的话。然而，他希望我们享受最大的幸福（可能只有在我们能自由选择时才拥有），他让我们自由。自由地需要他，或自由地朝他的脸吐唾沫。

无论如何，路西法赢了第一回合。人类已在他的掌控之下，与造物主疏离。

"其他势力在此"

或许有人会问，幕后真的有上面说的看不见的邪灵吗？是的，可以确信。我建议你们读《UFO 外星人:致命的秘密》第 6、21 和 22 章，其中列举了确凿证据。

英国前首相索尔兹伯里侯爵（Marquis of Salisbury）曾承认："有股我们远不能驾驭的势力存在。"

1911 年 10 月 27 日，英国前外交大臣爱德华·格雷（Edward Grey）爵士在下议院发言时也说："世界范围内真的好像有某种恶势力在运作，它侵扰、刺激着世界各处。"

历史记录了且会持续记录奇异、难以想象的事实，古代文献称它们无非是一个不可见机构的可见作为。我问你们，撒旦的永久机构——路西法军团——有无可能藏有历史真实的钥匙？

世界史是否是上帝之王与撒旦的持续对抗？无辜之人惨遭暴行是否是憎恨人类的邪恶高等存在的所作所为……是否是由人类自身之外的原因导致的？

我相信，历史可证，一场历史持久战确为事实——毋庸置疑。这是场争夺地球统治权的战争。古代民族声明了他们对此战事的知晓。

路西法参与其中

古代民族相信，我们的先祖是受被驱逐的反叛天使头领路西法（撒旦）诱惑叛变的。

蛇成为他的象征

远古故事相互佐证，全球各种族对名为撒旦或"魔鬼"的记忆颇为相似。历史上各文明对它都有认知。因为他以蛇为媒介说话，所以大蛇、蛇或龙被视为他的象征。

人类始祖的痛苦经历烙印在人类各民族的传统中。从苏美尔至美洲，各文明的艺术和文学都记载了那次人类堕落事件。在中国、埃及、巴比伦，事实上在所有民族中，从历史之初，撒旦入侵的悲剧都是最古老的种族记忆。

他为何不加以阻止

我们都意识到一件事——人类世界一片混乱。如果真有关心其子民的造物主，为何他不根绝错误，阻止所有苦痛的发生？问得好。

如果这位全能者真的创造了 DNA，难不成他还阻止不了人类社会的苦痛？

他能。但想想这点，如果他现在要消灭邪恶，那就得做得彻底。假使上帝命令，今晚午夜所有错误都将从宇宙被移除——那我们中还有谁能在午夜之后活着？

那好。造物主是否对人类的受难有所回应？确实有，那可能是最戏剧、最昂贵、最有效的补救办法。

允诺的救赎

显然，上帝不仅与人类有沟通，他还承诺要救赎他们——给予堕落人类希望。

造物主的悲悯将把人类从绝望与反叛的深渊中拯救出来。他不会让他们继续徘徊于无望的绝境中。他将送来一位救赎者，使人类摆脱苦境。

这是隐藏的预言：

> 撒旦（象征为蛇）与即将到来者（被称为"女人的后裔"）彼此
> 为仇。他要伤蛇的头（就是说他将最终摧毁撒旦）。但是，撒旦要伤
> 他的脚跟（使他受伤）。[①]

预言被记录于星空图上

远古星空图被绘制的原因就是为了记述这则预言。

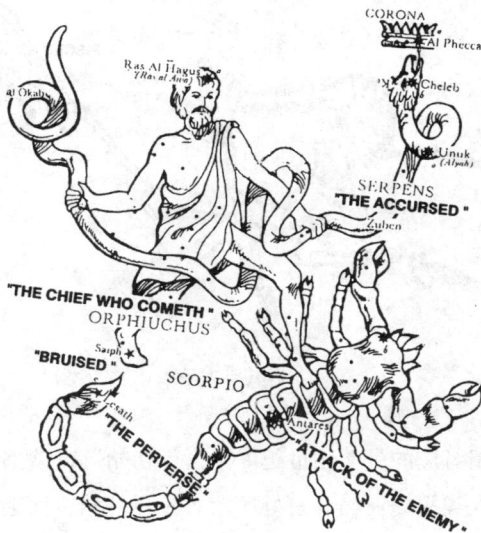

象形图（一）

---

① 《创世纪》3:15。

上面的象形图显示了允诺之人作为"到来者首领"（蛇夫座）与蛇（巨蛇座）争夺王冠（地球统治权），但脚被蝎子（天蝎座——邪恶之蛇的同义象征）蜇伤。

其他星座则刻画了这位全能者会惨遭暴行而亡（以亡羊白羊座为象征），但他又复活，击溃了大蛇，恢复了对其子民的管辖，并最终统治他们。

星座中贯穿着善者战胜邪恶的故事。蛇多次被刻画为邪恶形象。破开表象，你会发现星座信息与《希伯来圣经》惊人地相似。

第二组象形图显示了鱼（双鱼座，在古代通常是服从造物主子民的象征）与海怪被"死亡之带"（bands of death）绑在一起，而公羊的（羊羔的）腿显然要切断这根带子，白羊座切断死亡之带。

同样，处女座揭示了允诺之人是处女之子弥赛亚，他注定要解救人类。我在此强调一下，这个观念并非源自印度、中国、美洲、欧洲或埃及的宗教。它在这些宗教出现之前就已存在。

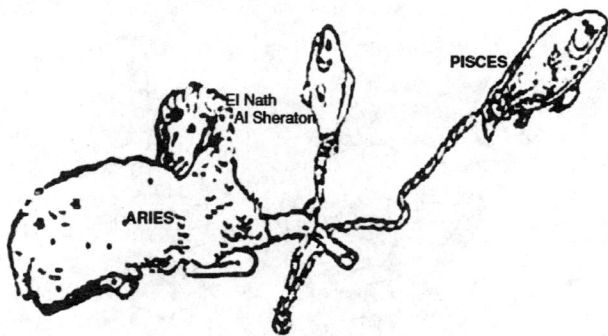

象形图（二）

与原始星图相对应的是《创世纪》（"世界初始"），该书记录了相同的原始预言，讲述了人类祖先亚当和夏娃堕落、不再纯洁，而上帝允诺"女人的孩子／种子"将到来挑战邪恶之"蛇"。①

---

① 《创世纪》3:15。

他将是"女人的孩子 / 种子"——人类。然而，事实上他没有被称作男人的孩子 / 种子。这预示了他将是处女之子——这个孩童没有地球父亲。

根据预言，这位与"蛇"搏斗之人会被"伤到"脚跟，即遭到暴行。

然而，隐喻还包括他最终将击碎"蛇"的头（摧毁他）。

都在公元前 4000 年的预言中

是的，所有这些：

——女人

——"孩子 / 种子"

——"蛇"

——"蛇"与女人的"孩子 / 种子"彼此为仇

——"后裔 / 种子"被伤到脚跟

——"蛇"被伤到头

所有这些构成了最古老的预言。

而这则预言的历史比各种异教产生的时间至少早 2000 年！

不只异教知晓它，几乎所有犹太注释者，个别除外，都将其纳为真实的历史，同意它是救世预言。

例如，《伪约拿塔库姆译本》（*Targum Pseudo Jonathan*）①的《创世纪》3:15说，女人的孩子/种子（译成她忠诚的后代们）将重击蛇的头，"你会伤到他们的脚跟，但他们会获得救偿，而你不会。将来，在弥赛亚之王的时日里，他们的脚伤将愈合"②。

另一份犹太注释文献写着：

> 弥赛亚将使堕落之人扰乱的宇宙重获良好秩序。③

---

① 译者注：《伪约拿塔库姆译本》为以色列国土《圣经旧约》一西方译本，其创作时间不详，有8世纪、15世纪、16世纪等说法。

② J.N.D. 安德森，《耶稣基督复活》，《今日基督教》，1968年3月29日，122页。

③ 《创世纪释》第7章，《民数记释》第8章，《塔库姆·耶利米书》第1章对《创世纪》3:15的注释。

同意义遍布世界

尽管后来出现了不同语言，但世界各民族的星座象征意义仍几乎相同。巧合？当然不是。

思考一下名为处女座的星群。此星座的象形图为一个女人。但不只是女人——她是个处女。处女座意指"处女"。

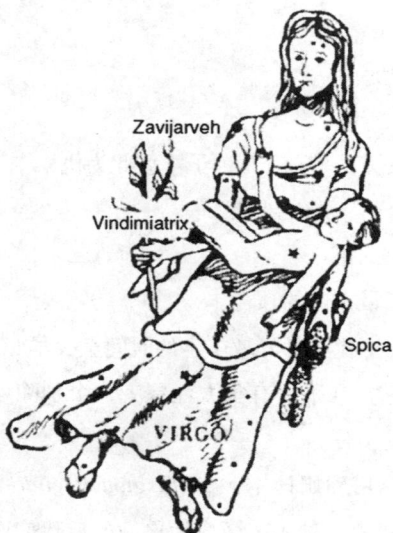

"女人的孩子／种子"——世界首个预言

此星群：

——罗马人称之为 Virgo

——希伯来人称之为 Bethulah

——希腊人称之为 Parthenos

——印度人称之为 Kanya

这些名字的意思都为"处女"。

等等，你问为什么这个星座被命名为处女？

好的，想一想。肯定没理由要特地说明一个星群是"处女"，而不单单是"女人"——除非存在某些特殊原因要称该女人为处女。如果我们要古代人解释，他们会告诉我们，他们正等待一位处女所生的拯救者。

处女座中最亮的星为角宿一（Spica）。Spica是拉丁文，意为"种子"。但希伯来语称它为Zerah，也是"种子"的意思。细查各种语言，我们会发现每种语言都有相似的星名意义。

明白了！不同语言，同一故事，被记录在每个星座之中。

共同源头

我们完全可做此推论，上述现象意味着各文明的星座知识一定有个共同源头——该源头的历史早于各种文化。

我们在第四章中看到，最初全世界只有一种语言，且只有一组星名。

然后，在公元前2200年左右的宁录（Nimrod）国王统治时期，世界发生了激剧的语言混乱。[1]随之而来的是人类向世界各地扩散，新构建的民族把相同意义的星座与星名纳入了他们的新语言中。

比最终的"基督"传说还古老

我们之前就注意到星座的历史是多么的古老。

基于内部证据，赛斯算出黄道星座的起源时间约为公元前4000年，那时夏至日位于处女座第1度。[2]

你或许知道，星体每年升起和降落的位置都要后推0.2秒。在2156年中，它们一共后退了30度。有人计算过，在最早的黄道带被绘制时，星体与地球的相对位置较今天变化了90度，时间接近公元前4000年，也就是6000年前。

综合各种证据我们可以推出，星空图描绘了一位允诺的弥赛亚降临的故事，这比世界各种版本的"救世主"传说要早上几千年。

远早于苏美尔、印度或埃及文明，人类就知晓这则预言。古代人称，此预言传自人类始祖。不管你喜欢与否，星座预言与《圣经·创世纪》的记述一致！

---

① 见乔纳森·格雷，《尸体归来》第10—12章；《UFO外星人：致命的秘密》，第29章。

② 约瑟夫·A.赛斯，《星之福音书》，密歇根大急流城：克雷格尔出版社，1982年，22页、149页。

事件顺序

那些证据透露了什么历史线索？就是：

第 1 阶段——约公元前 4000 年：人类收到弥赛亚降临的预言。

第 2 阶段——公元前 4000 年至公元前 3000 年：星名及星座符号（基本无改变地留存至今）被创造，以描绘这则弥赛亚降临预言。

第 3 阶段——约公元前 2200 年：巴别的塞米勒米斯（Semiramus of Babel）利用该预言颂扬她死去的英雄丈夫宁录，并建立异教神秘主义。埃及、苏美尔和其他民族将此神秘象征纳入了他们的宗教体系。（稍后详述。）

第 4 阶段——《圣经》记载了公元前 4000 年的原始预言，并进一步预言弥赛亚降临的确切日期。（稍后详述。）

第 5 阶段——先沉住气，这点我稍后才敢提。

如果你仍旧坚信印度教或其他宗教的"救世主们"会先行到来，那你最好深思以下三个不争的事实：

（1）星空图中的"弥赛亚"预言源自"原初语"，该语言近似原始希伯来语。

（2）这则预言与《希伯来圣经》中降临之人的预言相同，且后者提供了许多细节。

（3）这则公元前 4000 年的预言早于公元前 2200 年发生的语言混乱，后者致使埃及、印度和其他文明及它们的"救世主"传说产生。

鉴于这些事实，人们会有疑问：或许各种异教的"救世主"传说是某个更早预言的仿冒货？

我们很快将调查允诺之人身份被窃的惊人历史——那究竟是如何发生的。

与此离奇故事相关，我们还将探究世界各地的牲祭和人祭起源。献祭始于何时？这一奇怪行为如何、为何产生？探查马上开始……

第七章

献祭——"告诉他们我死了"

数年前，一个人称白狼的土匪在中国西北部四处抢掠。他突袭村庄，残杀了许多人。

为将其捕获，数群武装村民开始彻底搜寻村子。白狼因此退回到他藏匿的地方，他的劫掠行为也因而被大大遏制。

之后他的匪徒团伙开始散布白狼死了的谣言，说他在一场小型战斗中被杀死。听到白狼的死讯，人们松了一口气，放松了戒备。就在这时，白狼突袭，再次掳掠了村民。

"告诉他们我不存在"

路西法（撒旦、魔鬼或是其他名字）也散布了类似上面故事的谣言——"告诉他们我不存在"。谣言的效果十分成功。

今早，我收到了一位名叫拉斐尔（Rafael）的读者的电子邮件。他写道：

> 我喜欢古代考古学。我一直相信，真实历史被隐藏了。我感到非常气愤，学校没有教给我们正确的历史……尤其在美国。我有时想，或许存在某些人类不能驾驭的势力掩盖了真实历史，并在幕后操控着地球所有事物。因为他们知道，如果真实的古代历史被揭露，他们的身份就会暴露。

他说得再好不过了。

刘易斯（C.S. Lewis）的《地狱来鸿》（*Screwtape Letters*）有一段写得很棒。其中，"老魔头"（Senior Devil）对他一个鬼使说了此类话："当然，我们最大的王牌就是大家知道我们不存在。"

对那些实体而言，那是多么有利！

当然，或许会有人说："我才不相信我看不见的东西……"哈，拜托，有许多东西你看不见，却真实存在，磁力、重力、你自己的大脑等。

磁力，我们看不见、摸不着、感受不到，但我们相信它存在于日常生活中。（我们知道发电要靠它。）重力，除了它的作用，我们看不见它、摸不着它、感受不到它。（如果重力不存在，我们都要飘向太空。）通过其创造之物，我们立即能看到造物主存在的证据。

同样，通过他们入侵我们世界的证据，我们能得知那个灵体维度的存在。

实实在在地全面研究过通灵术和神秘学各个阶段的人都不得不承认，其中有超自然力量的参与。许多灵体——善意的及恶意的——在地球上行动，影响着这个星球上的无数生命。

我们说的不是有着兽蹄、钩尾、顶角或鼻孔会喷火的某人，而是一位有着荣耀之美的智慧存在及一群与他同在的灵体。

在《UFO外星人：致命的秘密》（第6章）中，我们会看到，另一维度的实体与我们的维度有交流。那些实体如同你我一样真实存在。就像我们，他们存有意识和人格。

在黑魔法仪式中，现代撒旦崇拜者就是从那个维度召唤恶灵的。

个人宿怨：你我都卷入其中

你最好相信，尽管通常我们看不见，但地球上确实存有其他势力，且极度活跃。光的使者与路西法的拥护者正进行一场无尽的斗争。这场拉锯战波及地球上每个人。

古文明对此知晓

我们已经知道，从一开始，未来的世界史蓝图就已被规划好。人类受救之日将到来，而对那天的期盼反映在所有古代民族的传统中。

古文明信仰唯一的造物主,相信天使(使者)的存在,相信人类因撒旦(象征为蛇)的狡黠堕落。

他们也相信造物主对人类的爱,相信人类一堕落即被允诺一项救援计划——更强大者将降临,他将进入被占领土,化身成人,为希望从死因中获救的人奉献生命。他们相信这位救援者终将获胜,相信所有遗失之物终将复原,相信大蛇终将被击溃。

他们从哪里知道这些?从人类第一对夫妻开始,这些信息便由先祖们代代相传。

首次牲祭

想象一下那个历史画面:宇宙众生惊异地望着,上帝告诉第一个男人抓住一头动物(可能是只羔羊),将它宰杀。男人照指示做了,世界流出的第一滴血飞溅至地面。

这是第一次生命丧失。在此之前,死亡不为人知。从那时起,世界的居民明白了死亡的意义。这是第一例暴行,第一个苦痛记号。

让那无辜生物鲜血四溅,亚当想必痛彻心扉。可以想象,亲手残杀自己取名、养育、爱护的动物时,他是多么恐惧,多么悲恸。

此时,他被告知预言,正如这头垂死的无辜牺牲品(动物),在既定的时间,一位无辜的救赎者将为有罪的人类受死,令他们从死亡的诅咒中解放。为此,救赎者将亲自受刑。

令人心碎的悲剧

观望这个场景受到的情绪冲击令人无法想象。看到上帝之王用这种方式结束他创造的生命,全宇宙战栗恐惧。

这清楚说明上帝并非遥不可及的王。他不只感受得到苦痛,更是对那苦痛感同身受。从那天起,众生屏息地注视着地球这一宇宙剧场上演的大戏。

各民族等待着他

世界最古老的预言——拯救者的预言——被给予我们的始祖,之后代代相传。

古巴比伦人、古波斯人、古中国人、古印度人、古日耳曼人、古不列颠人、古罗马人、古埃及人和其他民族都满怀期望，等待这位重要之人到来治愈各种恶疾。

古罗马历史学家塔西佗（Tacitus）提及了这一各民族的期望。[①]

迪普伊（Dupuis）的《文明的起源》（*L'Origine des Cultus*）收录了一种广泛盛行于各民族的传统，即处女所生的神圣之人——他没有世俗父亲——在与蛇斗争中受难，但最后战胜了蛇。[②]

为拯救人类，他从天界降临了，或将会降临。他将彻底献出生命，但会再次苏醒，最终带来新世界。

注意两位古代诗人是如何解释这则预言的：

> *金光闪耀的后代从天界降临，
>
> 哦，童贞的露辛达（Lucinda）！加快母亲的疼痛，
>
> 加速荣耀的降生！
>
> ……美德将重获，
>
> 罪行将不再威胁这有罪的世界……
>
> 他将和平统一战乱之国，
>
> 以慈父的美德，他将统领人类。[③]
>
> *欢呼，伟大的世界之医！所有人欢呼！
>
> 欢呼，万能之婴，多年后将到来，
>
> 他将治愈民族，欺骗坟墓！……
>
> 你惊人的技艺将起死回生，
>
> 雷劈向你有罪的头颅；
>
> 因为你将死去，但从那黑暗的住所
>
> 你将胜利崛起，二次为神！[④]

---

① 塔西佗，《历史》，第13卷；苏维托尼乌斯，《维斯帕先》，iv。

② 约瑟夫·A.赛斯，《星之福音书》，密歇根大急流城：克雷格尔出版社，1982年，11页。

③ 约瑟夫·A.赛斯，《星之福音书》，密歇根大急流城：克雷格尔出版社，1982年，33页。

④ 同上，48页。

巴比伦人和波斯人也期待着一位国王救世主和英雄圣人，他将建立幸福的新时代。中国人也相信一位伟大智者将出现。印度人相信，至上之神将向人类现身，最终带来一个新世界。古日耳曼人盼望着现今世界的革新。英国德鲁伊①期待"所有疾病治疗者"的到来，这位治疗者的象征是槲寄生（或树枝）。

同样，最早的埃及文本也记录了人类救世主降临的预言——当时那则预言已很古老。②

这位允诺之人将迎战路西法军团。在那过程中，他将牺牲性命。但他也将战胜死亡，复原遗失之物。

地球上每个人都会被给予一次救赎机会。我们可以发现，古代世界确实在等待着这些事件的发生。

教导手段

我们不应认为上帝是嗜血之神，杀戮才能令他平息。恰恰相反，造物主为了拯救死刑之下的人类牺牲了自己的儿子。

他为何要建立献祭系统？这是种教导方式，帮助人类先祖和其子孙懂得那项援救计划。

全球的献祭仪式习俗说明它们有个共同起源。通常认为，祭祀习俗的起源可回溯至人类的鼻祖时期。我们的祖先视献祭为赎罪（弥补人类的过错）。③

献祭是这样的：

一个人为其犯下的罪恶（错误行为）懊悔。他将一只动物带到祭坛，抓住动物，拿起刀子，亲手将它宰杀。手置于动物身上，这意味着犯错者象征性地将其罪过转移至无辜牺牲品上——该动物成为他的替罪品。

当然，献祭本身的赎罪效用就像盯着沙拉图片以求填饱肚皮一样无用。

然而，牺牲的羔羊是降临者的象征。未来某个时候——在现实中——他将"像羊羔被牵到宰杀之地"④。

---

① 译者注：德鲁伊是凯尔特民族的神职人员。

② 赛斯，《大金字塔：石头奇迹》，纽约：哈珀与罗出版公司，1973年，66页；D. 戴维森，《大金字塔：神圣信息》，伦敦：威廉斯-诺盖特出版公司，1936年，369页、528页。

③ 乔治·斯坦利·费伯，《异教偶像崇拜的起源》，伦敦：里文顿出版社，1816年，463—472页。

④ 《以赛亚书》53:7。

《犹太百科全书》（The Jewish Encyclopedia）这样注释：

> 手置于牺牲品头上是种常用仪式，这样就将罪恶转移至替罪品。每种献祭都存在替罪的思想：牺牲品顶替罪人。[1]

代付

美国一位电视名人因超速行驶被拦下。警官开罚单时，名人递出他的驾照。

警官突然认出了他，叫道："我妻子很喜欢你的节目，总是看。但这是我的工作，我不能撕了罚单，法律必须被执行，不过让我替你交罚款，这是 50 美元。请别再超速行驶。"

可以说献祭系统有着相似寓意。违反神圣造物主法律的人要受到处罚。法律公正性应得到捍卫。不过立法者有个解决办法，因为他是如此关爱他创造的生命，他为有罪者提供了一个逃脱办法，但那在法律的容许范围内。

拯救者——立法者本人——将为有罪的人类去死，让罪人从死亡的诅咒中被释放。

为什么不简单地说"我原谅你们"

这时，肯定会有人问，为什么拯救者必须死？为什么上帝不干脆对人类说，"我原谅了你们"？

想想这点，如果法官对盗车贼、毒贩子或精神病谋杀犯说，"我原谅你们，别再犯了"，那我们的社会会变成什么样子？会一片混乱，不是吗？

这正是我们世界面对的状况。

造物主绝不会向罪恶妥协，就像母亲不会与杀死她孩子的泰斑蛇妥协一样。她是如此爱她的孩子！上帝发誓，一定要向罪恶复仇。而那代价太高，太致命。

刚刚提到，一位交警给一个人开了超速罚单，却为那人交了罚款。罚款必须要支付。这正是拯救者要做的。但他要做的不只如此，他会给予人们过上正确生活的力量，这样我们才不会搅乱他计划的新世界。

---

[1] 《犹太百科全书·赎罪之日》。

简单说明献祭系统

考古学已表明，各民族都存在自古流传下来的献祭系统，构成其文明的一部分。

重复一遍，血祭动物仅是个示范，告诉人类未来允诺之人的献身死亡。它概述了造物主处理"原罪"问题的完美计划。

我们通常将"犯罪"定义为违法国家法律。依此类推，原罪应被定义为违反上帝的法。

简言之，献祭系统象征：

（1）上帝的纯洁与人类的不纯洁形成对比。

（2）渴望原谅他们的罪恶是上帝对人们背叛的回应。

（3）上帝想要恢复人类原有的生活，赢得每个人的心。

接受包括他要承认所犯的罪，将所亏负的，如数赔还。[①]

为什么献祭

我听到有人说，哦，拜托，那不是很血腥的教课方式吗？

的确，第一感觉似乎如此。但想想，献祭系统是为了在犯错者心中留下什么？

首先，人类必须为其罪行感到恐惧，会想要回避同样的罪恶。

你能想象这样的画面吗？盯着动物的死态，他浑身战栗，意识到自己刚才的行为造成了一个无辜生灵的死亡。

献祭行为反复、生动地提醒人类，他们要为自己的罪行付出可怕的代价。祭品的死亡使人理解这一痛苦事实：罪恶的结果是死亡。罪行将不可挽回、不可避免地导致死亡。造物主不能对之视若无睹，而拯救人类将令他付出沉重的代价。

献祭的第二个原因是人类同时需要希望。他们必须被提醒，他们的罪行有天要取走"上帝的羔羊"的无辜性命。宰杀动物象征降临者的死亡。

献祭是一种信仰行为，是表示接受未来的救赎。

---

① 《民数记》5:6-8。

总结

· 全球都存在献祭仪式习俗证明它们有个共同起源。

· 献祭习俗的源头可追溯至人类之父（亚当）时期。

· 许多民族可对此做证，《希伯来圣经》也可提供证明。

· 献祭仪式是种教导手段，表明造物主将宽恕人类忏悔的罪行。

· 每次献祭都预示未来弥赛亚的牺牲。

· 古代人期望他由死复生，最终恢复遗失的一切。

以上都基于最早的预言。

所有古代民族都知晓献祭仪式。正如亚当时代开始的伊甸园东界大门牛羊献祭[①]，后来，古代中国每年也在东部边疆举行献祭仪式，但是其中的意义长时间不为人知。

破坏救援计划的阴谋

现在站在路西法的位置想想。他突然听说夏娃这个女人的后代最终将摧毁他。

路西法会干等着让这发生吗？休想！那他会如何阻止这项计划呢？地球现在是他的领地。

这位反叛者曾经确信，至上者不会因为宇宙边缘一颗小星球上的丁点人类麻烦自己。

但现在——听到上帝将化身为人来到地球，路西法惊恐万分。他不能理解这巨大牺牲的意义。他自私的心不能理解上帝对这个受骗种族无私的爱。他知道人类将能以某种方式抵抗他的力量。

他坐立不安。

他决定毁灭人类所有的希望，让这个世界变得不值得造物主为它那样付出，让上帝慈悲的使命永远不被执行。

路西法因此酝酿阴谋，破坏救援计划。

显然，他要做的就是斩断生命线，使种子无法降生在人类中。因此，他

---

① 《创世纪》3:14至4:4。

开始破坏人类血脉，他令人类的第一个孩子（该隐）谋杀了他的兄弟（亚伯）。

但这并未阻止生命持续繁衍，其他孩子陆续降生。

他因此决定实施脑控计划。他不是成功地对人类第一对夫妻使用了这招吗？轻而易举。他要让所有人归服于他的统治。他甚至要战胜允诺的拯救者。

从那时起，人类的历史变成了行动与反击的故事。

地球上的每个人都被卷入其中——因为我们的祖先，我们都被牵连其中。

随着路西法军团的阴谋一步步被揭穿，你或许会察觉，真相令你毛骨悚然。

准备好了吗？开始吧……

第八章

一神论的开端——路西法军团的圈套

"破坏救援计划,"他咆哮着,"对地球人质收到的讯息……干你们该干的。混淆他们的视听……篡改预言,阻止预言实现!"

第一次听到上帝要从他控制之下抢夺人质的诺言,路西法勃然大怒。他和他卑鄙的叛军召开会议,决定扰乱救援行动。

人类灵魂深处根植着对造物主的敬畏。

必须移除这点,但怎么做呢?在那个时代,直接反上帝的宣传不能奏效。应用更精明的策略。问题是,人类生来就有敬神的倾向。那该怎么办?

当然!为何不曲导那个自然倾向!

消减不了的东西,或许可以让它腐化变质。依据他自身的经历,路西法明白,最好之物的堕落就是最坏的结果。

让人类以为他们仍在信奉上帝,但暗地里小心地把诱饵摆在他们面前,然后慢慢将造物主挤出去。彻底否认造物主存在的时日之后将到来。

* * * * * * *

我们将目睹,路西法的阴谋历经 42 个世纪如今已到了最后阶段,并且取得了不可思议的成功。

"一神"崇拜是进化的结果？

你曾听说宗教是进化的产物吗？或人类信仰是从巫术逐步演变至宗教，再至科学？或原始多神崇拜渐渐演化成"一神"信仰（一神论）？确实，今天许多地方的课上都是这样教的。

天哪，我们一直接受这样的教导！这全都是为了让人类接受进化论。好的，你理应知晓真相，不是吗？真相就在此。从巫术演变至宗教再至科学，这一假设没有丝毫证据可证。相反，考古学家告诉我们，人类在地球上出现的那一刻起，科学就已存在。[①]

这与进化论的预计恰巧相反。

同源头文化，同初始宗教

宗教的真相是什么？你会想起研究者在六个大陆都发现了人类"原初语"的手迹（第四章）。译文的内容尽管不完整，但它们暗示了世界曾存在同一种文明和宗教信仰体系。

两个常见的岩刻符号代表神的名字——"EL"和"YAH"。"EL"是神不为人类理解的抽象形态，而"YAH"指造物主。两个概念都象征唯一的神——一神——但承认神有"可知"与"不可知"的两面。

科罗拉多岩刻顶行被成功破译，读作"YARE HA EL"，意为"赞颂上帝"。

最初即是一神论

这指出了在世界语使用的早期时代存在一神宗教信仰，暗示存在一种原始信仰，它从人类最早的祖先传承下来。

证据显示一神论是所有宗教的根源。而直至公元前2000年后不久，一神论开始退化为泛神论、多神论和泛灵论。

细致的考古学家和历史学家（霍恩、费伯、罗林森、沃德尔和巴奇等）根据他们的发现都坚称，最早的苏美尔人、伊朗人、腓尼基人、埃及人和印度人都是一神论者。

---

① 乔纳森·格雷，《死人的秘密》<http://www.beforeus.com>。

古代人认为只有唯一的至上上帝。他们也知道只有唯一的种子，它生长出世界的希望。

几乎所有民族都有名为泽罗（Zero）或泽尔（Zer）（"种子"）的伟大之神，也有名为阿什塔（Ashta）或艾莎（Isha）（"女人"）的伟大女神。但描述伟大之神泽罗的修饰词通常有他是"唯一"的意思。

流行的理论对此无法解释，唯有先于原始预言——处女产下"种子"的预言——的知识才能解释这些名字和修饰词。

一神两面

在埃及历史早期，上帝有两种形态，即荷鲁–乌（Heru-ur）和塞特（Set）（这与《旧约》中造物主以耶洛因和耶和华两个名字出现类似）。

原始埃及一神教中，荷鲁–乌常是造物主仁慈的一面，而塞特是与审判、惩罚、死亡相关的一面。荷鲁–乌和塞特的脸一同出现在象形绘画中，被刻画为一体两面。[1]

这两种形态后来分别变成埃及异教神荷鲁斯（Horus）和塞特（Set）。

盗用降临者的特征

古埃及最早的文本中，我们可以看到有关弥赛亚将降临的预言。预言称，"创世以来人类就在等待的导师"还未现身地球。他的到来将以他的牺牲结束，并给人类带来新生。

古埃及弥赛亚预言将弥赛亚称为"死亡与重生之主"。

随着时间的推移，弥赛亚预言被异教化。弥赛亚被替换成俄赛里斯（Osiris）（植物腐朽与重生之神）和其他神祇。俄赛里斯之后篡取了更早时期埃及预言中弥赛亚的特征与职责。

只有在古埃及晚期（18 王朝晚期至 19 王朝早期）的文献中，俄赛里斯和其他神祇才篡取了允诺之人的特征和职责。[2]而那发生在宗教充分退化之后。

---

[1]　戴维森和奥尔德史密斯，《大金字塔：神圣信息》，伦敦：威廉斯-诺盖特出版公司，1936年，451页。

[2]　同上。

但俄赛里斯最初并非弥赛亚[①]，他不过是寓言中的名义领袖、庄稼守护神、农业季节的化身。[②]很久很久之后，他才变成了"本是凡人却死而复生的神"[③]。直至那时俄赛里斯才被给予了允诺之人的特征。

著名考古学家巴奇教授指出：

> 古埃及人在其文明最低等时期创造的信仰却混合了高级信仰观念。[④]

类似地，在雅利安语系的大多数古代记录中，我们也会发现类似迹象，时代越久远的宗教思想越高级、简单、纯粹。

最初是更纯粹的信仰

虽然现代印度教崇拜许多神祇（认为他们对人类世界具有不同影响），但印度圣书记录的最初的状况与今天大相径庭。

梵天（Brahm），最高神：

> 荣耀万丈，他即无形。[⑤]
>
> （他）照亮一切，欢愉一切，一切因他行进；万物因他生存繁衍，万物必将归与他。[⑥]
>
> 仅靠意念就能将他感知；他无须外身即能存在，他没有可见部分，他永恒不朽。这万物的灵魂，无人能够知晓。[⑦]

这些语段虽然带有泛神论的痕迹，但使用的语言表明，印度教徒曾在一段时期拥有相当纯粹的信仰。

梵天 Brahm（永恒无尽之神）正是原始希伯来语 Rahm 加上前缀 'b'，

---

① 戴维森和奥尔德史密斯，《大金字塔：神圣信息》，伦敦：威廉斯-诺盖特出版公司，1936年，451页。

② 斯图尔特，《大金塔的见证》，伦敦：公约出版公司，1928年，64页、65页。

③ E.A. 沃利斯·巴奇，《亡灵书》，伦敦：大英博物馆出版社，1920年。

④ 巴奇，《埃及诸神》，纽约：多佛出版社，1969年（1904版本再版），卷I，32页。

⑤ 《吠陀》。

⑥ 《吠陀》。

⑦ 《门努学派》。

该前缀在源自希伯来语或迦勒底语的梵文词中很常见。

希伯来语 Rahm 意为"仁慈或悲悯之人"。不过 Rahm 也可指"子宫"或慈悲所在的"深处"。

梵天 Brahm 与希伯来语的 Rahm 意思相同，除此之外没有其他解释。

在一本印度教圣书中（当声明他作为神的至高神性和至上神的身份时），克利须那神（Krishna）说了这些话：

"伟大的梵天是我的子宫，在那我安入胎儿，从它诞生自然万物。伟大的梵天是孕育自然的母亲，是生出世间万物的子宫。"

显然，梵天 Brahm 源自意为子宫或仁慈者的 Rahm。梵天 Brahm 的意思也与 Er-Rahman（"大慈大悲者"）相同，后者是土耳其人对上帝的叫法。

尽管今天的印度出现了严重的宗教退化，但古印度人曾清楚，上帝是"悲悯之神"，即"公正之神与救世主"。他在印度也被称作"牺牲者"（佛教徒通常称他为"普度众生者"）。[①]

此外，提婆（Deva）（印度对"神"的通称）也有类似的意思。提婆源自迦勒底语 Thav（"善"）。Thav 也可拼成 Thev，其强调式是 Theva 或 Thevo（"善者"）。"Th"常被拼作"Dh"。因此有了 Deva。

"v"常被舍去（就像拉丁语"novus"在希腊语中就成了"neos"）。Dheva、Theva 或 Thevo 则变成了 Deva，或 Deo、Devs（拉丁语"上帝"），或 Theos（希腊语"上帝"）、Theo-s、Thevo-s。这反映了《圣经》中的一段话："除了神（Theos——善者）以外，没有一个良善的。"[②]

神祇渐增

古代文献显示，随着时间的推移，神的数量呈现增长而非减少态势。[③]

各民族是随着历史渐进才变成多神教徒（崇拜多个神）的。

举个例子说明过去 4000 年神的增长数量。据统计，现在印度教里共有 60 万个神祇！

准备好了吗？下面的故事更引人入胜。

---

① 《大史》，第61章《接受支提耶山精舍》；波科克，《印度在希腊》，185页。

② 《马太福音》19:17。

③ 西格弗里德·H.霍恩，《远古记录阐释圣经》，华盛顿：评论与通讯出版社，1975年，12页。

在接下来的几个章节中，我们将揭晓最初对创造了太阳、月亮、众星的造物主的崇拜如何退化为仅仅对那些天空可见星体的崇拜。

我们将追寻人类从美索不达米亚这一起源中心扩散至地球各个尽头的踪迹。我们会看到人类在世界各地都建立起相同的信仰体系，各民族的神祇都担负相同职责。尽管神的名字不尽相同，其象征符号却别无二致。

我们将揭开对人类英雄的崇拜如何与星体产生联系，人类的信仰又是如何退化为对牛、羊、猫、鳄鱼、鹰隼和蜜蜂的崇拜，以及牲祭如何被歪曲成人祭之谜。

第三部分

冒名者登场

第九章

假扮死人——"神"和女巫的策略

"该死！"戴蒙咒骂。他将笔猛地甩在牢房的水泥地上。狱友不解地盯着他。

"没墨水了！"他从被铺里起身，慢慢走向他深灰色的外套，在里面摸了一通。

"有了！"他抽出另一支笔，跳回床上，继续写信。

"因为种族抗争，"他写道，"我和其他 80—100 个狱友被长期'禁闭'。"

"这意味着我们得在双人牢房里吃饭，一周只能洗两次澡！因此我们每天从马桶里取水洗鸟浴（当然我们得先洗净马桶）。"

署好名，他把信工整地叠好，放进信封里。

他的调查一直在获得一些狱外帮助，这使得他能获取监狱图书馆藏书之外的资料。

戴蒙转向他的狱友："它们从何而来？"

"你指什么？"

"各种宗教。它们是如何开始的？"他往后靠，开始列举，"我是说，有这么多种宗教……佛教……阿兹特克宗教……埃及宗教……印度教……琐罗亚斯德教……啊，简直有无数种。"

开始调查时，宗教被排在戴蒙研究单子的最末。但现在，他逐渐深入历史……—些有关宗教的诱人问题开始浮现……

独立起源？

不同异教的起源不同吗？每种宗教都是在世界各地随意产生的吗？每种仪式、每套神谱都是独立的发明吗？

戴蒙已了解所谓的宗教进化论，它说各种宗教的相似性纯属巧合，当然！

例如，对太阳、月亮和众星的崇拜，这些天体是如此显眼，不是吗？尤其是太阳和月亮，它们给予地球如此大的恩惠。因此，纵使地域分隔，各地的人都会对它们产生感激、仰慕之情？

不同民族也都会崇拜逝去英雄的灵魂，尤其是那些对国家做出突出贡献的人。好吧，呃……

可是说真的，最好还是寻找证据，不是吗？理论或许听上去很棒，但事实……证据……真相又是怎样呢？

全都来自同一源头——设计的产物

事实是这样，研究深入世界偏远地区我们会发现，人类是从一个中心点四散开来的。人类文明史是一个同一连贯的故事。

乔治·斯坦利·费伯是研究古代宗教起源的大师。他总结道：

> 不论在显性教义上，还是在其他许多任意相似点上，世界各地诸多异教的偶像崇拜体系十分一致。它们不可能是在多个国家独立产生的，而一定都有个共同起源。[1]

混乱中显现出一个事实，那就是各种异教信仰看似彼此不同，却具有惊人的同一性。我们发现了一个全球性的统一设计。

这是否暗示了一个既定计划？一个统一目的？宗教各有不同，却都相同？

既定计划？哦，不，这不可能是个阴谋；可能是巧合吗？

醒醒！世界各地异教神话的各种变异都有一个共同起源，它们本质上只是同一种偶像崇拜体系。

所有异教一致得令人震惊。对这种一致性需要有个合理解释。

---

① 乔治·斯坦利·费伯，《异教偶像崇拜的起源》，伦敦：里文顿出版社，1816年，卷I序言。

要知道，尽管不同国家的神祇背负着不同名字，但他们本质上是相同角色。

没错。不同神学系统的一致性不只表现在显性与自然性层面，还体现在任意性与细节层面。各种异教的神话想象与宗教仪式有如此多细节上的、有规律的一致性。如果你费心去全面调查，会不可避免地发现不同神学系统有个共同起源，有相同的原始宗教思想。

纵使某个族群沦为野蛮状态，其传统中的原始宗教印记也不能被抹除。

想想这点就觉得不可思议。西方人在十八九世纪进入太平洋时，发现古老宗教系统仍存活在偏远岛屿上。强悍的欧洲冒险家首次打开美洲世界时发现，从北至南的土著居民崇敬的都是类似于埃及、印度、希腊、意大利、腓尼基和英国的神祇。

令那些冒险家惊讶的是，这些不同民族的神话可以一齐构成一个单一紧凑的宗教体系。

相信吧，世界各处的多样异教体系在（a）明显意图与（b）无数任意细节上紧密一致，它们绝不可能是各个孤立地区的独立生成物。

证据在你耳边呼啸。不同宗教体系源于一个共同中心，之后才在全球各个角落建立。这点清楚明了。

唯有三种可能

很好，你问这是如何发生的呢？唯有三种方法可能使多种异教体系都达成相同协议：

（1）所有民族达成和平协议，各自建立不同定居点后，都借用同一种神学体系。

（2）不同民族在建立各自定居点后，被征服者和暴力强迫信奉同一种迷信。

（3）不同民族曾聚集于同一地点，同属一个社群，他们同意采用同一种宗教形式。之后，各个部落分散至各地，也将相同的宗教思考与实践带至他们殖民的土地上。

对此加以仔细思考，我们会发现唯有这三种有可能解释全球范围的宗教体系协定。

若了解人性，就能排除第一种，因为那令人难以置信。而第二种不仅令人难以置信，可能性也很小。

剩下的只有第三种。第三种设想不只与那些宗教的普遍主张完美契合，还与古代文献中可证的史实相符。

人类最初同属一个社群

结论是：

（1）人类曾聚集于同一个社群；

（2）他们之后分散迁至地球各处。

事实上，这一情景同时被古代世俗历史及《圣经》中有关宁录和巴别塔建造的记述肯定。[①]

神是神化的人

异教敬畏的神是谁？异教敬神的思想又源自何处？可以追寻其踪迹吗？这是第一条线索……他们的神是死人！没错，异教徒的神是神化的男女。

你知道吗？古希腊人和古埃及人的神都被描述成地球上从前的统治者。他们公开承认他们将死去的杰出伟人神化的习俗。这至少形成了他们流行宗教体系的部分根基。

此事实的证据

古希腊诗人赫西奥德（Hesiod/Hesiodos）生活在公元前700年左右。他证实了尊崇英雄已故灵魂的风俗。那些英雄的地位曾高于其同胞，或是他们曾为国家做出了重要贡献。

最后，感激他们的后代将他们奉为神来膜拜。[②]

赫西奥德告诉我们：

> 当黄金时代辉煌之人的遗体藏于土下，他们的灵魂会变成仁慈的守护神，仍旧盘旋在他们曾居住世界的上方，作为守护者注视着人间的事物。他们身披清风，飞驰在地球各地。他们拥有赐予财富

---

① 见《UFO外星人：致命的秘密》第29章。

② 赫西奥德，《工作与时日》，卷一，诗120、125；柏拉图，《克拉底鲁篇》，398页，《理想国》，卷5，468页。

和维护公正统治的高贵特权。[①]

这段文字明确了两件事：

（1）神原本只是人；

（2）被视为值得崇敬的人是黄金时代（Golden Age）的辉煌之人。

神圣品质被付之于人

古代文明承认存在一位创造万物的至上之神。

但他们最后拿走了那位造物主的特质，开始将那些品质赋予各种死去的人类英雄。

这样，新"神"篡夺了从前被视为专属上帝的荣耀。然后，随着凡人越来越多地被敬奉为神，人类对造物主的直接崇拜最终中断。

赫西奥德的记录被希伯来作家摩西和大卫证实："他们叫百姓来一同给他们的神献祭"，"祭死神的牺牲"。[②]

一些死人在那时被称为"神"。

巧合？不可能。

这之所以会发生是因为路西法从一开始就这么计划好了。那时他告诉人类首个领袖："你们定不会死，你们会像上帝一样。"[③]

是的。人类崇拜死去的英雄，这是路西法军团从一开始就计划好的，他的战略在那时生效了。

路西法军团与人类领袖进行直接联系。其中一些领袖是受到精神控制的傀儡，对自己无意中服务的议程毫不知情。

与死者沟通的信仰

所以神化死者几乎在每个异教体系中都占有突出地位。这一行为产生了路西法军团巧妙设计的一项副产品——让人类认为他们可以与死者沟通。我们之后要来看看这如何演化成一直以来最大的一个骗局。

---

① 赫西奥德，《工作与时日》，卷1，第120节至第125节。

② 《民数记》25:1-3，《诗篇》106:28。

③ 《创世纪》3:4，5。

招魂术只是骗术吗？是，又不是。里面确实常有骗术，但不总是如此，真实现象也有发生，类人实体有时确实可见。

这种活动现在通常被称为降神会。今天，与死者沟通的普遍信仰在唯灵论的名义下被践行，但古代也有降神会。

问题自然来了，那些出现在人们眼前的实体是什么？他们是人去世后变成的神吗？如果他们不是死者的灵魂，那他们的真实身份到底是什么？

全球事件背后的隐秘力量

当然，诚心的怀疑态度对探究是有益的。你准备好大吃一惊了吗？对招魂术和神秘学各个阶段都进行过全面且实在调查的人都会不得不承认，其中确实有非人类力量。

在《UFO外星人：致命的秘密》中，你可以找到有关这点的充足证据。[①]

虽然我们看不见，但确实有其他力量在此，而且十分活跃。他们中有些是邪恶实体，也有善意的。一些人称他们为天使。路西法军团的势力与那些忠于造物主的力量相互对抗。

他们的形体超越人的可见光谱范围，因此我们肉眼看不见他们。然而，他们可以通过缩聚显形。这发生在降神集会中。

古代先知警告人类，人类不只要与同为人的敌人斗争，还要与非人类的对手较量——邪恶强大的灵体敌人。[②]

有足够证据摆在我们面前，那些卑鄙的反叛者——路西法军团——十分危险。他们意图操控人类事务。撒旦被抑制不住的复仇热望和控制欲望占据。

冒充死者

降神会上，撒旦邪恶的代理人耍起最残酷的把戏，在痛失亲人、寻求安慰的人面前假冒死者。他们借此直达人们的心智。这是通往成功操控人类的一小步。

"哦，但那些灵界信息一定是来自我死去的亲人，"我听到有人说，"因为

---

① 第6章、21章和22章。

② 《以弗所书》6:11, 12。

其中包含其他人都不知道的信息。"

哦，是吗？你确定没有其他人知道那些家庭秘密吗？如果恶灵在其他维度一直跟踪我们——他们虽然不可见，却无时无刻不在注视着我们的活动——他们知道的或许和我们知道的一样多。

如果那些假冒死者的灵体愿意撒谎（如通灵人承认的），他们就掌控了胜负的关键——狡黠、可信信息、乐意撒谎以及隐秘的优势。

今天许多人——或许是无心之举——正与这宇宙大谎言的作恶者玩着这个游戏。

对于与死者沟通，希伯来人的态度与其他民族不同。他们被明确禁止参与任何形式的与死者沟通的虚假活动。①

他们的先知提醒人们："死了的人毫无所知"，"他所打算的、当日就消灭了"②，"他们也不再重访生者"③。

他们占有统治阶层

醒醒！路西法军团已经劫持了这颗星球。他们的势力已遍布政治、宗教、科学、媒体、教育和商业，我们应该为此感到惊讶吗？

多少最高国际政事和普通人类事务都是这种诡秘控制与无形暗中势力对我们生活干涉的结果。

你最好相信这点！本质上，许多杰出政治家和其他人都是受路西法军团控制的机器人。

别被骗了。事情的真相并不总是如表面看上去那样！许多核心社会政策都是邪灵沟通者的命令。路西法军团是所有贫困、暴力和腐败背后的真正原因。

古代预言警告我们，随着末世临近，"听从那引诱人的邪灵和鬼魔的道理"和"照撒旦的运动、行各样的异能神迹和一切虚假的奇事"将流行广布。④

公平地说，并不是所有通灵术参与者都是骗子。灵媒或许真心地相信自己在与死者联系，或许对自己无意中服务的议程毫不知情，或是未曾怀疑听

---

① 《利未记》20:6。

② 《传道书》9:5, 6；《诗篇》146:4；《约翰福音》11:11-14；《约伯记》14:10-12, 21。

③ 《约伯记》7:10。

④ 《提摩太前书》4:1；《帖撒罗尼迦后书》2:9。

到的声音或见到的幽灵是假的……但那些都是冒名者的骗术！我再次强调，建议所有人警惕任何"通灵""信息"。那些你或许信赖的灵体想要的正是你的最终毁灭。

现今权力壮大

无须我来告诉你，撒旦主义在现今世界的复苏令人惊奇。孩子们——我们的未来——对巫术的兴趣持续猛增。例如，全美撒旦教会里充满年轻人，他们喊着要接受召唤咒术的指导；如今，超过 1400 万儿童归属撒旦教，这在很大程度上归功于广受欢迎的虚构少年巫师哈利·波特。

神化死者的原因：最终实现对人类的精神控制

因为他们忠实的追随者宁录，路西法军团使人类堕落的长期战略得以在公元前 2200 年全速推进。

宁录，是的，他卷入了历史上最大的一桩丑行。我们很快将深入这个问题。

总之，路西法军团就是在那时设计了神化死人的第一步。为什么？为了使路西法的暴徒能够假冒神化的先祖（从而获取对虔诚者的控制），并且实现能够冒充任何去世亲人的长远目标——以此对丧失亲属的人加以控制。

那被尊奉为"神"的第一批人是谁？想知道吗？答案或许会让你愕然……

第十章

两个黄金时代——黄金时代的英雄

"嘿，伙计！"巴格斯从他牢房里叫道。戴蒙很快停下。

"你得让我留着这本书。"巴格斯说。

戴蒙皱眉："没门，其他人还等着读呢。传阅会持续好些年，所以我才给它包上塑料封皮。"

特殊信息，就是这样！

戴蒙一直喜欢历史，但这样的事他之前从未听说，让他惊愕。

他觉得很奇怪，头脑越锐利，味觉却越迟钝。

我当了 13 年的意大利和法国料理职业厨师。这所监狱宫殿的伙食每周都是一样的：周一是烤饼……周四是炒蛋，一直都不变——我觉得他们是故意不把食物做得美味，目的是让服刑变得更加痛苦！我的味觉是最受罪的！

不管怎样，我很幸运，能从外面获得这个信息，它给了我前进的动力。

回到牢房，戴蒙躺下，翻开书页。一个词组引起了他的注意："黄金时代。"那究竟是什么？他的目光停在下一页……他感到毛骨悚然！

我们祖先对黄金时代的记忆

如果各原始民族的集体见证可信，那人类的早期历史实在是不可思议。那是个文明先进的黄金时代，是智力、科技超群的巨人统治的黄金时代。对于远古时代的人而言，那似乎一直是广为人知的事实。

赫西奥德声称从前有段"英雄时代",那时的英雄远超过他所处时代(公元前 8 世纪后期)的人,"他们被称为半神,是无垠大地上的(比我们种族更)优越种族"①。

神圣记录肯定,最初(从天堂堕落不久后)人具有非凡的心智能力。

始于原始地球,他们仅在最初六代人的时间里就掌握了高度文明。在那短短的时间中,他们能建造城市,弹奏复杂乐器,冶炼金属。事实是,那些精通复杂科学的最早人类不是傻子。

你或许会很好奇,在大洪水②来袭前的最后几个世纪中,他们的科技水平究竟发展到了什么程度。当时的科学奇迹像今天一样普遍吗?这个问题问得好。

历经 12 年多对 30 多个国家的研究,我整理了 1000 个远古科技秘密,写在《死人的秘密》一书中。该书的指南《我们前方的 64 个秘密》(*64 Secrets Ahead of Us*)新近出版,书中列举了古代人领先于我们的众多方面。

直到路西法军团介入前,黄金时代都是个完美健康、社会和谐、幸福美满的时代。

哦,有关这点,请注意,古代神话承认有两个黄金时代。

第一个黄金时代的记忆

第一个黄金时代出现在创世纪不久之后。

从亚当到挪亚的洪水前时代的杰出人物被后人心怀崇敬地铭记。

《波波尔·乌》(危地马拉基切印第安人)的圣书记载:

> 洪水前的首个人类种族掌握了各种知识;他们研究过天的四区域和地球圆面。③

第二个黄金时代的记忆

第二个黄金时代出现在大洪水过后不久。

---

① 赫西奥德,《工作与时日》,洛布古典丛书,休·G.伊夫林-怀特编撰,英格兰伦敦和马萨诸塞州剑桥,1954 年,12—14 页,158—160 行。

② 译者注:多国古籍均有史前大洪水的相关记载,称当时地球北半球被洪水包围。

③ 迪莉娅·戈茨和西尔韦纳斯·G.莫利,《波波尔·乌》。

古代传说将洪水中的幸存者描述为类神，就是说，他们来自某个高等文明，此文明在大洪水过后的一段时间不复存在。

埃及记录称，先于第一王朝的"神"的统治拥有出众与神奇的力量。

我们将线索串联起来：

（1）后来民族的"神"是生活在黄金时代的人。

（2）（a）创世纪和（b）世界大洪水不久后都有一个黄金时代。

（3）因此，那些"神"首先是亚当家族的成员，然后是挪亚家族的成员。

这两个原始家族的族人可以说是之后发展出来的"神"的真正原型。

与此同时，考察各民族崇拜的主神的传奇历史，我们几乎无一例外地发现，其中充满对创世纪、天堂及大洪水、挪亚方舟的暗示。

两个黄金时代的相似点

古代人没有忽视洪水前的世界与从其废墟中升起的新世界间的相似之处。

1）第一个世界

第一个（洪水前）世界始于一男一女——亚当和夏娃。尽管他们还有别的孩子，但亚当和夏娃主要被铭记为三个著名儿子（该隐、亚伯和塞特）的父母。这三个儿子分别与三个女儿成婚。

根据人类的记忆，人类发源于一个天堂般的花园山中。从那座中心圣"山"，人类最终移居到了世界各地。

亚当的三个儿子中，有一人（该隐）不同于他的弟弟们，他的灵魂更喜好冒险和暴力。结果，他被逐出家族。而正是该隐的后代成了首座城市的建造者及高科技的发明人。

有关亚当本人，除了知道他是个园丁和那片住满他后代土地的君主，我们对他的性格和行为知之甚少。

我们还了解，这个新世界在其婴孩时期就目睹了献祭仪式的创立，而亚当与首次献祭有关。[①]

---

① 见第七章。

2）第二个世界

古代人认识到，在上述细节上，后洪水新世界与旧世界相似。

第二个世界也起源于一对夫妇，挪亚和他的妻子。他们也有三个著名儿子（含、闪和雅弗），分别与三个儿媳成婚。

在那个新世界，人类也是从一个丰饶的高地中心——现代土耳其境内的阿勒山山脉（Ararat）——散布开来。

令人惊奇的是，挪亚三个儿子中，有一人（含）也似乎与他的弟弟们不同。他具有冒险精神且喜好暴力。也正是含的后代成了洪水后首座城市的建造者和高科技的发明人。

同时，尽管不完美，挪亚以其对上帝的虔诚创造了第二个黄金时代。在某种意义上，它可以说是先前天堂的再现。比起洪水前的混乱时代，那是个无罪与善的时期。

新兴民族没有忽略洪水前世界与洪水后早期世界的这些相似性。

创世纪后的世界	洪水后的世界
亚当	挪亚
园丁	园丁
天堂山	方舟山
最初无罪	无罪的存在
创立献祭仪式	一开始就献祭
三个著名儿子	三个儿子
一个儿子（该隐）反叛	一个儿子（含）反叛
他建造了首座城市	他建造了洪水后首座城市
他发展了科技	他发展了科技

先前世界的主人公是亚当，而洪水后新世界的主角是挪亚。

二人的卓越超群使他们不只是受人尊重。

亚当是人类历史的第一人，他最初被视为十分特殊的人。但在下一个转变中，他的后代进而将视他为各式各样的"神"。

亚当据说转生为挪亚

后来，人类依据二人的相似性推测，或许挪亚正是亚当本人的转生。

亚当被视为伟大的众人之父，挪亚因此成为人类第二个伟大父亲。（类似地，人们还推测，亚当的三个儿子转世为挪亚的三个儿子。）

最终，两个世界的奠基之父获得了相同的荣誉头衔。不过，二人被区别为第一、第二或先辈、后辈。

但是经过数个世纪，该区分知识渐渐遗失，一种混合形象生成。这个混合形象的伟绩部分来自亚当时代，部分来自挪亚时代。

随便挑个地方，你都会在那里的文明中发现这种混合形象，如中国的宇宙创世说里的那个形象同时与创世纪和大洪水时代有关，印度的宇宙创世说同样如此。

在古印度文明中，我们会发现第一位父亲亚当重生为第二个父亲挪亚（Nu），他被称作门努（Menu，洪水幸存者）或佛陀（Buddha，"伟大之父"）。有个老门努，还有另一个年轻门努。现今世界始于后者，他是前一个门努的转世，他们有着相同的名字。而门努的三个后代也都一起转世。

挪亚超越亚当

当然，大洪水在人类的记忆中更加鲜活，盖过了创世纪和洪水前的历史。

因此，挪亚最后成为远在亚当之上的"神"，而挪亚三个儿子的地位也超越了亚当的三个儿子。

八个洪水幸存者成为"神"

古埃及纸莎草书记述了一个名为努 Nu（挪亚 Noah 名字的变体）的人，他是埃及众神之父。

努是埃及众神中最初八神中的一员。这与《创世纪》中八个洪水人类幸存者的记述一致——挪亚、他的妻子、他们的三个儿子和三个儿媳。[①]

这八个人被视为通过审判存活下来的神。

---

① 《创世纪》7:13。

他们之所以被视为神也因为他们的长寿，而这未被其后代继承。这是相关的象形文字：

Note: "NU" is composed mainly of waves

Nu ∞∞三𓀀   Father of the gods 𓀀 ... 𓏏𓏏𓏏

begetter of the great company of the gods

努与水渊有直接联系（注意水波构成他名字的一部分）；从这片水渊，众神进入了"轻舟中"（方舟？）。

这群神中的第八位是塞特（Set）。在新时代创造（或黎明）时，八神从水渊中诞生，塞特在船上占据了一席之地。塞特被称作"努特（Nut）的儿子"。努特是挪亚的妻子，是阴性的努，或是航行中陪伴努的女神。努特是众生之母（就像阳性的努是埃及众神之父），在众神中受到推崇，被铭记为艾西斯（Isis）。

Nut ∞∞𓀀

dp - tu	mut - k	Nut	en	dtef - k	Nu
Is decreed	thy mother	Nut	to	thy father	Nu

有趣的是，闪（塞特？）是挪亚和其妻子的儿子。希伯来语中，Shem'i-nith 原意为"第八"。[1]

因此，对古埃及人而言，他们很难不将大洪水视为一个真实的历史事件。

后来增加的其他英雄

然而，推测不会一成不变。洪水前世界的英雄化身为洪水后世界的首批英雄，这一想法很快被更大程度地发扬。

或许随后人们会不时地往英雄名单中加入其他的杰出人物，事实正是如此。

---

[1]　大卫·法索尔德，《发现挪亚方舟》，英国：西奇威克和杰克逊有限公司，1990年，16页、17页、194页、195页；E.A.沃利斯·巴奇，《古埃及死亡之书》。

许多著名人物要么被当作伟大父亲的转生，要么被视为神圣三子中某位的转世——虽然在那人一生中都没有什么新世界开启。

后来许多人被授予"黄金时代"之神的名号。我们因此会发现，各文明中不只有两个门努和两个佛陀，而是有若干人拥有那些称号。

不过，尽管如此，原本的伟大父亲并未遗失。我们仍看见一位门努和一位佛陀被归为创世纪时代，一位门努和一位佛陀被归为大洪水时代。

因此，印度教的一体三位是由凡人构成——亚当和他三个儿子转世为挪亚和他三个儿子。

你若不相信亚当的存在，不相信挪亚和洪水的真实性，也不相信弥赛亚到来的古老预言——你若没有理解那些人是与尤利乌斯·恺撒和乔治·布什同样真实的人——那你将永远不会明白佛教、玛雅传说和古希腊传说究竟在说什么。

梵文名字 Menu 对应的希腊语是 Nous。

名字 Nous 最初借自专有名称挪亚 Noah，用来指代世界的灵魂，而正是人类伟大的父亲被视作那个世界灵魂。

大骗局

炸弹要来了。这个"相似性"游戏就要扣下史上最大骗局的扳机……那是一个最胆大的假冒骗术……开启一项历时 4000 年之久的丑行，影响着我们今天的社会……

第十一章

"弥赛亚"宁录——"角神"掌权

"这会是你听过的最棒的伪装故事。"巴格斯说。

"你本该知道真相！"戴蒙高声说。巴格斯因伪造罪入狱。在他们共同的研究冒险中，巴格斯好像远远领先于戴蒙。

"老兄，你难道都不睡的吗？"戴蒙打趣地说，"不管怎样，你发现了什么？"

"你听说过，真相是……"

"……比小说还离奇？"戴蒙打断他。

"是的，好莱坞应该将这个搬上荧幕。但他们不会。这太劲爆了，一定会引起强烈反响。"

"老兄，别吊我胃口了，"戴蒙催促，"快说，不然我揍你。"

"好吧，是这样的……"

* * * * * * *

尘雾四起的前方，22 个骑马人飞驰穿过大门。

"今天消灭了更多，"领头背后的一人大叫，"但它们散布得很快。"

第一个骑手肤色黝黑，举止高贵，看上去像是首领。他从坐骑上滑下，抬手掀开头巾。他的头顶高耸着两只新月状的角，那是公牛的角。

村民呼声鼎沸，对他而言真是美妙的乐声！他从人群中穿过，消失在其中。

他是多么喜欢受到这般的敬仰！他很快会让他们完全听命于他！

地球被摧毁，人类几乎被抹灭。由于那场灾难，气候变幻莫测，植物艰难存活，食物难以获取，人类与野兽为生存相互竞争。宁录登场的时间到来。

* * * * * * *

我们马上要揭开史上最可耻、最怪诞的系列事件。

聚集在同一区域

洪水后的世界仍在襁褓中。那时还没有人口过多的问题，所以人群分离既不必要，也不利于人类的生存。未来各民族的雏形仍聚集在同一区域，共同构成一个较大的社群。

所有人一致同意要建造一座城市和一座塔，将它作为平原上可见的聚集点，目的是防止人们在地球上四散开来。

现在将要开始一段精彩历史。

公元前 2345 年大洪水过后的几个世纪中，一个令人苦恼的问题出现了。野生动物的繁殖速度快过人类，食肉动物迅速增加，人类若四散想必生存都很困难。

挪亚的曾孙宁录在此时登场。当时的人口数可能在 0.4 万—2.5 万之间。①

由于组织人们狩猎凶残劫掠的野兽，宁录为自己确立了人民伟大"保护者"的地位。这使得他在民众中享有很大影响力。

他将人类从对野兽的恐惧中解放出来，宁录因此成为世人的领袖。他雄心勃勃地建造了历史记录中洪水后的第一座城市，并在其周围筑起高墙，人类因此受到保护，而宁录也得以统治他们。

异教产生

路西法军团对此一直监视着。此时，他们看见了复兴其长远战略的机会，这一计划曾因大洪水推迟。他们选中了这个人，知道他能很好地完成派给他

---

① 此数字的依据请见乔纳森·格雷的《尸体归来》，75—77页、107页。

的任务。

如果宁录只是将人们从对野兽的恐惧中解救出来就好了。

可是，当路西法的势力卷入进来，事情便发生了转变。此时是他们控制全人类的良机。

战役因此打响。宁录将是他们的代言人。

记住，人类对大洪水记忆犹新，这点很重要。

大洪水是场重大的宇宙灾难。除洪水泛滥外，还有多达 3 万座火山喷出灰尘、水汽、巨石和熔岩。即使大洪水已退去，狂暴的火山活动仍在肆虐。厚重的云层使太阳的热量无法到达地球表层，导致地表温度不断下降，气候潮湿、寒冷、难耐……大部分时间没有阳光。

我们应牢记，早期时代的人不像今天的西方人，他们普遍具有高度的灵性意识。

"看到了？"宁录说，"上帝摧毁了这个世界。洪水归咎于他。现在我们不得不忍受危险凶暴的野兽、严寒的气候和稀少的阳光。你们可以确信无疑地看到，造物主是恶魔。我已经受够了。"

宁录是受人敬仰的人，是人民的英雄。不是他将人类从对野兽的恐惧中拯救出来的吗？他在社群四周修筑了防御城墙。人们准备听命于他。

"我将你们的利益放在心上，"宁录宣告，"所以忘掉上帝吧。你们甚至都看不到他。我们的温暖和欢愉从何而来？是什么赋予植物生气，让我们的粮食生长？毫无疑问，是太阳。你们若想有崇敬之物，我向你们提议太阳！"

此时，一束阳光冲破厚厚的云层洒下。它受到热烈欢迎。人们站在了宁录这边。

太阳崇拜的种子已经洒下。路西法的名字意为"晨星"（太阳）。路西法自鸣得意地将自己想象成今后人类崇拜的中心。太阳象征将牢牢确立他作为地球之神的地位。

公牛象征

与此同时，宁录在发展他"大能者"的声名。他取下他曾征服的公牛等有角动物的角，角从此成为著名的权势象征。宁录也因此渐渐被称作"角神"（The Horned One）。毕竟他是第一个戴上有角头饰的人，角是他战胜野兽的象征。王冠的起源或许也可以追溯至这位"克洛诺斯"（Kronos）（"角神"）①。

当时，大家族都将族内最年长的男性视为领袖。而宁录是挑衅此族长体系的第一人，他自命为人类的统治者和帝王。迦勒底语中，表示公牛的词同时有统治者或王子的意思。因此，"角牛"成为"伟大王子"的象征。

这个文字游戏最后产生了亚述的带角人牛，印度的神牛，还有古埃及的圣牛阿匹斯（Apis）。而与阿匹斯对应的母牛则被尊奉为女神哈托尔（Hathor）。

审判介入，反抗宁录

宁录的野心突然受到干扰。壮观的巴别塔被破坏，沦为一片废墟。更糟的是，他的追随者的语言突然变得混乱。人们开始背井离乡，四处迁徙。

宁录起初很是震惊，但他很快就重组亲卫队，追赶分布较近的人群，允诺他的庇护。

然后，通过武力（利用在狩猎中变强的人），宁录开始征服其他族群。残暴的远足征战一直延伸至利比亚，那儿的族群仍追随造物主生活，不擅长战争。

一些人开始劝导人们反抗傲慢自大的宁录。年迈的闪（闪米特人的祖先）让埃及72人裁判所确信，宁录的攻击罪大恶极。法官们因此宣判，对宁录处以死刑。②

宁录逃到了现在的罗马附近，但还是被抓处决。

王后塞米勒米斯的诡计

宁录在其荣誉巅峰时期被杀，这让他的信徒大为震惊。他创立的太阳崇拜似乎就此中止。

此挫折令路西法军团吃惊，但他们没被打倒。

宁录娶了一位叫塞米勒米斯的平民女子。她在当时被认为是地球上最美丽的女人，但她极坏，历史上无第二个女人能出其右。

这时，路西法军团将他们的注意力转向她。对他们的计划而言，她简直再合适不过！

---

① 译者注：克洛诺斯是希腊神话中第一代泰坦神领袖，领导了黄金时代，镰刀是其象征。

② 威尔金森，《埃及人》，伦敦：1837—1841年，卷5，17页；亚历山大·希斯洛普，《两个巴比伦》，伦敦：S.W.帕特里奇公司，1969年，62—64页。

可以理解，没人会比塞米勒米斯更深切担忧宁录突然死亡的后果。她原本地位卑贱，之后却飞上枝头，与宁录共享巴别的王座。

这种紧急情况下，她应怎么办？要默默放弃曾经享有的虚荣与骄傲吗？

决不！虽然丈夫的死给她的权力猛然一击，但她无限的野心不会就此遏止。

她现在要飞得更高。她丈夫生前被尊为英雄，在他死后，她要让他被奉为神明。如果走对棋，她或许会让人们相信他是应受到敬仰的神，而不是一个暴君。

利用古老预言

塞米勒米斯已落入路西法军团的掌控，她的行动受到指示。

宁录符合降临者预言的谣言将被散布。真是一记妙招！

宁录是个伟大英雄，对吧？难道不是他将人类从对野兽的恐惧中救出？难道不是他为了民众的安全将他们聚集在首座城市？难道不也是他让人类脱离洪灾的精神遗产——如挪亚、闪等人？

还有，难道他不是被与闪共谋的恶毒裁判所判刑？当然是！

她的丈夫——是个伟大英雄——为了人类自愿牺牲。他无疑就是允诺之人！

如前所述，当时世界都熟知救世主之死的预言，他死前将行善迹。

预言说，这位“神 - 人”将生于“女人的种子”（而不是男人的种子），因此他是处女之子。预言还指出，惨死后，他将升天，战胜敌人。

塞米勒米斯要让宁录被尊奉为那允诺的“女人的种子”。他被预言要“伤蛇的头”，但在这过程中，他必定被“伤到脚跟”。“伤到脚跟”这一说法被理解为他将死于暴行。

伤到头将是死期！但若是伤到脚跟，战斗力或许会丧失一时，不过还能恢复，不是吗？

现在，请看以下演出……

这将是你读到过的最惊人的史实……

第十二章

塞米勒米斯阴谋卷土重来——怀孕女人的谎言

"能成功吗？你怀孕了？"

"当然！"

"你觉得他们会相信你的话？"

"当然会！人们早已准备好了。他们一直在等待这个大事件。这是轻而易举的事。"

鳏居王后把丝巾往肩后一甩："你就等着瞧吧。"

冒牌货策划

设计谣言，夺回权力——多好的想法。

她大胆地采取行动。"宁录的灵魂已升至太阳。"她宣告。然后是关键所在……一束阳光让她怀孕了！

塞米勒米斯——厚颜无耻——宣称自己仍是处女。所以当她诞下一个男婴时，她坚持男孩就是允诺的拯救者——是她死去丈夫的重生，来击溃他的敌人。这招真聪明！

她给孩子取名为塔木兹（Tammuz）。他的生日是 12 月 25 日。[1]

明白了？在你彻底晕头转向之前，我们先停一停，看看到现在为止都发

---

① 亚历山大·希斯洛普，《两个巴比伦》，伦敦：S.W.帕特里奇公司，1969年，91—103页。

生了什么。宁录从狩猎野兽转向狩猎手无寸铁的人民。他创立的挑衅、堕落的崇拜体系被散播于人民中。他并非战死沙场，而是死于庄严的司法行刑。

被肢解的宁录尸体被送至主城，或许就是在那里他建立起他的崇拜体系。但他的太阳崇拜异教被判为非法信仰。

不过，请沉住气。美丽的塞米勒米斯不是傻子。她明白公开复兴宁录的崇拜体系毫无可能。纯粹的族长信仰仍鲜活地留在人们心中。挪亚的儿子闪还活着，他正努力重唤人们对造物主伟业的虔诚信仰。

是的，是的，需万分谨慎。若要恢复她万人之上的权力——若要死去的英雄被高举为神——必须得秘密执行计划。接着，只有在她获得足够支持后，宁录的异教信仰才能安全地公开重建。

异教在象征意义下复活

那接下来发生了什么？

我们知道发生了什么。他们暗中行动，让遭禁的东西以其他形式出现在大众眼前。双重意义，就是他们玩的把戏。

这个妓女的复兴异教计划吸引了一批为谋求好处的高级祭司为她献计献策。他们想出了"神秘主义"这个法子。

信徒被授予秘密，被要求起誓外传秘密将受惩。各式各样的巫术、诡计和魔法将宁录的拥护者渐渐引诱回那个非法信仰体系中。

借着众多秘密符号，太阳崇拜死灰复燃。

"神秘主义"如何借着双重意义启动

入会者会明白，他们实际在以新符号之名崇拜禁止之物。但外人不清楚，对他们而言，那是秘密！

例如，在巴比伦神秘主义中，他们称其太阳神为贝尔（Bel）——这个词兼具"太阳"和"心脏"的意思。[1]

其信徒清楚不能公开提太阳象征，那会暴露他们的信仰。

所以他们决定采用模棱两可的秘密含义，用心脏象征他们的崇拜。要知

---

[1] 亚历山大·希斯洛普，《两个巴比伦》，伦敦：S.W.帕特里奇公司，1969年，187—191页。

道那正是同一个词：贝尔。

诡秘的正是这点。当外教人质疑他们信仰里的心形符号时，他们会说那是代表信徒感谢弥赛亚的仁爱之心。多聪明的解释。

但那些信徒心知肚明，他们膜拜的不是象征心的贝尔，而是象征太阳的贝尔。为了隐射这点，他们将太阳的火焰刻在"圣心"图像的周围！

所以，对入会者与外教人而言，那些符号的意义完全两样。

其他例子，太阳崇拜可以解释为什么毗湿奴的手指上有日环，而牧师有圆形削发——那些都是对日轮的仿效。

这些象征对外可解释成"种子"的环（还记得女人"种子"的预言吗），对内则指明是"太阳"的意思。

外人没被告知真相。

塞米勒米斯是个精明的女人。她将成为一位当代作家笔下"16位弥赛亚神"的伟大母亲。

那位怀疑论作家或许会朝自己大叫，试图躲避事实，但最后又造了个让自己满意的众多"弥赛亚神祇"起源的解释。

他们有个共同起源

人类从宁录创建的巴别中心迁徙至世界各处，同一宗教体系因此被带至全球各地，世界各种宗教也因此有相同的"救世主"故事。

仔细研究会发现，尽管"基督"传说有多种版本，但其中的相似性表明它们有个共同起源。有令人信服的证据说明众多传说中的"救世主"实际是同一个人！

他们是塞米勒米斯对众人期盼的允诺之人的拙劣仿作。

时机

我们了解了基督到来的最早预言可追溯至公元前 4000 年。[①]

然而，许多异教"救世主"的历史只能回溯至公元前 2200 年左右。他们

———————

① 见本书第五、六章。

都源自美索不达米亚名叫巴别的地方。①

正是因为那儿发生的一个事件，古巴比伦、古埃及、古印度、玛雅和其他地区的宗教才有了他们各自的"救世主"。而那些救世主预言只是对拯救者降临真预言的仿冒。

扰乱信息

异教神秘主义确实也信仰"弥赛亚"，但那是对冒牌弥赛亚反叛者宁录的膜拜。

塞米勒米斯让她的丈夫成为伪弥赛亚。她用秘密符号象征他，通过那些秘密象征使他被奉为神明。

这样的欺诈起初必不可少，太阳崇拜因此得以广布开来。接着，当那种崇拜强大到足以控制一国，信徒便明目张胆地进行太阳崇拜。太阳图案公然在四处出现。

塞米勒米斯已大功告成——卑鄙地歪曲了真相。宁录渎神的仿冒计划顺利运行。但加入那个体系需要付出代价。入会者必须告诉塞米勒米斯的祭司他们曾犯下的所有错行，那被称为所谓的忏悔。

告解完毕，信徒唯恐祭司会泄密。"娼妓之母"因此用铁腕维系了她对信徒的控制。

她为何会成功

她如何大功告成？有四个因素协助了塞米勒米斯王后：

（1）宁录广受欢迎；

（2）人们渴望将他留记于心；

（3）塞米勒米斯的美貌倾国倾城；

（4）许多国王已在宁录的征战中归降。塞米勒米斯挨个前往那些国家，给他们好处。作为回报，他们协助她推动她构想的伪宗教体系。此宗教渐渐分布至世界各个角落。

---

① 见乔纳森·格雷，《UFO外星人：致命的秘密》，第27章、30章、31章<http://www.beforeus.com/aliens.php>。

这就是为什么从南美到日本，各国异教直至今日仍留有明显相同的符号与节日的原因。多厉害的女人！

看看路西法军团的胜利！用这种方法，他们成功转移了大众对路西法痛恨的援救计划的注意。路西法精明狡诈，他将黑变白，令人们几乎辨不清真假。这就是伪造者的伎俩。

最后出现了塞米勒米斯抱着她身为太阳神的丈夫/儿子宁录的塑像。宁录头上的光环表明了传说中他与太阳的关系。

起初，该密教并未打算让母亲自身受到崇拜，而是让她作为基座举起她"神圣"的儿子，让他受到人类的敬仰。

然而，最吸引感官的必给人留下最深的印象。

女神狄安娜塑像（注意巴别塔头盔）

随之而来的王后崇拜

据记载，被太阳晒黑的宁录像是黑人，而塞米勒米斯拥有倾国倾城的美貌。据说，她的美丽曾平息一场国民起义。她突然出现在起义者中间，他们为她的容貌倾倒，后来还为她竖起一尊塑像以示敬意。[①]

在她死后的一段时间，塞米勒米斯受到各国崇拜。她被奉为伊西斯（Isis）、维纳斯（Venus）、阿芙洛狄忒（Aphrodite）等。在中国，她被称作西王母（中国的圣母）。在腓尼基，她是阿什托雷思（Ashtoreth）。在小亚细亚，她变成了女猎手狄安娜（Diana）（著名猎手巴贝尔Babel的妻子），头戴一顶层状的巴别塔头盔。

她的一个名字是阿斯塔蒂（Astarte）或伊什塔尔（Ishtar/Easter[②]），意为"女人"。她的信徒会为她烘烤蛋糕，并将"+"的符号（"+"代表她的孩子塔木

---

① 瓦列利乌斯·马克西姆斯，卷4，第3章，193页、2页。

② 译者注：Easter英文中也指复活节。

兹名字的"T")印在蛋糕上（圆形圣糕）。"天后"（Queen of Heaven）成为她的普遍称号。

在埃及，她也被叫作哈托尔，其形象注满一切神格。为指明这位伟大的女神母亲既是无限万能者，又是处女母亲，泛神论者在埃及供奉她的一所神庙中刻下这段铭文："我即万物，过去、现在、将来皆是。无人曾揭开我的面纱。我诞下的果实是太阳。"①

宁录的不同名字

被迫从美索不达米亚地区四散开来，不同部落把宁录的信仰体系带至世界各处。各部族都崇拜同一个被母亲抱在怀中的伪"弥赛亚"孩童。不同语言中，他有着不同的名字。

在不同国家，宁录的传说分别被改编成巴力（Baal）、巴克斯（Bacchus）、萨杜恩（Saturn）、俄赛里斯、阿多尼斯（Adonis）、塔木兹、荷鲁斯（Horus）等——一连串假弥赛亚的故事。②

太阳崇拜发展成一个杂乱残酷的体系，而人类本能地被它吸引。那正是它成功的秘诀。像病毒一样，它掌控了全世界，存活于各种异教中，直至今日。

现在我们知道了异教"弥赛亚神"神话的起源，它们都源自对一则著名预言的剽窃。

我听见有人问，哦，那耶稣·基督的故事又是不是真的？会不会也是众多伪弥赛亚"神话"中的一个？

非常好的问题。我们会在下章特别关注这个问题。

"隐秘者"宁录

与此同时，我们来了解下宁录密教的隐秘之处……

宁录在埃及的一个称号是俄赛里斯。

俄赛里斯借助公牛或牛犊阿匹斯的形象隐藏其真实身份。为什么这么说？因为阿匹斯的意思即是"掩盖"、"隐藏"。阿匹斯牛代表"隐秘者"。

---

① 本生，《埃及》，卷1，伦敦，1848年，386页、387页。
② 亚历山大·希斯洛普，《两个巴比伦》。

为什么是"隐秘者"？很简单，因为那表示了宁录的真实身份。以公牛象征为掩盖或隐藏，他受人崇拜。公牛是猎手宁录曾经降服的一种野兽。[1]正如前面所说，除了对密教入会者，对亡命之徒宁录的崇拜对外人一律"隐藏"。

宁录如何被等同于挪亚

随着时间的推移，将宁录与更早时期的英雄等同成为太阳崇拜者最喜爱的花招。

例如，信徒以俄赛里斯之名崇拜他，且将挪亚生平的各种伟绩加之于他。在古埃及许多时期和地点，人们纷纷哀悼俄赛里斯的命运（纪念悲恸的宁录之死）。俄赛里斯的故事部分十分类似猎手宁录的生平，部分又十分类似挪亚经历的可怕洪灾。

在被称为"俄赛里斯消失"（The Disappearance of Osiris）的节日中，俄赛里斯被"关进他的棺材里"，棺材在"阿提尔（Athyr）月[2]的第 17 日"[3]——父权年的第二个月——漂浮于水上。这正与《创世纪》中挪亚进入方舟的日子相吻合："……二月十七日那一天。"[4]

并且，俄赛里斯（或阿多尼斯）被关在棺材里的时长与挪亚被禁于方舟中的时长一致，都是一整年。[5]

加德纳·威尔金森（Gardiner Wilkinson）爵士等最博学的埃及文物探索者都承认，挪亚的故事被混入俄赛里斯的故事中。[6]

此外，每年还有长 40 天的节日来哀悼被杀的宁录（你听说过大斋节[7]吗），紧接其后的是庆祝他复活的伊什塔尔（复活）节。

所以,通过混合象征,宁录(作为"受哀悼者")最后与鱼神拉特斯(Latus) 被

---

① 见本书第十一章。

② 译者注: 阿提尔月, 也称哈托尔月, 是古埃及历法中的一个月份。

③ 普鲁塔克,《伊西斯与俄赛里斯》, 卷2, 336页, D。

④ 《创世纪》7:11。

⑤ 阿波罗多洛斯, 书3, 第14章, 卷1, 356页、357页; 忒奥克里托斯,《田园诗》诗15, 第103行、104行, 190页、191页,《希腊诗人残篇》。

⑥ 威尔金森,《埃及人》, 卷4, 340页。

⑦ 译者注: 大斋节, 也称封斋节, 节期为自圣灰星期三至复活节前的40天。

称为"悲伤之鱼")被一并崇拜。拉特斯曾被投入水中，似乎死了，之后却从水中重返（重生）。

宁录据称重生为塞米勒米斯的儿子塔木兹，他因此被等同于先前的英雄挪亚。挪亚是从方舟中出来而获得新生的。

塞米勒米斯如何被等同于夏娃

类似地，为了彰显她的绝对威严，为了颂扬她，密教认为宁录之妻塞米勒米斯的前世是人类之母，这样便把她与夏娃等同。

她抱在手中的孩子代表摧毁死亡而重生的人，这位母亲则常被表示为将死亡带至世界的夏娃。

"夏娃"这个名字（意为"万物之母"）被解释为"再生之母"。夏娃本人则被赞颂为灵性生活的掌管者。

作为"人类"的母亲，夏娃很容易被等同于宁录的妻子。后者后来变成了"众神之母"，即"所有被神化的凡人的母亲"（也就是这个神化死人的神秘宗教的创始人或母亲）。

目中的贪婪

在异教神秘主义中，夏娃的一个名字是瑞亚（Rhea）。瑞亚在主动语态中意思为"凝视的女人"，但在被动语态中意思变成了"被凝视的女人"，即"美人"。这让我们想起以美貌著称的宁录的妻子。

所以，凝视的女人夏娃与被凝视的女人塞米勒米斯被联系起来。二者因此被混合。你或许会好奇，夏娃如何得到"凝视的女人"这个名字？

《创世纪》记载，当夏娃漫步至撒旦的领地，她盯着那棵禁树，发现那棵树"悦人的眼目"。[①] 她反抗她的创造者，因而将自己与造物主分离。结果，死亡步入了世界。

腓尼基人解释说，瑞亚（"凝视的女人"）与克洛诺斯（"撒旦"）接触后生了一个名叫"死亡"的儿子——"众神和众人之母"因此与人类母亲夏娃挂钩。正是作为禁果的"凝视者"，人类的母亲因撒旦"怀孕"，带来那致命

---

① 《创世纪》3:6。

的降生——死亡。正是通过她的眼睛，她与撒旦毁灭性的联系初次形成。撒旦伪装成蛇，引诱她听从他的话。

你会惊奇地发现，蛇的名字"拿辖"（Nahash）或"通神"（Nachash）在《希伯来圣经》中意为"聚精会神地观望"或"凝视"。①

《创世纪》中说，"于是女人见那棵树的果子好做食物，也悦人的眼目……就摘下……"②然后产生了反叛和死亡的血统："私欲既怀了胎，就生出罪来；罪既长成，就生出死来。"③腓尼基人因此称瑞亚的儿子为"死神"。

秃鹫之眼

秃鹫以其锐利的目光著称。埃及神姆特（Maut 或 Mut、Mu）的象征或是秃鹫，或是被秃鹫翅膀包围的一只眼睛。

姆特（或姆 Mu）的意思是"母亲"。这位母亲的专属饰物是秃鹫头饰。我们可以看见姆特总是头顶一只秃鹫。

而希伯来词 mawet 有"死亡"的意思。其他闪米特语中，与之相似且有死亡意思的词有：阿卡德语的 mutu，古叙利亚语的 mauta，阿拉伯语的 maut。这可以理解成，第一个女人与引入死亡相关。

总而言之，被秃鹫翅膀包围的眼睛表明，埃及的伟大母亲被认为是"凝视者"。这一意义显然是借自巴比伦，在那瑞亚同时表示"凝视的女人"和"秃鹫"④。

这解释了"处女母亲"——宁录的妻子——为何以秃鹫的象征受到崇拜。

有趣的是，在古希腊，以雅典娜（Athena）、密涅瓦（Minerva）和奥弗塞麦提斯（Ophthalmitis）⑤之名，塞米勒米斯被称为"眼之女神"。她戴着一顶头盔，头盔前镶有两只眼睛或两个眼窝。

这位凝视母亲的踪迹遍布地球，甚至远至中国。

① 《史特朗经文汇编》，5172号——"勤勉观察"。
② 《创世纪》3:6。
③ 《雅各书》1:15。
④ 译者注：此处"秃鹫"英文原文为vulture，还有"贪婪的人"的意思。
⑤ 译者注：Ophthalmitis还有眼炎的意思。

第十三章

克姆、美尼斯和赫耳墨斯——埃及如何诞生

在埃及萨卡拉（Sakkara）沙漠的烈日底下，我和妻子约瑟芬（Josephine）躲进一个30多米深的古隧道乘凉。但那个地方尚未对公众开放——或许永远都不会。

那个地下通道的上方是一排又大又深的坑，约有18米长、12米宽、30米深，比任何墓室都大得多。

随后，我指着其中一个坑问向导："你觉得那是什么？"他回答："哦，是个墓穴！"（用来埋人，当然！）

上帝保佑他，但真是一派胡言！那些不是坟墓。如果真是墓穴，它们应该会被建在地下，也肯定不需要建得那么不可思议的大。

那些大坑延伸至地表上方，说明它们不是隐秘的坟墓。古埃及人埋葬死者时会往墓室里放入许多死者"来世"用的贵重物品及食粮，盗墓因而一直是他们最担心的问题。

因此，那些大坑另有用途。

在其他古文明城市中，像那样的大箱子都被认为是"贮料仓"。但在埃及，学者似乎倾向于把所有挖出的坑都称为"坟墓"。

的确，埃及是片浪漫神秘的土地。如今，有关埃及王朝的起源充斥着各种矛盾理论，这是因为世界一份最古老的文献被普遍忽视。它写于埃及建成后不久，有助于解决上述问题。

最准确的文献被忽视

考古学权威 W. F. 奥尔布赖特（W. F. Albright）教授称这份文献为"准确得令人惊奇的文献"。①

他指的是《创世纪》中古代"挪亚众子"（Table of Nations）②的信息。

与其他古代文献相比，这份文件传达的有效信息可谓一枝独秀。它无上优越，没有许多古代文献中有的迷信、魔法或怪诞信息。它讲述了一个更简单、更连贯的故事。

实际上，《创世纪》解释了古代历史中各时期发生的重大事件。它提供

埃及，降至地下的通道

了一份数学文档。如果现今考古研究无误，《圣经》是份可信的历史文献，那它可以作为一根码尺，丈量古代世界史各个时间点。

如今，大多数埃及人都是闪米特阿拉伯人。然而，那儿最早的居民是含米特人。

之前提到过，世界各种异教本质上是一家，它们的根源可追溯至同一个历史事件——怀孕王后的谎言。

接下来我们要调查其中一个异教文化——埃及文化——看看它与宁录的联系。

3 个关键名字

你或许会惊讶，我们竟然能有把握地确定古埃及的建立情况及大致时间。

埃及早期历史中的三个关键人物为克姆（Khem）、美尼斯（Menes）和赫耳墨斯（Hermes）。美尼斯也被叫作麦西（Mizraim）（意为"筑堤者"）。

---

① W. F. 奥尔布赖特，《圣经土地上的最近发现》，4页。

② 译者注：《创世纪》第10章记述了挪亚后裔开创的各古代民族的分布，挪亚众子被许多民族认为是世界各民族的祖先。

虽然这些人之后被迷信的埃及人神化，但他们都不是虚构人物。他们是真实存在的人。而他们的名字也为我们提供了埃及创立的线索。

1）埃及 = 含的土地

埃及在古代被称为克姆的土地。克姆（也就是含）意思是"灼焦的人"，这与太阳有联系。传说含皮肤黝黑。

含是宁录的祖父。[1]

含的一些后裔居住在非洲大陆。现在仍有一些非洲部落的传说将他们的祖先奉为含。例如，约鲁巴人（Yoruba）称自己是含的孙子宁录的后代。利比亚人（Libyans）的祖先常被认为是利哈比（Lehabim），他是含的儿子麦西的一个儿子。

埃及人也是麦西的直系后裔。

因此，尽管原著居民的肤色有深有浅，非洲的最早居民有可能全是这个含米特家族的成员。

埃及以含家族一个成员的名字命名，不仅如此，克姆（含）在埃及后世中受到与太阳相关的公开崇拜。[2]

上面提到的另外两个人——美尼斯和赫耳墨斯——是含的两个儿子。

埃及被水覆盖

狄奥多罗斯（Diodorus）告诉我们，最早的时候，"相传埃及没有国家，那里是一片汪洋"[3]。普鲁塔克也说埃及曾是海。[4]

希罗多德（Herodotus）记述，第一任国王统治期间，"整个埃及（底比斯省除外）是一片广袤的沼泽。现今摩里斯（Moeris）湖以外的区域曾不可见，湖与海的距离是七天的路程"[5]。

因此，整个下埃及当时都浸在水下。

---

① 《创世纪》10:6-8。

② 本生，《埃及》，卷1，373页。

③ 狄奥多罗斯，《历史丛书》，卷3，106页。

④ 《伊西斯》，卷2，367页。

⑤ 希罗多德，《历史》，卷2，第4章。

这一状况是由尼罗河河水无止境上涨造成的，尼罗河"曾冲刷至利比亚山脉沙山脚下。"[1] 实际上，尼罗河曾被称作大洋或海洋。[2]

要让埃及适宜人类居住，限制这片泛滥的汪洋（尼罗河）必不可少。

2）美尼斯（麦西）为尼罗河"筑堤"

美尼斯登场。有充分理由相信，美尼斯就是含的一个儿子，他在《创世纪》中也被称为麦西。

美尼斯（麦西）是宁录的叔叔。[3]

美尼斯领导一支移民队伍进入下埃及并在那定居，他筑起一个巨大河堤围住尼罗河，限制它的水势。

他因此被给予这个名字：Metzr-im（Mizraim）——意思是"封堵大海的人或为大海筑堤的人"。

阿拉伯人（埃及的现代居民）现在仍以这个名字称呼全埃及——Musr 或 Misr[4]。

一个民族总会把名字简化，因而"Misr 之地"就是指"筑堤者的土地"。

下埃及关心的问题就是"筑堤拦堵大海（用一些障碍物围阻尼罗河）"，将汪洋变为河流。

之后的一位埃及国王（麦西的代表）因而能自豪地夸耀："这河是我的，是我为自己造的。"[5]

调查美尼斯（希罗多德、曼涅托和狄奥多罗斯记述他是埃及历史上首位国王）的作为，将他的传闻与他的姓名含义做比较后，结果很有启发。

威尔金森这样描述为那第一位国王带来声誉的工程：

> 之前，尼罗河冲刷至利比亚山脉沙山脚下，他将河流改道，迫使它流入山谷，穿行在几乎等距的两条平行山脊间。两条山脊成为它的东西边界。他在古河床上建起了孟斐斯（Memphis）城。这些

---

① 威尔金森，《埃及人》，卷1，89页。
② 狄奥多罗斯，卷1，8页。
③ 《创世纪》10:6-8。
④ 译者注："Musr"和"Misr"即阿拉伯语"埃及"的罗马字母拼写。
⑤ 《以西结书》29:3。

改变归功于一座堤坝，此堤坝位于预建城市地点上游约 100 视距，它高耸的土墩和坚固的堤防使河水向东流，有效地将河流限制在它的新河床内。继任国王都对堤坝精心维护；甚至到后来的波斯人入侵，坝上也总是留有守卫，以照管必要的修护，并监视筑堤状况。①

可以看到，美尼斯，这位公认的埃及首任国王达成了他名字麦西指出的成就。这强烈表明，美尼斯和麦西就是同一个人。

3）赫耳墨斯（古实）——埃及宗教的创立人

我们现在讨论的是埃及早期历史中一个望族。美尼斯开创了埃及王朝，而他的一位兄弟建立了埃及宗教体系。含的另一个儿子名叫古实（Cush）（或赫耳墨斯），他将成为埃及历史上更为卓越的人物。

古实是宁录的父亲。②

被颂为"分裂语言者""欺诈者"及"神的传旨者"，赫耳墨斯是迦勒底"密教"的真正调制者。公元前 2000 年不久前，他的儿子宁录用武力和强权将此密教在中东国家传播开来。

不久后，宁录的遗孀塞米勒米斯令该宗教复苏、改善、推广，直至它完全征服埃及。

事实上，赫耳墨斯之书在埃及被视为所有奥义真知的神圣源泉。

扬布里科斯（Jamblichus）说，赫尔墨斯是掌管所有天体知识的神，他将那些知识授予他的祭司，委任他们以赫耳墨斯之名刻下评注。③

亚历山大的克雷芒（Clemens of Alexandria）说，埃及人以最深的崇敬之心对待赫耳墨斯的文书，他们在宗教游行时带着它。④

有证据显示，迦勒底语是埃及的外交语言。迦勒底语的"Her"与"Ham（含）"、或"Khem（克姆）""灼焦的人"同义。

---

① 威尔金森，《埃及人》，卷1，89页。

② 《创世纪》10:8。

③ 威尔金森，《埃及人》，卷5，第13章，9页、10页。

④ 亚历山大的克雷芒，《杂缀集》，书6，卷3，214—219页。

注意，著名埃及神祇荷鲁斯 Hor-us（与太阳等同）与 "Her"（"炙热或燃烧者"）同义。

"Mes"来自"Mesheh"或"Mesh"，意为"引起"或"产生"[①]，指生育[②]。

因此，我们熟悉的法老拉美西斯（Ramesses）的名字意为"拉（Ra）的儿子"（或太阳的儿子）；而图特摩斯（Thoth-mes）意为"透特（Thoth）的儿子"。

重点是赫耳墨斯（Her-mes）的意思正是"Her（含 Ham）的儿子""灼焦的人的儿子"。

最后，广受欢迎的赫耳墨斯与含米特族其他死去的"英雄"男女一道被提升至神的地位。

在密教的双重意义中，赫耳墨斯也被等同于较之更早的洪水前英雄以诺，并吸收了他的特质。实际上，三位早期名人最终都被称为赫耳墨斯。

埃及历史开端一清二楚

两兄弟——含的儿子们——是埃及建国的首要推动者。

如果这个结论正确，那埃及在美尼斯王朝之前就已有数千年的王朝统治史的理论还站得住脚吗？

事实是，第一任国王美尼斯不是别人正是麦西。他是大洪水后在地球上重新定居的挪亚的孙子。

而赫耳墨斯，埃及国家崇拜的创始人，不是别人正是古实。他是那声名狼藉的巴别统治者宁录的父亲，且同样是挪亚的孙子！

在那之前，埃及不可居住，仍淹没在大洪水下。

《创世纪》的纪年表惊人地理清了这段混沌的世界史。它告诉我们：

"出方舟挪亚的儿子，就是闪、含（"灼焦的人"）、雅弗……"[③]

"含的儿子是古实、麦西（大海封堵者或大海筑堤者）、弗、迦南……"[④]

"古实又生宁录。"[⑤]

---

① 本生，卷1，《象形符号》，附注，b. 43，540页。

② 希斯洛普，25页。

③ 《创世纪》9:18。

④ 《创世纪》10:6。

⑤ 《创世纪》10:8。

埃及的纪年

这个问题肯定会被问及，这都是多久以前的事？

可信的科学证据表明，大洪水发生在公元前2345年。[①] 尽管时间稍欠精确，但洪水后宁录的阴谋可追溯至公元前2200年至公元前2100年左右。

而人类迁居至埃及也发生在大致同一时间段。[②]

这样的事实无疑挑战了流行的埃及史纪年。

不过退一步说，埃及年代学真是一团混乱。学者在这个问题上纠缠不清已有一个多世纪。正如亚历山大·希斯洛普说的：

> 值得注意的是，虽然希罗多德保证，埃及同一时期曾有不下12名国王，但如威尔金森[③]所说，曼涅托（Manetho）从未提及这点，却列出了提尼斯（Thinite）王朝、孟斐斯（Memphite）王朝和帝奥斯波里斯（Diospolitan）王朝的国王，及其他王朝一长串的国王名字，且都是依继位顺序！

曼涅托列举的众王朝始于首任国王美尼斯，但延伸时间相当长，超出了一切的理性认知。[④]

我们已经解决了纪年混乱的问题，方法就在《UFO外星人：致命的秘密》第30、31章中。[⑤]

由于忽视了这个星球上最出色的信息文献，多少人对历史混淆不清！接下来还有两个普遍误解及误解的起源……

---

① 见《UFO外星人：致命的秘密》，第27章；乔纳森·格雷，《尸体归来》，第22章。

② 同上，116—117页。

③ 卷1，148页。

④ 亚历山大·希斯洛普，《两个巴比伦》，292页。

⑤ http://www.beforeus.com/aliens.php，也见本书附录B、C。

第十四章

"轮回"与转世——死路一条!

"死路一条!"我惊叫。

在炎热的西澳大利亚西北沙漠上,我停下了车。散热器在冒烟。水箱几乎空了。我关掉发动机。

"没事,"我的旅伴说,"之前那十字路口的标牌上不是写着'布鲁姆(BROOME)——40公里'吗?"

"确实没错……开了20分钟,我们到这里了。"

"只有一座废弃农庄。"弗兰克(Frank)说。

"你知道吗?"我突然明白了真相,"我怀疑,那十字路口路标指的应该是另外一条路。你注意到牌子是被支起来的吗?或许它曾被打翻……然后再将它立起来的那个人把'布鲁姆'指向了这条死路。"

"那我们应该朝反方向开。"

"明白了!"

为了加油,我们照着路标开到了这条死路上。用弗兰克的话说,我们本来"完了!"

我们算是活下来了。但现实有一条死路让无数人丧命,其标牌上写着"转世"。

我心怀敬意提出这点。有人免不了大为一惊。错误是这样开始的……

猜测开始

在第十章，我们看到新兴民族没有忽视洪水前的世界与洪水后的早期世界的相似性。

但他们的想象有些过头——推断第一世界的亚当转世为第二世界的挪亚。

然而，宁录神话的创作者并未止步于两个世界的接替。依据现实两个相似世界的继承理论，他们发展出一种新观点——相似世界会无尽地交替。

我要与你们分享一些信息，是我认为迄今对古代神话唯一令人满意的连贯解释。

古代人都知道，第一世界因一场全球洪灾毁灭。他们也明白，从之前的废墟上，第二世界新生而起。

但他们的臆想天赋不满足于这简单的真相。他们又向这众所周知的事实中加入似是而非的类比推理。

他们如何设想出毁灭轮回

费伯在其巨著《异教偶像崇拜的起源》中阐明：

> 两个世界的历史如此相似，人类依此建立了一种新理论。仅有一次的世界继承被发展成相似世界会无限继承的理论。他们认为每个世俗系统都是对先前系统的相似呈现。相同的人会重生为新生命；相同的故事会被他们重新演绎；相同的行为，不论好坏，都会被重复。
>
> 既定的轮回不停转动，四个时代①的恶习累增，达到极限，可怕的灾难因而再度爆发；基础元素分解为原始混沌，英雄次神和其崇拜者被一并毁灭，只留下主神沉睡在与世隔绝的静默中。但毁灭即是重生：一个新世界又将从混乱中升起；一位新伟大父亲又将出现；新的三英雄神又会源出于他；永恒之轮滚滚向前。②

仅根据一次世界毁灭与重建，人类便推断一连串相似的毁灭与重生会不

---

① 译者注：四个时代指黄金时代、白银时代、青铜时代、铁器时代。

② 乔治·斯坦利·费伯，《异教偶像崇拜的起源》，伦敦：里文顿出版社，1816年，卷1，15页。

断发生。[1]

而且他们不只用这个观点投射未来，还把同样的想法插入过去。他们因此推论，正如当前世界是从洪水前世界的残垣中升起，那洪水前世界本身也是某一更早体系的继承。所以，一个未来世界也将诞生自当前世界的残骸。

一些理论家异想天开，要限定这些循环世界的总数量；他们最喜欢的数字是 7 或 14。这是暗示挪亚的 7 个同伴或是 7 人成双。不过有人设想得更远。他们开始疑惑，是否存在严格意义的创世？

拒绝真正创世说

追踪某种信仰体系的起源可确定其根源，而后可知该信仰的可信度。在后面的章节中，我们将看到一些与这种转世理论相关的令人忧心的科学数据。

请记住，转世观念是百分之百的臆想。但这个猜想让人类丢弃了最初的创世真理。取而代之的是，每个世界都被设想为从洪水前世界的残骸上诞生的新世界。

每个世界都有相同事件发生，相同人物会再现。

人们因此发展出了这种理论，转世永恒，相似世界（毁灭，但之后又以另一种形式重生）无尽交替。

人们进一步猜想，每个新世界伊始，第一个出现的男人某种意义上也是女人，因为生命万物是自他丰饶的子宫降生。所以在这个意义上他是不朽的。因此，之后出现的他并非某个新角色，而是一个原初人物以新形态再登场。每个新世界之初，他都会以不同形态出现。

在人们心中，不只是第一父亲亚当重生为伟大的第二父亲挪亚，亚当的三个儿子也转世成挪亚的三个儿子。由此便衍生了一种观念，即三个儿子和其伟大父亲会不断重现于每个后续的新世界中。

转世理论的起源

这为灵魂转生或转世理论敞开了大门。

转世理论认为，每个人都存在于之前的世界中，每个死去的人又会重生

---

[1]　见本书附录D。

于新故事中。

这个观念最后被更进一步发展成灵魂可以转世为其他自然物质。

古代异教中因此出现一个公理，任何想要成为至善完满的人，其灵魂都必须与主神有相同经历或遭遇。

由于每种元素都是神的一种形态，且神存在于所有动植物内，所以人在变得与其崇敬之神同样完满前，必须流转于无尽轮回中。

因此，如果存在相似世界的轮回，那也存在个人轮回，死亡于是被视为重生的序章而已。

路西法军团的印章

继续深入这个问题前，我先说明这点。我并不打算触怒读到这里的任何读者。每位读者——包括你在内——对我而言都很珍贵。我想，一直读到这里的你一定是想了解真相。对吗？

所以，请不要认为接下来的内容是针对你个人。这则信息——你若与我一同看到结论——最终会给你带来更好的人生，使你在未来免受险恶侵袭。

明确这点后，我们可以继续了……

轮回臆想一步步发展，直至最后映射出路西法口中的谎言，即那天他欺骗夏娃背叛造物主的谎话："神曾说，免你们死？……你们不一定死……你们便如神。"[1]

对人类的欺骗此时几近成功。路西法军团的谎言已被人类接受：

（1）造物主是暴君，他的怒火需被平息；

（2）通过善行，人可以自救，且最终成为神——累世之后。

一种观念因此产生，每次转世都是死而复生。这种假设正好照应了地球与挪亚方舟是伟大万物之母的说法。

继续看……因为稍后你将发现有关转世的一些惊人科学事实。

"灵魂不灭"思想的起源

亚当来到地球，类似地，挪亚进入方舟。但因为亚当踏足地球即做成他

---

[1]　《创世纪》3:4、5。

的葬礼，所以挪亚进入方舟也被说成是某种埋葬，如同睡入棺木，或葬入昏暗墓室。进入的人因此被视为死去的人，或是陷入死睡的人。

人们认为，人类第一位伟大父亲亚当转世成了名叫挪亚的第二位伟大父亲。挪亚从方舟中走出因而被认为是苏醒、复活或从阴间归来。

同时，挪亚进入方舟被说成是进入伟大母亲的子宫。因此，亚当的埋葬被认为只是暂时回到他原始母亲的子宫中，而新世界开始时他又注定会重生。

以上就是当今灵魂不朽这一普遍教义的起源。这种理论认为灵魂永不死。

这一观念起于哲学推想。没错，推想。没有丝毫证据。

先停停……仔细想想，你的未来——难道不重要吗？当然重要！你现在珍惜的生命太过宝贵，因此不能将它赌在臆想的东西上。我与你需要的是确定事实，而不是猜测臆想。

故事继续着。我们将面对以下问题：

——为什么妓女在庙宇里工作？

——佛陀为什么削发？

——还有，如何让宗教在受苦大众眼中显得更加威严？……

第十五章

简单事情变神秘——庙宇里的妓女

"你到底为什么把它弄得这么复杂？"她抗议，"真的，马尔科姆（Malcolm），同样的事，你本来可以只用六个词讲完。"

她手中的文件写着："尽管各方服从实际隐性决定条款……"

或许因为你是律师。但对于我这样的普通市民，一些法律文件可不是那么容易读懂。我总是想，如果那些东西能写成通俗易懂的文字该有多好。不过……我不是律师。

简单真相变神秘

古代神话有一点很相似，它们都喜欢用神秘寓言遮掩最简单的真相。祭司基于他们对人性的认知做出准确判断，那会让宗教在受苦民众眼中显得更加可畏。

基于这种心理，无尽谜语产生。谜语几乎存在于每个古老神话体系中，只是数量和迷惑人的程度不同。

如前所述，亚当和挪亚都是三个著名儿子的父亲。据说，挪亚死前 20 年，他将地球分为三片区域，指定每个儿子及其后代各继承一片地区。

信不信由你，这个简单的真相常被祭司用奥秘的外衣裹藏起来。他们会说，伟大父亲神奇地将自己分为三份，但他实际仍是一体。

此外，挪亚曾目睹：

（1）一个世界的毁灭；

（2）另一个世界的新生；

（3）神的允诺，人类将免受另一场世界洪灾。

因此，挪亚被奉为英雄-神时，他被当作三重身份膜拜：

（1）毁灭者；

（2）创造者；

（3）保护者。

这种多重变体被用于指代一位死去的英雄-神。然而，古代又祭司宣称，实际只有一位神和一位女神。据称，所有男神最终可归结为伟大父亲，而所有女神最后也都可归结为伟大母亲。

地球和方舟都被视为伟大母亲，方舟被说成是地球的副本。而伟大父亲挪亚被看成伟大父亲亚当的转生。因此，他们的特征、头衔和象征几乎都可互换。

同样地，所有异教女神最终都可归结为一个人，她曾被公认为是伟大母亲和地球。可是，当大洪水将地球覆盖时，那个人又变成了船的形态。

觉得复杂？那再看看这个：

地球和方舟被视为伟大的万物之母，亚当和挪亚被视为伟大的万物之父。然后象征意义进一步发展。众神与人类的父母被视为夫妻。

随着关系被进一步拓展，情况变得更出奇复杂，或许令人费解，但请耐心。

挪亚生于方舟，但他在它之前就已存在，甚至建造了它。所以，寓意上，他被认为是方舟的先辈。这意味着挪亚也被视为一名父亲，方舟是他的女儿。

但不只那样！

这两位古代存在——父亲挪亚和母亲地球，祭司将他们置于每个重生世界的首位，设想他们于万物诞生前就已存在，从混沌与暗夜中生出自我。

因而，他们最后被视为兄妹。

天哪！关于伟大父亲与伟大母亲的神秘结合，以上猜想不可避免地导致种种疯狂寓言编造。

各种乱伦结合传说因此产生。伟大父亲有时被说成娶了自己的母亲，有时是他的妹妹，有时又是他的女儿。

但如果认为这就是混乱的极限，那你就大错特错了！

全球神话中，我们会发现一位老神与一位新神的关系如同父子。但有时，他们的关系不是父子，而是两兄弟。可又传说那两人不过是同一人。

身为方舟的神秘父亲，挪亚貌似是受人尊敬的先人。然而，作为方舟的孩子，他又被认为是充满青春活力的青年人。

如同伟大父亲，伟大母亲也有类似的角色分裂。我们可以不断看到，一位古老女神与一位年轻女神存在联系。但祭司清楚地向我们保证，那二者实际是一体。

异教崇拜中的其他象征

与地球和方舟一起，蛋的象征也被加入宗教仪式中。它们被挂在神庙中，有着神秘用途。

这种风俗起源于巴比伦。传说，一个出奇大的蛋从天上掉入幼发拉底河，河中的鱼将它滚至岸边，而后鸽子栖于其上，将它孵化，阿斯塔蒂（"复活节"）便出生了。

另一个符号是山，象征天堂之山，也可指洪水后方舟停靠的山。那座山被视作地球人类的发源地。

依此逻辑，太阳、月亮被特别置于山顶或仿山的金字塔建筑顶上膜拜。每座圣山与金字塔建筑都被视作人类起源地的仿制物——伟大父亲与伟大母亲最喜爱的住所。

人们相信他们的灵魂升至星辰

因为异教徒高度崇敬他们英雄祖先的灵魂，将他们视作仍注视并掌管人间事物的神，所以很容易发生以下这种信仰退步。

他们开始相信，死去的英雄已升至星体。最后他们推论，从那些位于高处的星体，英雄化身的神统治并观察着地球上发生的所有事件。

当然，太阳和月亮是天空两大光源，人们因此认为伟大父亲进入了太阳，而伟大母亲进入了月亮。

当宁录和他的妻子被神化后，人们便把宁录与被视为已升至太阳的伟大父亲联系起来，而塞米勒米斯则被授予伟大母亲的特质且被与月亮联系起来。

所以，英雄 - 神最后都被视为日月星辰。

最后，其他普通死者的灵魂也被认为升至太阳、月亮、行星和众星体。由此产生了这种观念，即所有天体不是单纯的无生命物质，而是被神灵赋予了生命，它们都是睿智、圣洁的智慧体。

因此，对曾经只是凡人的英雄的崇拜不可避免地与对天体和自然力量的崇拜混合。

象征混合

关于象征的内在混合，费伯使我们确信：

> 由于伟大母亲被特别尊奉为月亮，所以所有象征伟大母亲的也都可以象征月亮。
>
> 地球各处都以母牛作为伟大母亲的象征。古神话学者告诉我们母牛是地球的象征，他们还告诉我们，母牛同样是月亮的象征；他们确信地做此总结，母牛的秘密名称是西塔（Theta），它真正的意思不是母牛，而是方舟。

伟大父亲最卓越的功绩与他的象征完全相符。有时，他被说成落入了阴间；有时，他被说成关在方舟中；有时，他被说成困在木牛里；有时，他被说成进入了月亮。这些都出现在埃及神俄赛里斯的故事中；而归根结底，它们表示的都是相同的事物。[①]

这些特质被永远地混合一起

还有一个与上述惯例一致的普遍观念，月亮属水相，她脱胎于或产生于大洪水的退潮，她掌管航海，她理应获得海浪女王的称号。

异教神篡夺了对造物主的崇拜

终于，那些异教神篡夺了只对造物主的崇拜。不可见的永恒者在众多神中被忽视、遗忘，后者的象征形象可见可感，其人类特质更类似于堕落的信

---

① 乔治·斯坦利·费伯，《异教偶像崇拜的起源》，伦敦：里文顿出版社，1816年，卷1，34页。

仰者自身。①

一些异教中确实存在"弥赛亚"，甚至是"造物主"。但别被骗了。

没有哪个异教崇拜是对真正造物主的崇拜——异教崇拜的只是一个神化的人——尽管其信徒不愿这样想。

记住，我们此刻讨论的是世界密教体系。对于未入会者（也就是大部分人）而言，其真实意义从未被解释。

是的，这就是惊人真相。他被尊为世界的创造者；他被敬为宇宙的灵魂；每种物质，无论大小，都被视为他的一部分或一种形态；但这个人绝非最高存在。从宁录时代起，人们就已不再知晓造物主。

取而代之的是，他们的"造物主"仅是个人，他生活在远古时代，死后被提升成"神"。

自那时起，他被视为每个轮回相似世界的首领与父亲。这个人的地位被逐步提升，直至被称为"造物主"，然后被给予创造万物生灵和赋予万物生机的荣耀。

路西法军团的诈欺杰作

人类自诞生伊始，路西法军团就沉陷在对人类的妒火中。他们煞费心机，阻止人类追寻美德，唯恐人类最终会获得高于他们的幸福。普鲁塔克确认，古代世界对此知晓。②

然而，尽管对此知晓，人类还是掉入了路西法的陷阱，甚至并不知情！

虽然不同民族不是真正严格意义上地崇拜撒旦，但其整个神学体系都源自路西法军团。路西法成功使用这种手段达成了他的目的。

在各个时代，各民族偶像崇拜的主要特征都是残暴与猥亵、献祭杀戮与集体淫秽。凡是多神论流行的地方，憎恨与欲望就会受到推崇。

的确，异教信仰是堕落的撒旦的最高杰作。他如此狡猾地扭曲了真相，让他的首要敌人上帝被视为严酷的暴君。

---

① 柏拉图，《会饮篇》，202页、203页；阿普列尤斯，《论苏格拉底的神》，674页、675页、676页。

② 普鲁塔克，《迪翁生活》。

卖淫与堕落

所有异教神祇都可归结为一位男神与一位女神，他们最后又融合成一名上帝。即是说上帝是一位男神与一位女神的混合体，有着两性同体的特征。

为仿效这位神，塞米勒米斯和她的祭司建立了祭司和修女独身系统。

祭司和修女则可以冒充他们服务的神。他们打着神的名号，模仿神的特征，把神的品质归到自己身上，并努力在现实中展现神在神话历史中的主要遭遇。

全球范围内，宁录的神职人员的一个突出标志是剃光的头。乔达摩佛陀（至少早在公元前 540 年）在印度创立佛教时，他首先剃去了头发（他认为是遵照神的旨意），然后着手让其他人效仿他。

佛陀获得的一个名衔即是"剃度者"。他或许是依从毗湿奴的命令剃度，而佛陀的弟子也像他一样削去了头发。

依据公元前 15 世纪的摩西律法，剃度这一古老仪式违反了上帝的教义。[①]

毋庸置疑，"剃光的头"与"支离破碎的王子"宁录有关系。

性仪式成为宁录全球宗教的一部分，尤其是阳物崇拜和女性卖淫。

由于神被视为双性同体，所以模仿神那所谓的特征与行为被视为值得赞赏。

以他们神的名义，祭司研究如何达成双性同体。他们穿上裙装，模仿女性仪态。疯狂的热忱驱策他们的行动，他们不再做男人。仿效他们的神，他们试图变成双性同体。

在堕落的异教神学中，卖淫并非偶然产生，而是系统行为，是从其教义中自然而然产生的，并构成仪式的重要部分。

整个世界沉醉

《耶利米书》对异教体系的描述为"金杯、使天下沉醉，万国喝了他的酒就颠狂了"[②]。

象征性地，巴别给地球各民族灌下了那杯醉人的酒，完全扰乱了他们的灵性。

地球所有民族都被偶像崇拜体系冲昏了头脑。

---

① 《利未记》21:5。
② 《耶利米书》51:7。

这便是埃及、巴比伦、希腊、罗马、印加、玛雅、阿兹特克、佛教、印度教、琐罗亚斯德教等古代宗教的起源。

一个系统引诱男男女女背弃原始的纯粹信仰，且它被散布至世界各处。异教偶像崇拜即是证据。

第十六章

撒旦，地球的王——蛇与太阳

印度有个人 20 年来每天都盯着太阳！他开始凝视太阳六个月后就失明了，但他那双幽灵般的瞎眼依旧朝上凝望！

可怜的人！但他的头儿路西法会高兴。

"路西法"意为"晨星"，也就是太阳。

正如之前提到的，从一开始，路西法军团对人类的态度即是嫉妒、憎恨，且欲迫害他们。撒旦以疯狂的热情沉湎于人们对他的而不是对造物主的崇拜。

但他如何让人们直接敬仰他呢？毕竟，大家似乎都害怕和鄙夷撒旦。

但只要稍加考虑，我们就会发现解决方法并非那么困难。他是这样成功的。

你会发现原始弥赛亚预言的关键所在。

全世界都知道，降临的拯救者注定最终会摧毁撒旦。

最早的时候，这位预言的弥赛亚被认为将给堕落人类的反叛之心带来灵性之光。

现在快进到宁录时期。在紧接洪水而来的恶劣气候条件中，太阳很快受到特别对待。再加上渴望看见神的物质形态，人们很容易开始崇拜太阳。这样，在宁录的影响下，太阳崇拜相对轻松地创立起来。

宁录狡黠的神学家们此刻开始颠倒黑白。最早，预言的弥赛亚是与灵性之光相联系。而此时，他们将这个象征意义狡猾地置换成"实在物"，以太阳为代表的物理光。

堕落始于巴别,当人们被分散至世界各地,他们又将堕落带至其所到之处。

因此,从那时起,世界各地立起了日晷和日柱,奇怪的祭坛升起烟雾,以膜拜最高神太阳神。

太阳崇拜并非纯白无瑕,而是不可原谅

一些人说,太阳和天体崇拜好像无害,人们或许会自然而然地陷入其中,情有可原。

别扯了,哥们儿。是时候回到现实了。太阳崇拜是明目张胆的欺诈。现在就来看看这个精心设计的诡计。开始了……在原初语中,太阳被称为"Shemesh"——"Servant(仆人)"。

可以推想,这个名字原本是要世界铭记一个重要事实,无论那昼间的天体多么光耀,终究只是人类的仆人!

所以,当地球的居民窥视天空,他们用原初语称太阳为"Shemesh",仆人。

然后是宁录的阴谋诡计——他有意将仆人顶替不可见的大师、造物主——把太阳称作"巴力"("Baal"),意指上主……无上之师……意思完全颠倒!

你能想出比这更深谋远虑的名字替换吗?

多个世纪过去,在晨祈仪式上,从亚洲到欧洲到南美,皇室、贵族和平民都静静伫立,目视东方,等待地平线升起第一道明亮红光的伟大时刻。

在一些国家,人们竖起代表太阳的人形塑像,祭祀时将活孩童投入其腹中。

谁是这邪恶发展的幕后黑手?谁在操控人类的堕落?那群匪徒喜欢以人类的痛苦为食粮。你已经猜到了它是谁……

大蛇——路西法的另一个象征

探索地球最古老的考古遗址时,我发现路西法最一贯的象征除了太阳,还有蛇。太阳崇拜和蛇崇拜齐头并行。猜猜那两个象征是谁的标记!

"原始世界神话里,"欧文(Owen)说,"蛇普遍是太阳的象征。"[①]

在埃及,太阳或太阳神最常见的一个象征就是蛇缠绕圆盘。

是的,这可以一直追溯到时间之初,那时降临者的预言被给予,神对他

---

① 欧文,出自戴维斯《德鲁伊》,见注释,437页,原文强调。

的头号敌人路西法（撒旦）——"蛇"族——的诅咒。

因为蛇是撒旦让人类祖先背叛造物主的原始媒介，所以蛇此时成了撒旦的特殊象征。

路西法军团精心设计，令蛇崇拜成为他为人类创立的伪宗教的首要象征，对此我们是否应感到惊讶？

邪恶象征

人类害怕，甚至讨厌蛇。没关系。只要把那象征放进宗教体系中就好了。第一步。

宁录的祭司已经说大洪水是由邪恶的秩序导致。因此，巨蛇（邪恶秩序）成了洪水的象征。

接下来，事情是这样演变的……

注意这些微妙变化……

第六章提到，最初世人都知道撒旦被逐出天堂。撒旦的天使被希腊人称作泰坦（Teitans）。迦勒底语中，泰坦正是堤丰（Typhon）的同义词。堤丰是毒蛇或毒龙，通常被视为妖魔或万恶的鼻祖。[1]

在神秘主义中，路一铺好，重要改变就会发生。首先，塞米勒米斯的儿子塔木兹被视为允诺的拯救者、伤蛇的头的人，受到崇拜。这意味着，他最终将摧毁撒旦的王国。

因此，希腊人最后让他们伟大的阿波罗（Apollo）杀死巨蟒皮同（Pytho），让赫拉克勒斯（Hercules）尚在摇篮中就将巨蛇扼死。在埃及、印度、斯堪的纳维亚、墨西哥，都有典故清楚指涉这一伟大真相。

在埃及，孩童神荷鲁斯也被称为"种子"，他被描绘成站在鳄鱼头上，伤他手中的大蛇。

威尔金森说：

> 埃及神荷鲁斯的邪灵对手常被刻画成蛇的形象，它的头被一支
> 长枪刺穿。相同的传说出现在印度宗教中，毗湿奴，以他克利须那

---

[1]　亚历山大·希斯洛普，《两个巴比伦》，伦敦：S.W.帕特里奇公司，1969年，276页。

的化身，杀死了毒蛇卡利亚（Calyia）；而斯堪的纳维亚神托尔（Thor）据说用他的铁槌伤了巨蟒的头……这种故事的起源可追溯至《圣经》。[①]

对于墨西哥人的相似信仰，洪堡（Humboldt）写道：

> 大神特奥特尔（Teotl）显形为一位下神，压碎大蛇，那大蛇是恶灵——真正的恶魔。[②]

威尔金森指出，在印度神克利须那神的传说中，他在画中的形象是脚踩蛇头。[③] 消灭蛇后，传说克利须那因脚上中箭而亡。[④]

左：埃及女神刺穿蛇的头
右：印度克利须那神踩碎蛇的头

重要的是，几乎所有此类故事的结局都是那位摧毁蛇的神忍受苦痛，死亡而终。[⑤]

这对路西法而言不妙啊。他到底要如何扭曲事实，获得人们的崇拜呢？简单，交给他的异教神学家去做。他们想出了这招……

---

① 威尔金森，《埃及人》，卷4，395页，原文强调。
② 洪堡，《墨西哥调查》，卷1，228页。
③ 科尔曼，《印度神话》，插图7，34页。
④ 波科克，《印度在希腊》，300页。
⑤ 亚历山大·希斯洛普，《两个巴比伦》，伦敦：S.W.帕特里奇公司，1969年，60页。

聪明的反转

给撒旦一定程度的尊重，"以慰藉他失去权力的苦闷"，以防备他伤害他们。异教徒这样说。[1]

合乎逻辑地，接下来的工作就是将太阳与蛇相联系。这是他们给出的理由：由于太阳是物质世界的伟大照耀者，所以蛇是灵性的伟大启蒙物。为什么？不是蛇给了人类"善恶知识"吗？

这当然是指夏娃。在第一次撒旦降神会上，她被告知，如果背离造物主，跟随堕落的路西法，她将"领悟上帝欲隐藏的所有善物"。

将蛇引入神秘主义，让它成为伟大的启蒙者，这并非偶然，而完全是元凶们蓄意胆大地扭曲真相。

公元 1 世纪作家保罗对此总结：

"因为他们虽然知道神，却不当作神赞颂他……将…… 神的荣耀变为偶像，仿佛必朽坏的人……爬虫的样式"——那就是蛇。[2]

蛇崇拜是无意之举？正好相反，那是精心策划、蓄谋已久、一手操控的行动。

最后，龙、泰坦或撒旦成为至上的崇拜对象。蒂坦尼亚（Titania）或泰坦仪式因此在埃及[3]和希腊神秘主义[4]中占有突出地位。

火崇拜

现在谈论的是愚弄大众的邪恶阴谋！计划被更向前一步推进。与蛇象征相关的火崇拜被引入。太阳崇拜、火崇拜和蛇崇拜彼此相连。

准备好了吗？在我们第一父母获得的神谕中，允诺的拯救者被称为女人的"种子"。反转要来了。迦勒底语中，"种子"是 zero（源自 zer，意为"包围"）。但 zero 也有圆的意思。[5]

如前所述，神秘主义的天才最喜欢使用双重含义。

所以塔木兹（伪弥赛亚）被称作预言的女人"种子"（零）时，也被当作

---

① 普鲁塔克，《伊西斯》，卷2, 362页。

② 《罗马书》1:21-23。

③ 普鲁塔克，《伊西斯》，卷2, 364页。

④ 波特，《古代史》，卷1, 见该条目"Titania"，400页。

⑤ 亚历山大·希斯洛普，《两个巴比伦》，伦敦：S.W.帕特里奇公司，1969年，18页。

来到人间的太阳。圆是太阳的象征。[①]"种子"现在变成了"太阳"！

故事还没完："ashta"这个词意为"女人"。但"ashta"也可表示"火"。所以，在神秘主义的双重意义中，"Zero-ashta"（"女人的种子"——指到来的弥赛亚）变成了"火种"。

祭司知道他们在干什么吗？他们当然明白。火被视为熊熊燃烧的太阳的世俗象征。

祭司有意将"Zero-ashta"的意思歪曲。他们想为入会者设立一套教义，又为普通民众设立另一套教义。

之后，原始弥赛亚降临预言渐渐被忘却，人们遗忘了"Zero-ashta"一词的本义，只知道其异教奥义——火崇拜成为唯一为人知晓的含义。

最后，"Zero-ashta"变成了"Zoro-aster"（琐罗亚斯德[②]），著名火崇拜者头目的名字。[③]

你看，早在波斯著名的琐罗亚斯德出现之前，就已经有个琐罗亚斯德。[④]这个名衔原本是给宁录的，是他创立了太阳崇拜和火崇拜。[⑤]

蛇被视为"善"

鬼祟的偷天换日这时已完成。

蛇最后成为善原则的象征。依此，它有时被刻画成有翼的撒拉弗（Seraph）（天使），蛇崇拜（蛇形象描绘）因此与天使象征混合。

一如神秘主义的特色，雄蛇象征伟大父亲，雌蛇则象征伟大母亲。

蛇崇拜遍布全球。因此，"太阳神之子"埃及法老将蛇置于他们的头冠上。

---

① 本生，卷一，335页，537页，第4号。

② 译者注：琐罗亚斯德即琐罗亚斯德教或拜火教、祆教的创始人。

③ 亚历山大·希斯洛普，《两个巴比伦》，伦敦：S.W.帕特里奇公司，1969年，97页、313—317页。

④ 威尔森，《帕西宗教》注释，398页。

⑤ 希斯洛普，59页。

蛇崇拜

图坦卡蒙雕像的头饰（伊凡·巴特勒摄）

太阳和蛇被一同崇拜——崇拜太阳是因为它给地球带来光亮，崇拜蛇则是因为它是人类的大恩人，是它带来灵性之光（"善恶知识"）。

在罗马，太阳神或泰坦的另一形态是埃皮达鲁斯（Epidaurian）蛇，以"阿斯克勒庇俄斯"（Aesculapius）之名受到崇拜，这个名字意为"给人指示的蛇"。

撒旦，天堂驱逐的反叛者，指示我们的第一父母违抗造物主。此刻，撒旦终于成为伟大的"给人指示的蛇"和人类的恩人，受人膜拜！

撒旦，神秘主义的真神

蛇或太阳——他们都是同一个神。

从别迦摩（Pergamos）传至罗马的神秘主义的基本教义中，太阳是唯一的神。[①]

泰坦或撒旦因此成为唯一的神。而作为儿子或女人种子的雅努斯（Janus）（塔木兹）正是这唯一神的转世。

秘密公开了……罗马最高神的真名。

撒旦崇拜是神秘主义的秘密目的，是路西法军团创立神秘主义的真正原因！

这个秘密受到最谨慎的守护，以至于因为不小心将其泄露，学识渊博且地位崇高的罗马人瓦列利乌斯·索兰纳斯（Valerius Soranus）被残忍地处死。[②]

最后，撒旦以冥王普路托（Pluto）之名受到敬畏，所有人的命运都取决于这位伟大的神。是他掌管"死后的灵魂净化"。[③]

难怪蛇在全世界都受到异样的崇敬和膜拜！

而称某人是"蛇的种子"可能给那人带来极大的荣誉。

亚历山大大帝的母亲奥林匹娅斯因此称，他儿子不是出自她丈夫腓力国王，而是出自化身为蛇的朱庇特！同样地，罗马皇帝奥古斯都称自己是由化身为蛇的阿波罗生下的。

撒旦，地球的王

超越了人类，撒旦已然是这世界的王，甚至是它的神。[④]

《启示录》称路西法军团那狡诈的头领是"古蛇，名叫魔鬼，又叫撒旦，是迷惑普天下的"[⑤]。

他们仍在此。路西法军团仍是政治、宗教和科学背后的隐形政府。他们是幕后操纵者。

---

① 马克罗比乌斯，《农神节》，书1，第17、23章，65页、C、72、1、2。
② 亚历山大·希斯洛普，《两个巴比伦》，伦敦：S.W.帕特里奇公司，1969年，279页。
③ 泰勒，《保萨尼亚斯》，卷3，321页，注释。
④ 《约翰福音》12:31；《哥林多后书》12:9。
⑤ 《启示录》12:9。

世界上有很多阴谋论谣言，你或许会想为什么。当然，一些谣言被证实是纯属幻想，但越来越多的证据显示，其他一些确实为真——且那些阴谋的全貌多个世纪以来变得越来越完整。

然而，除非背后有个终极目标，否则那些阴谋都毫无意义。显然，路西法军团有最好的动机和能力，令其阴谋在世代持续进行。"欺诈大师"，撒旦当之无愧。事实证明，他剥夺了我们的历史、我们的潜能和普遍真理。

受刺激了？接来下的故事要更加残酷……

第十七章

行动与反击——堕入黑暗

　　某天，数百个新加坡印度教教徒的身体被银针刺穿，以此向六头神沙布拉曼亚姆（Subramanyam）王顶礼。

　　这个庆典被称为大宝森节（Thaipusam）——忏悔节。节日的高潮是为过去的罪行禁欲两周。

　　成千上万人看着印度教祭司用针刺穿忏悔者的身体。针长从 5 厘米到 50 厘米不等。

　　一些忏悔者用鱼钩将小壶奶挂在皮肤上。

　　一位信徒身扎 220 根针。

　　他们的观念是，必须通过这种或其他方式的苦行来弥补自己的罪过，不存在关心你且愿意为你赴死的慈爱造物主。

　　一位瑜伽修行者坐在印度的一棵圣树下已有 30 年之久。在那期间，他一直保持一只手举过头顶的姿势！那只手已经干枯，但瑜伽修行者依旧坐在那，咕哝着无尽的祷告。稀奇的人……但多么可悲！

普遍误解

你或许在学校的课上被告知：

（1）宗教始于"粗野"的动物崇拜；

（2）然后发展至"过渡形态"；

（3）最后在更开化时代演变为人形神崇拜。

是的，当然……如果那是真的，那月亮还是羊奶做的。

一项对古埃及晚期塞拉皮雍（Serapeum）（公牛墓）的研究反驳了这种宗教进化观。

我知道你们想知道事实。这就给你们。保存下来的最早神像显示，神最初并非（像他们后来被塑造成的）动物形态，而是人形。例如，留存下来最早的哈托尔女神刻像，她有着一张人脸（尽管头戴象征性的牛角和牛耳）。[①]

但之后，由于宗教不断退化，神被刻画成动物。所以女神哈托尔之后被刻画成母牛。因此，埃及宗教不是向更高领域进化，而是随着时间推移越来越退化。

这一事实在历史学家面前变得愈来愈明显，正如历史学家法兰克福（H. Frankfort）指出的：

> 说动物崇拜是埃及宗教的原始（较早）形态是不正确的。[②]

证据显示，在埃及，祭祀最早是为引导人们记起弥赛亚的伟大牺牲，甚至晚至第四王朝的法老胡夫（Khufu）（基奥普斯 Cheops）时期都是如此。[③]

祭祀的动物不被视作神。

但 600 多年后，在第十八王朝，曾用作祭祀的动物被认为神圣不可伤。那些动物已然被当作神一般的存在。

因此，当《出埃及记》中的法老允许犹太奴隶在埃及献祭时，犹太人拒绝接受那样的条件。摩西（犹太人领袖）说：

> 这样行本不相宜……若把埃及人所厌恶的，在他们眼前献为祭，他们岂不拿石头打死我们吗？[④]

犹太人献祭用的动物此时被埃及人视作神圣的东西。埃及人对那些生物如此崇敬，以至于即便是偶然杀害了它们，都可被判处死罪。因此，犹太人

---

① H. 法兰克福，《古埃及宗教》，11页。

② 同上。

③ 阿道夫·埃尔曼，《古埃及生活》，287页。

④ 《出埃及记》8:26。

在埃及祭祀动物不可能不触怒埃及的主人。

虽然神秘主义的信徒最初知道，他们是以动物为象征崇拜某位实际是人形的神，但他们最后忘记了这点——开始把动物当作神膜拜。

埃及"神"最初被制成肖像（塑像），但后来人们开始用真正的野兽或爬行动物表示他们。这为进一步堕落开启了大道。动物崇拜后来被推至极致，所有死去的神圣动物都被做防腐处理，并被隆重地埋葬。[①]

东方的智慧？有多"睿智"？

宗教堕落

因为祭司对神学的改造，伟大父亲与伟大母亲被认为可呈现各种动物形态，他们甚至因此被称为象征他们的动物。

我们因此可以发现，依据其性别，神被取名为公牛、母牛、鳄鱼、公鸡、母鸡、蜜蜂或狗。

祭司或女祭司常打着那些神的名号，努力模仿神的每个行为或遭遇。

所以，同样地，依其性别不同，那些祭司被叫作马、母马、蜜蜂、乌鸦、鸽子、狮子、狗和猪。

在神秘主义庆典中，祭司会戴着怪诞面具，好似兽首人身的神。

宗教进一步退化

正直丧失一直留存在异教神秘主义中。[②]

几乎各个民族都认为祭祀可以转移神的愤怒，它可以令神降怒于替代祭品，以此赦免有罪信徒或有罪民族。[③]

常与偶像崇拜（对实态化的神的崇拜）联系在一起的还有性变态、巫术、占星术和施虐暴行。

---

① 乔治·施泰因多夫与基思·C.斯蒂尔斯，《当埃及统治东方》，139页、140页。

② 乔治·斯坦利·费伯，《异教偶像崇拜的起源》，伦敦：里文顿出版社，1816年，卷1，495页、496页。

③ 同上，472页。

简单教导工具被歪曲

第七章提到，我们的第一父母曾被教给一个简单且有意义的献祭体系，它有双重目的：

第一，让人类恐惧错行，放弃罪行。

第二，给人类希望。献祭提醒人类，拯救者终有一天会牺牲他的性命，修复破裂关系，使人类顺从造物主。

但路西法军团反对这样的教导。他们利用其影响力，渐渐塑造错误的上帝形象。他们把上帝刻画得严酷、残忍，一有借口就降罪于人类。这令人类紧张、恐惧。

归功于路西法匪徒的诡计，迷信、残忍和施虐大行其道，结果导致献祭体系的堕落。

最初，动物祭品象征预言中的救世主，祭祀过后参与者会分享动物的肉，暗示他们领受赎罪的恩典，接受救世主的"诺言"。

依此，法老乌纳斯（Unas，第五王朝）被说成"吃掉了众神"。巴奇（Budge）评注："在吃掉他们的同时，他也吃下了他们言辞的力量及他们的魂灵。"[①]

之后，动物献祭退化成活人献祭，弥赛亚仪式沦为了食人圣餐。

所以，世界并没有抛弃救赎的教导，但整个将其腐化。

在太平洋

托马斯·约翰斯顿（Thomas Johnston）在太平洋对异教进行了第一手调查，他写道，活人祭品：

> ……在战争季、重大民族节日、统治者生病期间及庙宇建立时被献上。我曾被一些马埃瓦（Maeva）（塔希提 Tahiti）居民告知，一些作为神祇住所的庙宇的地基实际是建在人祭之上。
>
> 鲜有例外地，在他们的宗教敬意或服务中，影响他们的唯一动力是迷信、恐惧、向敌人报复、防止神发怒带来的可怕后果、犯下

---

① A.E.巴奇，《埃及众神》，纽约：多佛出版社，1969年，卷1，38页。

最恶劣罪行时免受处罚和获得救助。①

几年前,我被邀请至斐济瓦努阿拉瓦岛（Vanua Levu, Fiji）一位酋长家中。当地最近一次人祭发生在 1922 年，当时四名年轻男子被投入地洞中，他们抱着房子的四根角柱被活埋。

在印度

住在印度的杰夫·豪泽（Jeff Houser）说，直至今日，在印度的奥里萨邦（Orissa），房屋奠基时仍伴有街童献祭。

异教信仰教导人们将上帝视作恐怖之物。他无慈爱之心，须用献祭令他怒火平息。上帝是邪神。

儿童"变成"动物

多林格（Dollinger）这样描述迦南人的宗教仪式：

> ……孩童是主要祭品。这种恐怖习俗部分基于这种思想，孩童是其父母最宝贵的财产，且在某种程度上，孩童是纯洁无瑕之物，他们是最可能平息神怒火的赎罪祭品……祭品被火烧尽……而怨声湮没在聒耳的笛鼓声中。②
>
> 春日庆典上，孩童……
>
> 被放入皮质的袋子中，从庙宇顶部被扔到地上。人们惊人地断言，那是牛犊，不是孩童。③

这一行为加之伴奏音乐引人兴奋，众人喧闹，庙宇阍人和观众突然想要自残，城市血流成河。

遗忘了怜爱他们的造物主，人类竟被渐渐引诱至这般荒谬的境地！

---

① 托马斯·克劳福德·约翰斯顿，《腓尼基人发现美洲了吗？》，伦敦：詹姆斯·尼斯比特有限公司，1913年，179页。

② 约翰·约瑟夫·多林格，《基督庙堂中的非犹太人和犹太人》，《异教与犹太教》，译者：N.达内尔，伦敦：朗文、罗伯特和格林公司，1862年，卷1，425—429页。

③ 同上。

世界沦陷

路西法军团致力于在地球与造物主之间筑建起深不见底、无法逾越的鸿沟。借助谎言，他们让人类更胆大地反叛上帝。路西法的目的是耗尽上帝的耐心，扑灭他对人类的爱，令他将这个世界遗弃，交给撒旦审判。

所以，在幕后，他们狂热地阻断人对造物主的认知，令人的注意力转向他，并建立起路西法自己的王国。

神圣反击

造物主对路西法军团的作为缄默不语吗？难道他只是抛出个救赎预言，就从这不幸的星球上撤离了吗？

当然不是。他的光继续作用于地球，为人类准备拯救者的到来。世界滑入更深的黑暗中，计划因此被启动，救赎一个沦为奴隶的民族，让他们团结在对造物上帝的信任中。

希伯来人（古以色列人）被选为救赎计划的接收者。他们被委托记下神的启示。

重要的是，那启示并非只给以色列，而是赐予全世界。以色列只是个媒介，负责告知世界将受神的祝福。因此，一个民族被抬升为人类的精神灯塔，引导这遗忘了上帝且快速堕落的世界。

这个民族的主要职责是向其他民族展示上帝的慷慨仁爱。很快，希伯来人被安置在巴勒斯坦这个大陆桥上，它是亚非欧三块大陆的汇集点。

希伯来人被授予世界的使命——让所有国家为允诺者的降临做好准备。

这个影响一度在许多偏远民族的信仰与仪式中留下印记——且至今可见。

路西法逆袭

然而，这些代理人就要遭受路西法的巧妙逆袭。通过神秘主义系统的伪装，路西法已经令人类很久地脱离上帝。他渐渐歪曲希伯来人（以色列）的信仰，并要大获全胜。

大卫与所罗门的辉煌时期过后，人的灵性便开始衰退。

路西法军团已在所有异教中植入了这样的观念，人类可以通过善行自救。

这个思想就要渗入犹太教。

这个想法一旦被植入，人类就无法抵御路西法的诡计。而麻烦的是，希伯来人不愿与众不同。他们再次遗忘了让世界为救赎者降临做好准备，而将周遭异教的宁录仪式混入他们对造物主的信仰中。

先知们挺身而出，不断呼唤人们回归初衷。但路西法军团竭尽所能地阻止那些信息被传达给民众。

煽动者鼓动人们挖苦、鞭笞、监禁上帝的信使，让他们沉默。还有信使受到石刑，被剑刺死，或被五马分尸。

邪恶势力决心清空人类对上帝的信仰，抹黑造物主的形象。借助祭司与统治者，敌人精明地令宗教变得繁复，将造物主推得遥不可及，让他在人们眼中显得严苛专横。

他们狡猾地将真相与谬误混杂，暗中分解希伯来人，令其走向毁亡，四散各处。巴比伦流放结束后，一支犹太后裔回到原来的土地上。他们厌恶并矫正了曾令其民族堕落的腐朽宁录仪式，并开始为弥赛亚降临做好准备。

第十八章

"文明的"恐怖统治——墨西哥谋杀

溺水是乐事。

我站在奇琴伊察（Chichen Itza）①祭祀的宽井边，向下盯望那黑暗的深渊。在这，墨西哥南部，美丽的玛雅姑娘张开双臂拥抱死亡。

祭品经过精心挑选。祭司检查所有女婴，挑出那些他们认为能长成美丽少女的。

婴儿被带离家中，安置在一个特别训练中心。在那，她们受到无微不至的照料，过着奢华的生活。但一直以来，每个姑娘都被教导，为其部族繁荣牺牲自我是何等荣耀之事。

每年，当为雨神献上新娘（当地人认为雨神若对她满意，将降下充足的甘雨）的时候到来，其中一名姑娘就会被选中。她身着盛装，珠光闪耀，行进在所有族人前面，然后被隆重地引至雨神的居所。那通常是口大井，30多米宽。井口有一个壁架，一端搭在井的顶端，距离水面大约24米。

抵达壁架，新娘要欢快地一跃而下，拥抱死亡，不带半点挣扎。信不信由你，她们大多人都那样做了。那些女孩高兴地死去，因为根据她们的信仰，部族来年将会获得丰收，族人的生活会安逸舒适。

---

① 译者注：玛雅古城遗址。

阿兹特克的人祭

就是在这，墨西哥，路西法军团利用他们对人类思想的影响，予以人性最恶劣的侮蔑。

这儿有庙宇、宫殿、光亮的塔楼、百鸟居、露台、著名的浮动花园，屋顶多彩的花地……与之相形见绌的是沾满血污的偶像，祭坛前摆放的受害者跳动的心脏，以及身穿黑袍、肮脏不堪、未洗浴的祭司。

特诺奇蒂特兰（Tenochtitlan）阿兹特克城出土的石蛇（保尔·G.巴恩摄）

尽管被自然美景与芳香包围，阿兹特克人还是被引向对死亡与毁灭力量的执迷。

对上帝的模糊认知

虽然概念模糊，但墨西哥人仍些许知晓存有一位至上的绝对存在。他不可见，也不能为任何形象代表。一些人相信，是他创造了世界。他的名字是特奥特尔（Teotl）（与希腊语"神"Theos一词意思相近）。他们认为"我们以他为生"，"他自身包含一切"。

然而，他们的迷信观念创造出了众多神祇——守护神支配生活的方方面面，这使得他们对上帝的认知模糊不清。[1]

---

[1]　查尔斯·S.布雷登，《墨西哥征服的宗教层面》，达勒姆，北卡莱罗纳：杜克大学出版社，1930年，21—22页。

死亡与复活

古代神话中都有死而复生的神。但人的想象力使得这个思想堕化——直至死而复生被视为自然周期的表现，像庄稼在秋天死去，又在春天复苏。

相同观念也出现在墨西哥、巴比伦和埃及：太阳沉落西方时，它被母亲神（Mother Goddess）吞入，穿过她的身体，又从她腿间重生，迎来朝阳。

他们相信，太阳神每天在西方死去，与黑暗势力（众星、月亮等）斗争后，又于每日清晨复活。为保持强健，他必须每天食用一定量的生命血。

太阳每年的下降与回归，每天的升起与落下，都可等同于植物的死亡与复苏。

他们相信，玉米丰收时需要活剥人皮，象征脱粒。

而女人、孩童和新生婴儿需被献祭，好让他们的泪水引下雨水。在雨节和繁育庆典上，一个女童和一个男童乘着载满人类心脏的木舟，被活活溺死。

供奉神灵需要如此多的人祭，为获得祭品，无尽的战争因此打响。

这是多么令人震惊，他们与我们一样能感受爱与痛，竟落入了这样的圈套，把杀戮与折磨祭品视为他们宗教的重中之重！那美丽庄严的城市中心，有一个装满无数被戳穿的人类头骨的大搁架。

一座庙宇脚下，祭司拽着祭品的头发，将他们拉上台阶，如果他们不想去，就会被绑上棉绳拖着上去。

在一些太阳节庆中，祭品被绑在一块大石上，仁慈的祭司徒手扯出他们的心脏，再将那跳动的心脏高举向太阳。那之后，尸体被猛地掷向石阶，其他祭司剥去他们的皮，在仪式盛宴中吃光他们的肉。

在火神节日上，祭品被带至庙宇顶部，然后被扔进大火中，活活炙烤。在火中，囚犯因剧痛扭身、呕吐，这时怜爱仁慈的祭司会用钩子把他从火中钩出，放在石头上，然后破开他的胸膛，取出那仍在跳动的心脏，将它扔在火神塑像的脚下。

社会一旦允许黑暗思想爬上顶端，以邪恶欲望满足为乐事的人便会开始掌权。

食人被"文明化"

俘获祭品的士兵会分到尸体。他们不是野蛮残忍地享用人肉，而是举办文明盛宴。他们摆上美酒、时令果蔬和美味佳肴，亲友纷纷光临。

这毕竟是个有司法系统、奢华建筑和社会礼仪的文明社会。

由路西法军团导演

多年来，阿兹特克末代皇帝蒙特苏马（Moctezuma）身边围绕着一群占星家、占卜师和灵媒，他想从那些人那儿获得讨好神灵的办法。

那些人则与路西法军团进行直接沟通。

随着阿兹特克王国权力的壮大，人祭的数量也增加。据记载，1519 年，特诺奇蒂特兰的头骨挂架令西班牙侵略者大惊失色。那挂架上搁满一万个腐烂程度不等的头颅。

为了献祭，每年有数不尽的悲惨祭品在牢笼里被养肥，在祭坛上被奉献，在宴会上被享用。

考古学家不断发现的证据表明，儿童常被作为祭品，献祭仪式中常使用各种残杀手段。

祭司是"富有同情心"的伪善者，他们以宗教之名享受着行刑折磨。

祭品被杀头、被万箭穿心、被五马分尸、被石刑、被碾碎、被剥皮、被活埋或从庙宇顶上被抛下。受害人常是儿童，部分原因是他们被视为纯洁无瑕之物。

人类的生命价值竟被如此贬低。国家变得好战。残暴、恐怖、愤恨滋生，虚伪被窝藏。最黑暗的欲望如慢性疾病般不断滋长。

"异类"恐怖统治

路西法军团幸灾乐祸地注视着异教的精进。毕竟，那是为其恐怖统治量身定制的。

在《令人困惑的邻居：了解现代墨西哥历史指南》（*Puzzling Neighbors:*

（Salvador Borrego）将墨西哥的动荡血腥史描述成一场与"异"势力的持久战。

其残忍暴行与现代希特勒、斯大林、萨达姆·侯赛因等人的所作所为不相上下。若硬要说他们有什么区别，那就是现今世界一些地区的境况更加惨烈。

路西法军团，这个世界隐形统治者的终极目的是消灭人类。如果不能通过战争、暴力和罪行让我们自相残杀，那他们就竭力用其他手段令我们痛苦——包括破坏正常的婚姻家庭关系。

路西法军团何以成功

种种证据表明，他们已取得了显著成功。当然，我们自私的本性与贪婪给了他们可乘之机。

现在想想：假使你有个秘密对手，他要如何不被你察觉就将你摧毁？再思考一个问题：倘若这个敌人的黑名单包括全人类——那他要如何行动？

最好的办法难道不就是成功把你出卖了，却仍让你觉得得到了好处？

通过这些章节，你或许觉得撒旦对人类的掌控可谓无所不能、无孔不入，我们已经没有希望了。但那是不对的。

真相是，人类可以识别路西法军团的骗术——并予以抵制。如何做到呢？之后我们将看到。

耶稣·基督的故事是真的吗

总之，你现在明白了那些臭名昭著的"弥赛亚-神"谎言的起源。用一句话总结它们从何而来——竟是从劫持一个原始预言而来！

那耶稣·基督的故事是真是假？这是我们接下来要探讨的问题。你或许会想，难不成耶稣也只是另一个版本的异教弥赛亚？引用我最近收到的一封信里的一句话，"我努力尝试过，但找不到任何耶稣存在的历史证据"。

对此应有个说法……

---

① 1987年。

第十九章

有关耶稣的历史记录？——"从未存在"的人

一位共产党官员气得满脸通红："闭嘴……他根本不存在！"

"不存在？"与他共事的官员回答。

"你没听到吗？耶稣·基督不存在！"

"你口袋里塞了什么报纸？"另一个人问，"《真理报》？今天的？昨天的？让我瞅瞅。"

那个官员抽出报纸，带着疑惑的神情，把报纸递了过去。

"啊！"另一个官员惊叫，又看了一遍，"1990 年 8 月 8 日。1990 年，从什么时候开始的？从一个从不存在或无任何历史影响的角色的诞辰年开始？你说他从不存在，人类却根据他的诞辰年计算年岁。"

没错。肯尼思·L. 伍德罗（Kenneth L. Woodward）在《新闻周刊》（Newsweek）上评论说：……之后"两千年以来的……时间都以拿撒勒人（Nazareth）耶稣的诞生年为计量。今年年末，无论是印度、中国的历法，还是欧洲、美洲和中东的历法，都将迎来第三个千禧年的曙光"①。

他从不存在？那他是个虚构人物了。

我们知道，所有历史事件的时间要么被记为基督降生前（BC），要么被记为他诞生后（AD）②。

---

① 伍德罗，《耶稣2000年》，《新闻周刊》，1999年3月29日，52页。

② 译者注：公元前和公元后。

你注意过耶稣这个名字有何非凡之处吗？光是提到"耶稣"这个词就能让许多人坐立不安！这位令人如此不安却又"非人"的角色究竟是谁？

想想这点——这位"虚构"人物将他的名字写在时间上，每份报纸、每张支票、每封信和我们进行的每次合法交易的时间都始于那位将时间一分为二的神秘人物。

他从不存在？

仔细考虑下这个奇怪的谜团：几千年来，各种预言都在期盼一位救赎者降临。众多文明都在等待这位允诺之人。如今，无数人回望历史，说他已经"来了"。他们坚持，那些预言已被实现。然而，其他一些人，像那位共产党官员，说他从不存在。

几个月前，一位名叫休（Hugh）的朋友拜访了我。休在我家附近的派罗瓦（Paeroa）经营一家很成功的自然疗法诊所，但最近他把它关了。带着手中充裕的时间，他漫步进一家书店。

大卫·艾克（David Icke）的一本书吸引了他的眼球。翻开书后，问题开始盘旋在他脑中。"乔纳森，"他问，"你能读读这本书，然后告诉我背后的真相吗？"

有段时间，我放下手中其他事情，专心读艾克的那本书。我发现艾克是位很有意思的作者。

他的一些评论与耶稣·基督有关。这是他的主张：

（1）耶稣从不存在"耶稣实际存在吗？……我会直截了当地回答不存在。"[1] "耶稣，他的兄弟雅各……这些人实际都不存在。"[2]

（2）耶稣未被提及 "……耶稣同时代……的作家……未曾提及他。"[3]

我继续读下去——期待着艾克证明他的论点。我坚持读到了最后一页，却发现自己在问一个简单问题："证据，艾克，你的证据呢，拜托……是我看漏了吗？"

本书之前所有章节论述的都是事实。我想，你们会希望我坚持这种作风，

---

[1] 大卫·艾克，《大秘密》，密苏里怀尔德伍德：美国爱之桥出版社，2001年，82页。

[2] 同上，99页。

[3] 同上，102页。

对吗？所以，准备好了没？这是一个事实：请听我说——耶稣存在的证据比古代历史上任何人的都要多得多。

以上就是事实！"基督虚构"论都不是基于历史证据提出的。对于任何公正的历史学家而言，耶稣·基督的存在就像尤利乌斯·恺撒的存在般不言自明，是基于史实的。

我得点明这点，推销"基督虚构"说的不是历史学家。

没错。你想要事实，不是吗？你当然想！

不管怎样，我们应谨记：第一，在短暂的公开事奉时间里，耶稣在罗马帝国默默无闻；第二，如果像传言说的，他公开演说只有三年，那如此短时间里的历史文件要留存下来的可能性非常小。但他的言行被许多人记录，然后无数人将其抄写、流传——尽管那样做会让他们承受死亡威胁。

考古学能给我们启迪。

早期记录中的耶稣

当时有不下 22 位历史学家证实了耶稣确有其人，如塔西佗、苏埃托尼乌斯（Suetonius）、塞拉蓬（Serapian）、弗勒干（Phlegon）、吕西安（Lucien）、约瑟夫斯。这些历史学家中许多对他抱有敌意。耶稣至少在四份罗马官方记录中被提及。

首先，这份文件的历史虽不像其他那么久远，但也只是稍晚一点。

1）克奈里乌斯·塔西佗（公元 52—56 年）

克奈里乌斯·塔西佗（Cornelius Tacitus）约生于公元 55 年。他是罗马参议员和执政官，于公元 80 年至 84 年担任英国总督，也出任过罗马安纳托利亚省（涵盖现在土耳其大部分地区）总督。他是古罗马最伟大的历史学家之一，于晚年撰写了一部 16 卷的罗马皇帝史，名为《编年史》（Annals）。

塔西佗既不是尼禄（Nero）的友人，也不是基督徒的伙伴。但他在书中提及了本丢·彼拉多（Pontius Pilate）钉死耶稣·基督，他写道：

> 但不拘是人为的措施，不拘是皇帝的慷慨赠赐，还是各种平息神怒的措施，都不能使传到外面去的丑闻平息下去，更不能使

人们不相信这次大火是故意放起来的。因此尼禄为了辟谣，便找到了这样一类人作为替身的罪犯，用各种残酷至极的手段惩罚他们，这些人都因作恶多端而受到憎恶，群众则把这些人称为基督徒（Christian）。他们的创始人基督（Christus），在提比略当政时期便被皇帝的代理官本丢·彼拉多处以极刑（钉死在十字架上）。这种有害的迷信虽一时受到抑制，但是不仅在犹太——这一灾害的发源地——而且在罗马再度流行起来。①

提比略的执政时期为公元 14 年至 37 年。彼拉多的任职时间为公元 26 年至 36 年或 37 年。（嫁祸于耶稣·基督信徒的）罗马大火发生在公元 64 年。

此刻，批评家或许会怀疑塔西佗历史的可信度，因为其写作时间并非与耶稣生平同时期——而是在多年后。

你听过亚里士多德的名言吗？

> 怀疑的益处应给予文案，而不应被批评家僭为己有。

P. 克奈里乌斯·塔西佗或许是罗马历史上最伟大的历史学家。他当过参议员、执政官和亚细亚省总督，写过《编年史》《历史》（*Histories*）、《阿格里可拉传》（*Agricola*）、《日耳曼尼亚志》（*Germany*）和一篇论演讲术的对话集。

"塔西佗是位严谨的历史学家，小心翼翼对待自己的历史文章。"②

我们可以相信他的历史的可靠性，他记录的很多事件都发生在他生活的时代。

我问过一位批评家："你承认这位历史学家写的所有其他事件都是史实？"

"是的。"他勉强承认。

"但你拒绝相信这件事——他提及的耶稣·基督？"

"是的。"

"那问题也许不在那位历史学家，而在于你。你是个诚实的人吗？"

"是的。"

"如果你诚实，那请重新审视下你的动机。请怀疑你的怀疑论。"

---

① 《编年史》15:44。

② 维基百科。

2）总督本丢·彼拉多的报告（公元 31—37 年）

有证据表明，关于对耶稣的审判，本丢·彼拉多给罗马送去了一份报告。

大约在公元 150 年，殉道者游斯丁（Justin Martyr）力劝罗马皇帝安东尼·庇护（Antoninus Pius）查阅帝国档案馆内的那份报告：

他说"他们用大钉刺穿我的手、我的脚"这句话不正是描述耶稣的手脚如何被钉在十字架上吗；他被处决后，钉他的人掷骰子分他的衣物；这些都是事实，可以在本丢·彼拉多下令记下的《行传》（Acts）中找到。

他稍后说：

> 耶稣到来时，瘸子跳跃，结巴口齿伶俐，瞎子重见光明，麻风病人清洁，死人复活走动。您可从本丢·彼拉多的《行传》中得知他所做的这一切。[1]

诚实将迫使我们谨慎对待——无论支持或反对——这封信的复件仍留存至今的说法。要质疑游斯丁缺乏充足证据，但也没有不可辩驳的证据表明那封信仍留存至今。无论如何，那封信的留存与否不是我们调查的关键所在。

3）盖乌斯·苏埃托尼乌斯·特兰克维鲁斯（约公元 69—140 年）

另一项证词来自特兰克维鲁斯。他是罗马图书馆的监管人和几代皇帝的法官。他写到，克劳狄（Claudius）皇帝"将犹太人驱逐出罗马，那些犹太人不断生事端，基督（Chrestus）是他们的首领"[2]。

此次犹太人被驱逐出罗马发生于公元 49 年。《圣经》也提及这个事件，就在《使徒行传》18:2。特兰克维鲁斯与基督教最早的一些领袖生活在同时代。

4）小普林尼（公元 112 年）

小普林尼是2世纪早期罗马比西尼亚–本都省（Bithynia-Pontus）（位于现在土耳其中北部）副总督。他写信给图拉真（Trajan）皇帝，请求他指示如何

---

[1]　殉道者游斯丁，《护教书》，1.48。
[2]　《罗马十二帝王传：克劳狄传》，26.2。

处置拒绝崇敬恺撒塑像的基督徒。普林尼提到，基督徒定期集会，诵歌赞颂"基督，好似他为神"[①]。

普林尼叙述的"基督"不仅是基督徒"信奉"的某人，还是一个真实存在的人，一个被视作"神一般"的人——这儿的措辞表明，（在罗马人眼中）原本不会被视为神的某人此时被予以神的地位；这个人是为人所知的某个凡人（再次，在罗马人眼中）。

根据（与《圣经》毫无关系的）历史文献，我们会发现：

（1）早在公元 49 年就有个名为"基督徒"的群体，其名称源自"基督"。

（2）此"基督"在提比略和彼拉多当权时期被处决，即在公元 37 年前。

（3）这场新运动包含"最有害的迷信思想"，或许是指基督徒相信耶稣受难后死而复生。

（4）这场基督教运动始于犹太，然后蔓延至罗马。

（5）早期基督徒将基督视为神圣的存在。

5）马拉·巴-塞拉蓬（公元73年不久后）

这是 1 世纪一位叙利亚作者的证词。大英博物馆保存着一封有意思的书信手稿，那是名叫马拉·巴 - 塞拉蓬的叙利亚人从狱中写给儿子塞拉蓬的信。为鼓励儿子追求智慧，他指出凡是迫害智者的人必遭不幸。他以苏格拉底、毕达哥拉斯和耶稣·基督的死为例：

> 雅典人杀死苏格拉底有何益处？饥荒与疾病接踵降临，审判他们的罪。萨摩斯人（Samos）烧死毕达哥拉斯又有何益处？不久后他们的土地即被沙子淹没。犹太人钉死他们的智慧之王又有何益处？紧接着他们的王国就被异族灭亡。上帝公平地为这三位智者复仇：雅典人饿死了；萨摩斯人被海淹没了；犹太人亡国了，被驱逐出自己的国土，从此流离四散。但苏格拉底并没有死，他活在柏拉图的学说里；毕达哥拉斯没有死，他活在赫拉的雕塑中；智慧的王也没有死，他活在自己所留下的遗训中。[②]

---

① 《书信》，10:96.7。

② F. F. 布鲁斯，《新约文献：它们可靠吗？》，第5修订版，丹尼森市：校际出版社，1972年。

我们再来看看一些年代较早的犹太文献。尽请论辩，但别提出无稽之谈，说这些文献事关他人。好的，即便没有这些文献，犹太人也仍会承认基督教的耶稣·基督的存在。他是他们历史中最具影响力的"冒名者"。犹太人对此从无异议。

6）巴比伦公会（公元 95—110 年）

公元 95 年至 110 年的犹太巴比伦公会[①]做证：

逾越节前夜，他们绞死（拿撒勒人）耶稣……他行巫术，骗以色列，引它向歧途……但他们发现他的抗辩无可取，逾越节前夜处他以绞刑。[②]

7）拉比本·海尔卡努斯（公元 95 年左右）

公元 95 年左右，吕大（Lydda）的犹太拉比本·海尔卡努斯提及了耶稣的奇事。[③]

8）犹太人的辩论（公元 110 年左右）

公元 110 年左右，关于是否允许以耶稣之名治病，巴勒斯坦的犹太人展开了一场集中论辩。[④]

此处的重点是，以耶稣之名的奇迹疗愈暗示了耶稣曾展现此般奇迹……且耶稣其人曾经存在。

犹太当权否认耶稣行神迹？实际没有，但他们将那称为巫术。

虽然许多犹太领袖对耶稣·基督及基督教心怀恨意，却从不质疑耶稣·基督的历史真实性。他的到来是他们历史的一部分——独立于基督教之外。且犹太领袖今日依旧承认这点。

犹太人很忌讳耶稣非婚生子的身世。

耶稣·基督不存在！嗯？那为何我们能发现如此多的独立古代文献对他

---

① 也见本书附录K。

② 巴比伦公会43a——"逾越节前夕"。

③ 埃塞尔伯特·斯托弗，《耶稣和他的故事》，理查德与克拉拉·温斯顿译，纽约：艾尔弗雷德·A. 克诺夫出版社，1960年，10页。

④ 同上。

有描述？

哦，我听见有人说，那些文献都是假造的。

是吗？全部？都由反基督教的罗马编年史家与犹太领袖伪造？

哦，拜托。面对现实吧。他们有何动机？

上述有关耶稣的独立描述都系伪造？

断言耶稣从不存在的批评家必须证明上述文献的无效性。良好的治学态度要遵循亚里士多德的格言：

> 怀疑的益处应给予文案，而不应被批评家僭为己有。

在我们国家，直到被证明有罪，一个人都被视为清白无辜。那我们应如何对待这些古代文献的作者？如果要证明他们作假，那我们有责任——举证。

因此，我们应如蒙哥马利（Montgomery）提醒的，"对于文献内容的真假，我们必须经过分析才可判断，而不是事先就假定作者作假，除非文中内容自相矛盾或明显与已知事实不符"①。

除非有令人信服的证据表明一份文献为假，那我们应该承认它的真实性。

或者应该这样说，若指控者不能证明文献为伪造，但又拒绝相信文献的证词，那指控者自身的诚实性反倒岌岌可危。

艾克坚称没有早期历史文献提及耶稣。虽然有人希望那些文献不存在，但它们确实存在。真相就是这样。我们都犯过错。但犯错的人若是诚实，听到真相后，他要么选择停止犯错，要么选择不再诚实。

有许多古代人物存在的证据少得可怜，但仅因为他们的名字在某份文献中出现过一次，其历史真实性就被认可。

9）弗拉维奥·约瑟夫斯（公元37—100年）

约瑟夫斯是1世纪著名犹太历史学家。公元66年至70年犹太人叛乱期间，他曾指挥加利利（Galilee）一支犹太分队抵抗罗马军，直至被俘获。战争结束之际，他随同罗马将军提图斯（Titus）去到罗马，在那他度过余生，期间他从事写作。

---

① 约翰·W.蒙哥马利，《福音派与考古学》，《今日基督教》，1968年8月16日。

他于公元 90 年至 95 年著成巨作《犹太古史》(*Antiquities of the Jews*)，其中有记述：

> 这时犹太地出现一位名叫耶稣的智者，如果他可以被称为人的话。他能行神迹，又是许多喜欢追求真理人的导师。跟随他的有许多犹太人，还有很多外邦人。这个人就是基督；而彼拉多在我们上层人物的怂恿下，判处钉死他在十字架上。一开始就爱他的那群人一直没有离弃他，因为他在死后第三天又复活了，出现在他们面前。众先知曾预言他的复活以及有关他的许多神迹奇事；基督徒就是从基督得名，他们至今仍未绝迹。①

此刻，我听到有人表示异议："哦，那一定是篡改的——因为身为犹太人的约瑟夫斯不可能承认耶稣是预言中的弥赛亚，说他行神迹、死而复生。"

这抗议似乎很有道理，表面如此。真相呢？

啊，哈，别草率下结论，乔纳森。想想这点……

F. F. 布鲁斯指出，"如果他可以被称为人的话"这种措辞充分体现了该文本的可信度。约瑟夫斯的这句话是半开玩笑半讽刺，隐射基督徒竟然相信耶稣是上帝之子。②

一些学者建议修改上述文字，去掉约瑟夫斯接受耶稣为弥赛亚的暗示，以保留文本的真实性。③

可见学者就上述段落的部分或全文的可靠性争论不休。但是，优西比乌（Eusebius）早在公元 315 年就引用了它④。此外，手抄本也可以证明以上文本的真实性，因为它出现于所有现存约瑟夫斯作品的抄本中。

如果觉得麻烦，没关系，你可以忽视上面的约瑟夫斯作品译本。没问题。

但如何看待留存的约瑟夫斯作品阿拉伯译本？那可是在所谓"基督徒"伪造者的影响范围之外的。这份 4 世纪阿拉伯译本（于一份 10 世纪阿拉伯手

---

① 《犹太古史》，书18，第3章，第3节。

② F. F. 布鲁斯，《新约文献：它们可靠吗？》，伊利诺伊州丹尼森市：校际出版社，1964年，108页。

③ 同上，110—111页。

④ 《教会史》，1.11。

稿中发现）极有可能反映了原作者的本来意图：

> 这期间,有一位智者名叫耶稣。他行善迹,（他的）善德为人所知。
> 许多犹太人和外族人成为他的门徒。彼拉多判他死罪，钉他于十字
> 架。但他的那些门徒没有离弃他的教诲。他们称，耶稣死后第三天
> 向门徒显现，如今依然活着；由此可见，他或许就是弥赛亚，先知
> 曾详述他的奇事。

以上文字发现于名为《在全智引导下，在诸派哲学的成就上及在真理祝
福之下所写成的史书》(Kitab Al-Unwan Al-Mukallal Bi-Fadail Al-Hikma Al-
Mutawwaj Bi-Anwa Al-Falsafa Al-Manduh Bi-Haqaq Al-Marifa)的阿拉伯手稿中。

但即便没有这段文字也无妨，约瑟夫斯还在另一处提到了耶稣。而这段
文字——被发现于各种译本中——很少被学者争论，它说的是耶稣同父异母
的兄弟殉道者雅各：

> 非斯都（Festus）已过世，阿尔比努斯（Albinus）仍未上任；
> 于是他下令召集审判议会，将自称是基督的耶稣之弟雅各等人（或
> 他的一些同伴）提审;他判他们违法之罪,定他们受乱石击毙死刑。①

尽管约瑟夫斯绝不是基督徒，我们却可以在其文字中发现许多福音书及
《新约》其他篇章中的人物，其中包括施洗约翰②、希律王家族、犹太检察官及
高层祭司家族成员。

这些非基督徒证人的重要意义

所以结论是什么？很简单。

即便略去约瑟夫斯的证词，我们还有其他独立文献提及耶稣这一历史人
物——主要来自基督徒的敌人。另有一些资料或许可信，但不能完全肯定，
因此我没有列举它们。

看完支持与反对的证据，我们应面对事实。这些历史记录确实构成了有

---

① 《犹太古史》，书20，第9章，第1节。
② 《犹太古史》，书18，第5章，第2节。

力证据，表明《圣经》对耶稣·基督的记录是基于史实，历史上确实有耶稣此号人物的存在。

这些证据大多为希腊人、犹太人、撒玛利亚人（Samaritan）及罗马人的历史文献。这些都意味着基督教有真实的历史根源。耶稣·基督甚至还出现在罗马人口普查统计中。

对于非基督徒历史学家的证词，诺曼·盖斯勒（Norman Geisler）总结说：

> 简言之，他们告诉我们：
>
> （1）耶稣来自拿撒勒；
>
> （2）他一生充满智慧、行多善事；
>
> （3）提比略·恺撒执政期间，他被本丢·彼拉多在逾越节钉死于十字架上，他被视作犹太的王；
>
> （4）他的门徒相信，他将于死后的第三天复活；
>
> （5）他的敌人承认他曾行奇事，而他们称之为"巫术"；
>
> （6）他的小众信徒迅速增多，甚至远及罗马；
>
> （7）他的门徒否认多神论，过着有道德的生活，奉耶稣为神。

这概括肯定了《新约·福音》对基督的刻画。[①]

《不列颠百科全书》对此见解一致：

> 各种记载证明，古代从未有人怀疑耶稣的历史真实性，即便是基督教的敌人也不例外。18世纪末，有些作者在证据不足的情况下开始争论耶稣的历史真实性。而19世纪和20世纪初此种争论仍在继续。[②]

老实说，各位，真有人相信这些独立证词都是被"捏造"出来的吗？

说罗马官方编年史家与犹太领袖合谋编造耶稣·基督存在简直是无稽之谈。给我一个合理的理由解释他们的动机。那样的举动显然与他们的利益相悖。

---

① 诺曼·L. 盖斯勒，《贝克基督护教学百科全书》，大急流城：贝克书屋，1998年，384—385页。

② 《不列颠百科全书》，第15版，1974年。

这是怀疑论者应思考的一个重要事实：没有证据表明耶稣的历史真实性在 1 世纪受到质疑。

为何没有刻有"耶稣"名字的雕像和铭文？

有人问，如果耶稣确实存在，是如此重要的角色，那为什么没有发现有他名字的塑像和刻文？

事实很简单——甚至显而易见——如果你思考过的话。耶稣不是什么杰出的政治人物，只是一个财产稀少的传教人，并以"反叛者"的身份死去。罗马人会为他竖雕像、刻铭文表示敬意吗？

而且，耶路撒冷在公元 70 年被完全摧毁。当时的东西被埋在今天的城市底下。

最后还有一点：有许多古代人物存在的证据少得可怜，但仅因为他们的名字在某份文献中出现过一次，其历史真实性就被承认。

我们难道不应该对耶稣一视同仁吗？

10）发现带有耶稣姓名的古物

据报道，2003 年，有一个藏骨罐被发现，上面刻有文字"雅各，约瑟之子，耶稣之弟"。顺便说下，这个藏骨罐是个中等大小的盒子。肉体彻底腐烂后，人骨被装进藏骨罐，然后被永久安葬。这个习俗曾在历史上非常短的时间里流行，为公元前 20 年至公元 70 年。

由于我们当前不能确认这个非比寻常的发现是否为真——它一直被说成是冒牌货——所以此刻不必把它放在心上……但记住，有时所谓的"冒牌货"之后被证明是真的。

不过，1945 年，埃利埃泽·L. 苏勤尼（Eleazar L.Sukenik）在耶路撒冷附近发现了另外两个藏骨罐。

那些藏骨罐出土于一座公元 50 年前的墓中。藏骨罐上面也有古代粗刻。

上面的文字为 Iesous iou 和 Iesous aloth。第一段文字似乎是请求耶稣帮助的祈祷文，第二段文字似乎是祈祷藏骨罐内的人复活。此外罐子上还刻着四个十字架。

这些或许是迄今发现的最早基督教记录。[1]

那为什么大卫·艾克说耶稣不曾存在……说耶稣甚至从未在其同时代记录中被提及？他写那篇文章的前天晚上，一定有人给他吃了发霉的披萨。

另一项证词

我们的调查继续之前，还有个值得一提的有趣记述。

国王阿布加·乌察玛（Abgar Uchama）于公元 13—50 年统治奥斯若恩（Osrhoene）王国。该王国位于底格里斯河与幼发拉底河之间的美索不达米亚西北部。其都城为埃德萨（Edessa）（今乌尔法[2]）。

这位国王因一场严重疾病濒临死亡。当不断听到有人提及耶稣和他行的疗愈，阿布加令一位名叫亚拿尼亚（Ananias）的信使给耶稣送去一封谦卑的请求信，乞求耶稣解除他的病痛。

> 优西比乌说曾在埃德萨档案室见过这封信及耶稣的回复。另外，他还在那看到有关此事的一篇记述。他说，他将这些资料从原文古叙利亚语译成了希腊语。而把优西比乌的希腊文字译成英语的威廉森（G. A. Williamson）说，他有一份古叙利亚语文本副本，上面说耶稣给了一段口头回信，亚拿尼亚将其记下。[3]

埃德萨档案室发现的古叙利亚语文件落款处写着："这一切发生在 340 年。"威廉森注意到，这个时间是照"塞琉古（Seleucid）历法，对应的是公元 30 年……

当然，一般人通常会质疑此种古代文件的真实性。

让我再次用亚里士多德的名言回应："怀疑的益处应给予文案，而不应被批评家僭为己有。"

在我们国家，直至被证明有罪，人都被视为清白无辜。同样的裁判法则应被运用到判断这些文案的真实性上。

---

① 卡尔·亨利编辑，《启示录与圣经》，大急流城：贝克书屋，1969 年，327 页、328 页。

② 译者注：位于现在的土耳其。

③ 埃尔娃·施罗德，《十二使徒发生了什么？》，南澳大利亚诺伍德：孔雀出版社，2003 年，32 页；优西比乌的叙述见本书附录 E。

我再次翻开艾克的书，只为确认我没有误读他的意思。那艾克说了什么？"……耶稣同时期……的作家……未曾提及他。"①

他是认真的吗？我目瞪口呆。为什么这些人说耶稣不存在？是他们确实不知道这些事实……还是他们另有图谋？

在这里我们不深入这个问题。

耶稣死在十字架上了吗

几天前，我的一位听众发来了这封邮件：

> 最近，我被一本书深深吸引，书中说十字架上的那个人不是基督。那本书的所有内容都是"通灵"得来的。你对此做何解释？

又来了。我得先喝杯水。你想要知道真相？再次，那本书的作者要么是无知，要么是在撒谎。

"通灵"就是线索。"通灵"，就像招魂术，是路西法军团的印记。

不只我的电邮朋友——甚至连伊斯兰教——都持有这种谨慎观念，怀疑耶稣没有死在十字架上。

研究《古兰经》（伊斯兰教"圣书"），你会发现它在这个问题上自相矛盾。我们会读到："当时，真主说：'哦，耶稣，我必定要使你寿终，要把你擢升到我那里，要为你涤清不信道者的诬蔑。'"②而耶稣又说："我在出生日、死亡日、复活日，都享受和平。"③

《古兰经》提到了耶稣死亡，而后又复生——正如《新约》的记述。

但一些人心中依然悬着这个问题：我们如何能确定耶稣死在了十字架上？

那好，这样看这个问题：

（1）那是个十分公开的罗马行刑。

（2）不只《四福音书》和《新约》余篇证实了耶稣的死，当时罗马人和

---

① 大卫·艾克，《大秘密》，密苏里怀尔德伍德：美国爱之桥出版社，2001年，102页。
② 《古兰经》第3章，55。
③ 同上，第19章，33。

犹太人的历史文献也提供了证明，如塔西佗[①]和约瑟夫斯[②]。

（3）一块用三种语言写成并钉在他十字架上的铭文"拿撒勒人耶稣，犹太人的王"可能留存于世，它近期被卡斯滕·蒂德（Carsten Thiede）教授确认。

（4）罗马人的处刑工作十分彻底。毫无疑问耶稣死在了那个十字架上。

然而，若真想知道那件事的真相，我们还必须求助预言。

想想，有一则 6000 年之久的预言，它说一位拯救者会降临。这则预言确定存在。没有哪个勤于思考并调查了事实的人会否认这点。

如果那则预言未能成真，那整个世界岂不是都被愚弄了？那还真是一流的诈骗！但如果预言确实兑现了，那我们要在哪里找寻相关证据呢？

你喜欢解谜吗？我希望如此。因为我们马上就要开始解开一个谜团……

[①] 《编年史》15:44。
[②] 《犹太古史》18:3。

第四部分

救援计划启动

第二十章

预言——女巫的预言

他腰缠万贯……但，喂，他在紧张吗?!

吕底亚（Lydia）的克罗伊斯王（Croesus）刚知道，他的国家或许要和米底（Medes）、波斯进行一场战争。急切想知道战果，他决定去请求德尔斐（Delphi）神谕。德尔斐神庙距科林斯（Corinth）湾 10 公里。神庙女祭司是位灵媒。

不过，克罗伊斯想，在决定相信女祭司对这件要事的建议前，他应该先测测神谕的准确性。

所以他传唤使节。

"我要你们去德尔斐，拜访那儿的神使，"他告诉他们，"然后，出发后的100 天，你们问神使当时在萨第斯（Sardis）的我在做什么。"使节奉命离去。

克罗伊斯决定到时做件不容易被猜到的事。到了那天，他花了数小时炖一头羊和一只龟，用的容器是一个带有铜盖的铜壶。

远处，受询问的德尔斐灵媒毫不迟疑地回答："我闻到炖羊和龟的香味，其上其下都是铜。"全中！

这令克罗伊斯印象深刻。"也许，"他推断，"在危机时刻，我可以信赖这位神使。"

因此，他准备询问神那个至关紧要的问题。

灵媒怎么知道

你或许在想："怎么会有人知道几百公里外某时发生的事呢？"

答案其实很简单。首先，你可能注意到了，克罗伊斯原来的问题与当前的事情相关。其次，至于女祭司如何立刻得知答案，我们实际掌握了一条线索。这个女人所在之处正是德尔斐"大蛇"——"皮同之灵"（相传为阿波罗所杀）——从帕纳塞斯山（Mount Parnassus）的神穴中传送神谕的地方。[①]

正是因为这个"皮同"（"Python"），才有了皮提厄斯（Pythius）神及其神谕女祭司皮提亚（Pythia）。

啊，哈，这就是答案。

不可见的实体

我们已确定了另一维度实体的真实存在。[②]那些实体就像你我一样有意识，有人格。

在黑魔法仪式中，现代撒旦崇拜者正是从那个维度召唤邪灵——路西法军团成员。

降神会上，当灵媒进入出神状态，支配灵便占据灵媒的身体，自称为某个死人的灵魂。但事实上，那位我们看不见的来宾不过是熟知死者生平的"妖精"。

显然，那些妖精在人的一生中都在其左右监视。所以在降神会上被召唤时，对死者再熟悉不过的妖精能够准确模仿死者生前的各种怪癖，讲述死者在世时的种种细节，令人信服不已。这样，就连死者的近亲也会上当受骗，相信自己听到的就是死去亲人的声音。

路西法军团的一员

我们于是可以推论，德尔斐女祭司感应的皮同（巨蟒）之灵是路西法军团的一员。

在《圣经》中，撒旦（路西法）被称为空中掌权者的首领。妖精的行动速度肯定远远快过我们人类。路西法能够以不可思议的速度将情报传至世界

---

① 希吉努斯，《神话二》，140页。

② 见《UFO外星人：致命的秘密》。

各地吗？他当然能。

相信吧。以转瞬的速度，妖精先是听到克罗伊斯提出的问题，而后又目睹到他在干什么。对于妖精而言，通过女祭司之口说出正确答案可谓小菜一碟。

《使徒行传》（1世纪）记述了类似事件，一位年轻女子被巫鬼（希腊原文为皮同之灵）附身。

巫鬼令她能给出似神谕的回答，这使得她的主人们大得财力。

当她看见使徒保罗和他的同伴，尽管她自己不认得他们，但她口中喊出，证实——经由她的声带——他们的身份及他们的任务。[1]

《圣经》记录，女孩是被一邪灵附体。那灵体是有智慧、有生命的媒介。这点从他向女孩清楚传达保罗的身份与意图就可看出。

毫无疑问，这个灵体也是路西法军团的一员。

德尔斐神使为什么能如此准确地回答克罗伊斯的第一个问题？现在你知道答案了。

国王的第二个问题

克罗伊斯已经信服，准备问第二个问题。但你注意到其中的不同了吗？

第二个问题是关于他的国家与米底–波斯将要进行的战争。

对克罗伊斯来说，很不幸，第一个问题与第二个问题有个关键不同。但这位国王并未察觉。

他的第二个问题事关未来。

获得这种问题的答案可没有那么简单。这次，巫鬼只能故意含糊其词，以掩饰他的不知情。因此，他通过神使，告诉国王："若与波斯人开战，你将推翻一个大帝国。"

"我将推翻一个大帝国！"克罗伊斯大叫。国王满心欢喜，将那理解成敌国势将溃败。

现在来想想，实际上，无论战事如何发展，都将有个大国被击败。这则预言是如此模棱两可，以至于战争结果为何，它都将成真。结果表明，克罗伊斯的确摧毁了一个帝国——他自己的。

---

[1] 《使徒行传》16:16、17、18。

第三个问题

可是，这位国王想尽可能地确保自己国家的安全，因此他第三次向神使请示。不能太过肯定，不是吗？

这是他的下一个问题："我的权力会被削弱吗？"

克罗伊斯此刻一针见血。

但比起轻信的国王，通过神使说话的狡诈妖精技高一筹。

国王得到建议："当骡子成为米底的君主时，为安全起见，你得快快逃走。"换句话说，他将安全，直至骡子成为米底的国王。

克罗伊斯此时深信自己会大获全胜。

可怜的克罗伊斯！只有在他的帝国被完全摧毁后，他才发现预言中的骡子（混种）原来是指波斯、米底混血的居鲁士（Cyrus），但为时已晚。[①]

神谕含糊不清

当然，无论发生了什么，神谕都是无误的。如果克罗伊斯被击败，那居鲁士将被视作那骡子；但如果克罗伊斯战胜，那神谕早已预测了他的成功，因为它说除了一件不可能发生的事，没有什么能威胁到他的王权。

真相是，关于未来之事，路西法军团与目光短浅的人类一样一无所知。然而，他们比我们更清楚过去与现在的事，且更懂得将二者结合，因而能对未来做出可能的推论及猜想。

归根结底：对于未来，路西法军团终其所有智慧所能做的也不过是猜想。只有上帝才对未来的事一清二楚。

当灵体准确预言了未来

我知道的，我知道的，算命人的一些预测确实准确，不是吗？

例如说，一个人被告知他将获得份新工作，而那在未来确实发生了。

答案很简单。董事会或委员会决定给那个人新工作或晋升时，路西法军团的一员就在现场。

---

① 希罗多德，书1，47、48、53、55、91。

还有，算命先生告诉他的顾客，她将收到一封信，而且，信在两日之内就会送达。原因很简单，路西法军团的一员看见寄信人写那封信，所以知道这回事，然后利用算命人将此事告知顾客。

所以算命人知道这些完全讲得通。

另一些事你得谨记于心。路西法还能够操纵环境，促使某事发生。

他能操控人们做某事。他能预言灾难，然后使其发生。

路西法军团借助这种伎俩让无数人被通灵术吸引。他们无意中成为路西法军团脑控计划的受害者。

当灵媒预测失败

有个问题：灵体做出的许多预言实际未能成真。这是一个典型例证：

圣诞节前一个月，特里萨·惠尔普利（Theresa Whelpley）和丈夫埃尔默（Elmer）讨论好节日计划。特里萨要在圣诞节拜访家人，但埃尔默由于得参加一个事先定好的会议，要晚点才能加入。

几乎在同一时间，特里萨的母亲在参加一场通灵会。

"特里萨圣诞节会回家吗？"她问。

"会。"答案如是。

"埃尔默会回来吗？"

"不会。"回答如是。

"那就怪了，"她说，"埃尔默得开车送她，因为特里萨不会开车。两个人要么都来，要么都不来。"

"再问一次。"某人说。

她又问了一遍，同样的答案被更大声地说出。

圣诞节将至，埃尔默的会议取消了。所以他们两人都回了家。啊，哈。灵媒说错了。

在这个例子中，个人先做好了计划或决定，路西法军团得知后将其转述给灵媒，灵媒最后将信息传达给问话的人。

但由于环境变化致使计划变更，所以预言的事情并未发生。

好坏猜测

撒旦及其匪众研究人性已有无数年。凭借经验，他们能由因推果，并且常常能在一定程度上准确预言某人的未来。

他们能十分准确地猜测到某人在某种境况下会做什么。

说到底，通过一个人的表情或肢体语言，你我不也能判断那人在想些什么吗？当了解了朋友和家人的性情习惯后，你也经常能准确判断他们在某种环境下会如何行动。

即便如此，人类对未来之事依旧无法有绝对把握，就连几秒后的事也如此——只要问赛车迷就知道了！

"放肆"声明

现在让我来介绍一个人，他称自己清楚知晓未来之事……甚至是整个未来史。

我听到有人高喊："那将成为世界独家新闻……如果真有那样的人！"的确如此。

"但只有上帝能做到。"另一人说。十分正确。并且……事实上……他确实自称上帝。

"哦，我们进入梦想的国度了。"另一个人暗笑。那好，我们就来看看这些声明：

> 耶和华对假神说，你们要呈上你们的案件。你们要声明你们确实的理由……以声明、指示我们将来必遇的事……把将来的事指示我们。要说明后来的事……看哪，你们属乎虚无，你们的作为也属乎虚空。①

> 我是首先的，我是末后的，除我以外再没有真神！自从我设立古时的民，谁能向我宣告，并且指明，又为自己陈说呢？让他将未来的事和必成的事说明。你们不要恐惧，也不要害怕，我岂不是从

---

① 《以赛亚书》41:21-24。

上古就说明指示你们吗？①

　　我是神，再没有能比我的！我从起初指明末后的事，从古时言

明未成的事。②

肆意吹嘘？还是声明人确实能证明他说的？

《情报报告》（也被称为《圣经》）敦促我们"凡事察验"③。它还建议，通

过查验，可以确认那话是否为造物主所说——测试是否是百分百完美的预言。④

事实上，《情报报告》包含了大量预言。那些预言不仅概述了未来，还对

未来重大事件进行了准确描述。

它明确指出了未来城市、国家和人物的名字——有时甚至点出未来事件

发生的确切时日。似乎还不够，那作者还加上这则大胆声明："我将介入历史，

令这些不可能之事发生。"

当然，你我可以选择对它们嗤之以鼻，或者对它们进行查核。

我假设你选择了后者。你观察……检验，仔细核查预言给出后的历史。

你会发现什么？令你惊奇的是，一些事件不断应验预言——许多预言看似极

不可能发生，却陆续成真。事实上，许多历史记录都证实了预言的准确性！

这足以令你浑身起鸡皮疙瘩。但事实就是如此。有一个人精确地道出了

未来，并且不可思议地提供了事件的细节。

挑战：至上者存在的证据？

面对现实吧。人类连世界史的尘埃都无法预测，只能加以猜想。

因此，如果预言都是真的，如果真有人准确无误地预言了未来之事，那

此人究竟是谁？

有趣的是，《情报报告》中，"上帝说""主命令"及"主的话"等表达出

现了 3800 多次。

我们能否做此结论，所有预言都表明《圣经》背后有个神圣智慧的存在？

---

① 《以赛亚书》，44:6-8。

② 同上，46:9-10。

③ 《帖撒罗尼迦前书》5:20、21。

④ 《申命记》18:18-22。

如果可以的话，你可以尽情证明我说错了。我要在这里说：那些预言成真不可置否地证明了上帝的存在和《圣经》是神圣的感应！再没有哪本书像《圣经》那样准确预言了未来！

面对现实吧。我们谈论的不是一两个预言成真——而是成百上千个预言——一千个或更多预言的成真！

那份古老文献甚至说了，造物主亲自选择合适的人，向他们揭露信息。文献还说，正如记下它的人写的，他们处于造物主神秘的控制之下。

你或许想反驳上述说法。如果是的话，你有两种驳斥方式：

（1）要么证明《圣经》预言为误；

（2）要么创作其他成功预言世界未来的书。

《圣经》向我们发出挑战，我们要么自己成功预言未来，要么证明《圣经》的预言为假。

想看看通过了历史检验的预言吗？先来看这些。但以理预言：

· 米底和波斯将推翻巴比伦帝国。①他们确实成功了，就在公元前 538 年。

· 希腊（那时相对弱小）将征服阿契美尼德王朝（Medo-Persian Empire），而且是速战速决。②这由亚历山大大帝于公元前 331 年实现。

· 亚历山大将在其权力巅峰时暴死。③事实是他于 33 岁突然死亡。

· 古以色列人将被驱逐出巴勒斯坦和耶路撒冷，并散落至世界各处（流浪的犹太人）。每到一处，他们都将遭迫害、蔑视和憎恶。④

· 许多预言都是关于之后且时至今日的重大事件。

你可以在《UFO 外星人：致命的秘密》（第 9 章至第 12 章）中找到成串的成真预言。我再说一次，预言成真是上帝、他的话及神圣感应最伟大且唯一的证据！

"哦，它们或许根本不是预言，"我听到有人反驳，"那些所谓的预言或许

---

① 《但以理书》。

② 同上，第8章。

③ 同上。

④ 《申命记》，第28章；《利未记》，第26章；《何西阿书》9:17；《耶利米书》24:9、46:28；《路加福音》21:24。

是在事后才被写下。"

好的，这个问题问得好。让我们来看看……

第二十一章

预言——被预言拯救

此人正感受一生一次的惊骇！

公元前 332 年，在朝埃及行进的路上，亚历山大大帝围攻并击溃了沿岸城市提尔和加沙。

战争中，他带领军队转向耶路撒冷，向犹太人索要人力和物资。犹太人当时处于亚历山大大帝的敌人波斯王大流士的统治下。大祭司犹豫不决，说只要大流士还活着，犹太人就会忠诚于他。亚历山大听后愤怒不已，开始朝耶路撒冷逼近。

充分意识到事态的严重性，大祭司雅杜亚做了一个如何对待这位马其顿入侵者的梦。然后，他和其他祭司穿着祭司长袍，与穿着白褂的其他人一起出城，他们来到小心挑选的地点，与国王会面。

亚历山大的举动出乎他们的意料。他独自朝大祭司及那一行人走近，向他们致敬。当一名将军问他，他为什么向那群人致敬时，亚历山大回答：

> 我并不敬慕他，但上帝授予他大祭司的荣耀；因为在马其顿的王座上，我梦见此人，他身着这样的衣服（长袍）。当我思索着如何得到亚细亚王国时，此人劝诫我不可拖延，要大胆越洋至对岸，因为他将指挥我的军队，帮我取得波斯的统治权。这就是缘由，我一直未见其他人有那样的装束，而今见到这个人穿此长袍，我忆起那梦境与梦中的箴言，我相信我把这支军队带至神的指挥下，并将因

此征服大流士，摧毁波斯势力，我的一切想法都将如愿以偿。①

亚历山大随同祭司进入耶路撒冷，来到神庙。在那，如 1 世纪著名历史学家约瑟夫斯记述的，他"遵照大祭司的指示，向上帝献祭，并盛情款待了大祭司与祭司们"。

《但以理书》对亚历山大的到访做过简述。此书成书时间为事件发生前的几个世纪。书中预言了亚历山大大帝的崛起与征战。

> 但以理称，一位希腊人将摧毁波斯帝国。当《但以理书》被呈
> 与他，他想自己就是预言之人；他因此高兴，暂时令众人散去……②

许多学者视约瑟夫斯为声誉卓著的历史学家，将他与塔西佗等古代权威齐名。

在马其顿的亚历山大是如何在梦中见到身着大祭司袍的雅杜亚——而两年后，在耶路撒冷的雅杜亚又是如何在关键时刻做了个相应的梦，从而得知应穿着那件长袍去与亚历山大会面？对此该如何解释？

此外，更重要的是，但以理如何在 200 年前就知道一个希腊人将摧毁波斯帝国？③

是谁透露了那些"印象"？

《但以理书》何时写成

你可能不知道，《但以理书》一直备受攻击——主要来自一些批评家，他们怀疑但以理的预言不可能是在所述事件发生前的几个世纪写成的。

批评家说，因为人类不可能预言未来，所以《但以理书》一定是在所述事件发生后才被写下，比如说是晚至马加比家族（the Maccabees）时期，即公元前 166 年至公元前 37 年。

他们反对《但以理书》真实性的理由只有怀疑和异议，却没有历史证据。

这是三点初步观察：

---

① 弗拉维奥·约瑟夫斯，《犹太古史》，书11，第8章，第5节，威廉·惠斯顿译，1981年。
② 同上。
③ 《但以理书》8:4-7、20-21。

（1）此书据说是由但以理于公元前 6 世纪写成。（全书都使用第一人称。）

（2）约瑟夫斯，1 世纪声誉卓著的犹太历史学家，承认但以理是该书作者。

约瑟夫斯错误地认为，名为安提阿哥·伊皮法尼（Antiochus Epiphanes）的统治者是《但以理书》第 8 章预言的人。安提阿哥死于公元前 164 年。约瑟夫斯写道："但以理在 408 年前已做出预言。"这表明公元 1 世纪的犹太人已保有《但以理书》，且承认它成书于公元前 6 世纪。

（3）小心翼翼保存记录的古希伯来人从未怀疑此书的真实性和可靠性。

《但以理书》到底有多可靠

想要看些直观事实？

（1）另一位先知以西结曾提及但以理。[1] 以西结于公元前 606 年至 536 年在世，这是没有争议的，由此推断，但以理的在世时间应不晚于那段时期。

（2）《但以理书》被包含在七十士译本（Septuagint / LXX）中，该书为《旧约圣经》的希腊译本，于公元前 283 年至公元前 180 年写成，这是没有争议的。

（3）《但以理书》的文学结构、历史证据等内在证据都表明其创作时间为巴比伦时期，先于公元前 538 年的巴比伦衰落。《但以理书》就巴比伦宫廷礼仪、风俗进行了准确详述，值得注意的是，它们为（近代出土）遗迹证实。那些细节是公元前 1、2 世纪的巴勒斯坦作家无法获知的。

（4）有证据表明，《但以理书》成书以来，其预言（例如有关罗马帝国、欧洲及直至今日的预言）千百年来不断成真。这种书不是哪个造假者能造出来的。[2]

《但以理书》被收录在公元前 283 年至公元前 180 年创作的七十士译本[3]内，我们不妨来看一个在那时间后成真的预言。这是一例。耶路撒冷被巴比伦人摧毁后，但以理预言了未来耶路撒冷会重建，但随后又遭到一次毁灭（公元 70 年罗马人摧毁耶路撒冷）。

---

[1] 《以西结书》14:19、20，28:3。

[2] 见《UFO外星人：致命的秘密》第11章。

[3] 见上面第2点。

出令重新建造耶路撒冷（之后）。（将出现）受膏君①。（而后）
必有一王的民来毁灭这城和圣所。②

现在来采访下耶路撒冷第二次毁灭的一位目击者。"约瑟夫斯，你怎么看
但以理的预言？"

听听他的回答：

但以理也写到罗马政府及我们国家会被它损毁。上帝将所有这
些展现于他，他将它们记述留存。因此读着他的预言，看着预言如
何实现，我们将惊叹上帝授予但以理何等荣耀。③

我们很快要把这则耐人寻味的预言放在显微镜下检验。不过，首先要……

① 译者注：弥赛亚或基督。
② 《但以理书》9:25、26。
③ 弗拉维奥·约瑟夫斯，《犹太古史》，卷2，书10，第11章，第7节。

第二十二章

预言——出生前他的生平就被写下

你能想象吗……你的个人传记……在你出生前 1500 年就被写下？

假使你翻开一本书，发现你的人生经历都被记述其上，多达 300 项，其中包括你的姓名……你一些祖先的名字……你出生的城镇……你将取得的成就……你将如何死去等，你会有什么反应？

然后假设，你发现书中的内容都是在你出生前几百年就被写下，你又会有什么反应？

你能想象吗？在你尚未出生前，有关你整个人生的故事书就已出版，供大家阅读。本章的主题就是预言。

如前所述，我们穿回历史，发现一则关于拯救者或弥赛亚到来的古老预言。救赎者预言的历史有 4000 年之久。

渐渐地，我们获得了更多有关这位降临之人的信息。我们发现，随着某位至高精神不断给不同作者启示，原始预言的简要轮廓日益明晰。每位先知就像是画家，不断用画笔给原始预言添入细节——直至画作最后完成，弥赛亚降临的完整图景跃然纸上。

你还不明白？这位允诺之人的全部人生——包括他出现的确切时间——都在他出生前数百年就被写下。我们来看一些线索……

渐渐清晰的预言线索

大洪水（公元前 2345 年至前 2344 年）不久后，洪水幸存者挪亚受到启示，对人类未来历史进行了概述。他预言"耶和华闪（闪米特人）的神是应当称颂的"①，这给了我们第一条线索，即造物主启动人类救援计划时选派的种族身份。②

闪的后代亚伯拉罕获得预言启示，因他的"后裔"，万国都必得福。这是否意味着，人类闪米特分支将被寄予重任，为世界准备预言拯救者的到来？

结果证明，闪米特家族的一支（古以色列人）发现自己被授予中东一块土地，那处于早期世界的十字路口上——欧洲、亚洲和非洲汇合处——使其完成任务，令各民族得福。

先知们相继受到启示，逐渐将允诺之人的全貌绘出。那些信息都被记录在一份文献中，我们称之为《旧约》。

显然，造物主深爱着人类，打算赢回他们那顽固不化、自私自利的心。他因此选中一个民族，即希伯来人，耗费巨大气力，告知他们他是谁及他们要如何回应他。

预言对这位降临者有多种描述，如因这"后裔"，"万国都必得福"；"细罗"（赐平安者）；"根"；"枝子"；他"坐在王座上，以公平公义使国坚定稳固"。他还是"耶和华我们的义"，"他的根源从亘古、从太初就有"。这位永恒者将降生为人类男孩。③

以下，你会看到一则预言的全貌如何渐渐显现，并最终明确指出弥赛亚降临：

（1）降临者将是闪米特人亚伯拉罕的后代。④

（2）亚伯拉罕的两个儿子中，弥赛亚将来自"以撒的后裔"。⑤

---

① 《创世纪》9:26。

② 详情见乔纳森·格雷《尸体归来》第15章。

③ 《创世纪》22:18, 26:4, 17:19, 28:13、14, 49:8-11；《以赛亚书》11:1、10；《耶利米书》23:5、6；《弥迦书》5:2；《以赛亚书》9:6、7。

④ 《创世纪》22:18。

⑤ 《创世纪》26:4, 17:19。

（3）以撒的孩子中，降临者将出于"雅各的后裔"。①

（4）预言进一步缩小范围。雅各的十二个儿子中，拯救者将生于犹大的部族。②

（5）犹大的所有家族中，他将出自耶西一族。③

（6）耶西有八个儿子。此时一则预言只向其中一人显现——大卫。弥赛亚将是大卫王的后代。④

（7）他将生于伯利恒（Bethlehem）——且指明具体是哪个伯利恒。当时有两个镇子叫伯利恒。一个是西布伦（Zebulon）的伯利恒，位于加利利以北 112 公里；但那不是弥赛亚出生的地方。预言之地为"伯利恒以法他阿（Ephratah）……在犹大"。⑤神圣预言者因而排除了世界上所有其他城市，只将一个地方定为允诺之人降临的入口。

时间：犹太神殿被毁之前

（8）此外，"你们所寻求的主，必忽然进入他的殿"⑥。在第二座犹太神殿被毁之前，在犹太人最终被放逐之前，他将现身。

这与其他四则相似预言⑦一齐指明，弥赛亚到来之时，耶路撒冷神殿依然伫立。时间因素被清楚说明。第二座犹太神殿依旧耸立时，弥赛亚必将到来。

这点十分重要，我们知道，犹太神殿于公元 70 年被罗马人摧毁，且之后从未被重建！

所罗门神殿被毁后，所罗巴伯（Zerubbabel）在耶路撒冷建造了第二座圣殿。许多人感到遗憾，因为第二座圣殿逊于所罗门神殿。但预言给那些因那损失感到遗憾的人以补偿，这殿后来的荣耀必超越先前的荣耀⑧，因为弥赛亚

---

① 《创世纪》28:13、14。

② 《创世纪》49:8-11。

③ 《以赛亚书》11:1、10。

④ 《耶利米书》23:5、6；《撒母耳记下》，第7章。

⑤ 《弥迦书》5:2。

⑥ 《玛拉基书》3:1。

⑦ 《创世纪》49:10，《弥迦书》5:1-3，《哈该书》2:9，《但以理书》9:25-27。

⑧ 《哈该书》2:9。

将到临那第二座圣殿。①在那神殿被摧毁前，他必须到来——否则预言将落空。

另一则预言声明："过了六十二个七，那受膏者（从活人之地被剪除②）必被剪除，一无所有，必有一王的民来毁灭这城和圣所。"③

这个声明真是不可思议！照时间顺序：

（1）弥赛亚被剪除（死亡）；

（2）城（耶路撒冷）和圣所（神殿）被毁。

公元 70 年，耶路撒冷及神殿被提图斯将军及其军队摧毁。因此，如果弥赛亚不先来到，那他将永不会到来——而人们将徒劳地等待他。

如果你觉得那说法太冒险，那这个如何？

时间：犹大部族失其审判权之前

"圭（部族权杖）必不离犹大，杖必不离他两脚之间，直等细罗（弥赛亚）来到。"④

如此，弥赛亚到来不久后，将出现两个现象。

（1）希伯来犹大部落的圭或身份被移除。

（2）审判权被压制。

纵贯历史（甚至被囚禁在巴比伦期间），犹大一族从未遗失其"族杖"或"民族身份"。他们一直拥有自己的拟法者或法官，就连被囚禁之时也如此。⑤

好的，后来的历史是这样的。公元 11 年，罗马检察官剥夺了犹太公会（统治会议）的权力，实行罗马人的"剑下正义"（jus gladii）（审判生死的至上权力）。这令犹大族丧失了宣判死刑的权力。⑥

犹太《塔木德》（*Talmud*）⑦也承认了此事的发生⑧。拉比拉奇蒙说：

---

① 《玛拉基书》3:1。

② 《以赛亚书》53:8。

③ 《但以理书》9:26。

④ 《创世纪》49:10。

⑤ 《以斯拉记》1:5、8。

⑥ 弗拉维奥·约瑟夫斯，《犹太古史》，纽约：沃德、洛克和鲍登公司，1900年，卷17，第13章，1—5页。

⑦ 译者注：《塔木德》为犹太教口传律法著作。

⑧ 《塔木德》，耶路撒冷，犹太公会，对开24页，右页。

当发现自己被剥夺生死审判权，公会成员都大为惊骇；他们灰土蒙头，身披麻布，呼喊："我们悲恸，因节杖离了犹大，弥赛亚还未来临！"①

你注意到了吗？一旦审判权受压，权杖被移除，犹大便丧失了王权或法权。犹太人对此一清二楚！

古代预言说，这只有在拯救者出现之后才会发生！难道弥赛亚已经到来，他们却不知情？

当时的目击者说，他已经：

"他到自己的地方来，"记录说，"自己的人倒不接待他。"②如果这属实——如果期待已久的救援计划此刻已启动——而他自己的人民却不知情，这大概是数千年人类历史中最悲哀的故事！

救援计划

令人震惊的事！这是最惊世骇俗的事。预言说：伟大的上帝，宇宙的统治者，深爱我们——不幸误入歧途的男人、女人和儿童——他承诺会倾其所有，将我们赎回，令我们再次完满。他准备以其儿子之名，奉献自己。他将背负惩罚，让我们得到原谅。

人类一落入撒旦之手，造物主就知道他要做什么。他做出了一个惊人的承诺。那个承诺被写入预言中。

造物主将到来，奉献自己，作为赎罪。他受苦人民的呼喊激起了他的怜悯之心。人类被放逐时，没有什么值得盼望，没有任何希望。

所以他决定放下威严，从统帅星系的高位上走下，穿上脆弱的人躯。

现在计划启动……

恩惠不止，馈赠无限。天堂所有的宝藏都将向他力图救赎的人敞开。至上者聚齐了全宇宙的财富，其中包括无限的权力。他现在将这一切交至拯救者的手中，说："这些都给人类。用这些礼物令他们信服，天上天下，唯我爱

---

① M.M. 莱曼，《犹太公会前的耶稣》，朱利叶斯·马加思译，纳什维尔：南卫理公会出版公司，1886年，28—30页。

② 《约翰福音》1:11。

最盛。爱我，人类将找到最大幸福。"

然后，天国的看客望见上帝的儿子踏进这片敌人的领域，拯救人类。他将与我们同生共苦——树立如何战胜路西法军团的榜样。

何等谦卑！宇宙为之惊骇。

奇袭

若预言为真，那拯救者已经到来，其神威藏于人躯之下。但这令人们惊讶万分，就连他的门徒也不例外。鲜有人料想，他们等待已久的弥赛亚会以如此谦卑的姿态来到他们中间。就连他的地球生母都因他的牺牲悲恸欲绝。

当然，一两个预言成真说明不了什么问题。

但经过仔细调查与计算，我们将发现共有 332 则预言成真。它们一同编织成一张牢固的证据网。只身一人实现 322 则预言，你想象得出来吗？那将绝对震撼。

屈尊成为我们一员

历史上仅有一人宣称，他选择降生在这个世界上。

那超越了我们的有限认知，因而对我们而言是个巨大谜团——造物主将亲自化身为他创造的生物。但他告诉我们，事实正是如此。

他屈尊成为人类的一员——就像人类要变成老鼠或鼻涕虫一样！

这位无法言喻的万能之主缩小自己，变作一个女子子宫内的孕卵。无所缺少，这即是宣言。他确实那样做了，为的是向人类展现他是谁，他对他们的爱有多深。

为什么我们未被告知

我们已经看到，拯救者降临的预言确实存在。预言曾经为各民族知晓。巴别的塞米勒米斯假借它令众人归顺。但有无可能，这则预言在历史中确已成真？它实际已经发生了？

我们很快要探究这点。

到目前为止，你已经知道，《圣经》的确说明了救赎者降临的好消息，而那揭露了路西法军团实为一帮骗子。

如何解释，地球上明明有如此多份文献，唯独《圣经》——《情报报告》——成为众矢之的？尤其是《创世纪》，其中有关天地创造、人类堕落的情报更是招致重重非议。

还有，是否是那股恶势力策划了进化论，目的是破坏众人对《圣经》的信任，令他们以后拒绝救赎？达尔文是否无意中为他们做了嫁衣？

值得注意的是，许多教会领袖都中了此计。为躲避与学术界的公开冲突，且在进化论者的鼓吹宣传下，神学院现已遁隐于世。实为怯懦之举。

仔细想想，人类若没有堕落，那救赎就没有必要。可是——令人惊奇的是——当今世界，所有人中，最受人憎恶的正是我们的救赎者（耶稣）。

为什么要憎恨到来的救赎者？你不觉得这种反应有点奇怪？我要问个问题：还有什么比这更昭然若揭的吗？路西法及其匪众难道不是这憎恨的策划者吗？

我们还将进一步询问：

为什么一群拉比要诅咒一则预示弥赛亚降临确切时间的预言？

为什么那则预言令怀疑论者焦躁不安？

这就来探究那则惊人预言，准备好了没？那则预言是一份关于弥赛亚身份的数学证据……

第二十三章

预言——拉比的诅咒

1656 年，在波兰，一些著名犹太拉比与一群非犹太人展开了一场论辩。争论焦点是但以理的"70 个七"预言。

"瞧，"非犹太人说，"这则预言证明了耶稣即是弥赛亚。它准确告知了弥赛亚的受难时间。"

拉比们被这条论据逼入窘境，这令他们尴尬，所以他们终止了讨论。

那些拉比然后召集会议。结果，他们宣布，任何胆敢计算这则预言所述时间的犹太人都将受到诅咒。

这是他们的咒语：

> 胆敢算计
>
> 70 个七的人，
>
> 愿其身体腐烂，愿其记忆消失。

这则预言的一些信息

先知之王但以理详述了未来罗马帝国将发生的连串事件，并精确指出弥赛亚在罗马历史中出现的时间。

在一则预言中，他甚至指明了弥赛亚惨死时在位君主的身份。《旧约》其他预言不只确定了那件大事发生的历史年代，还点明了月份、日期及时辰。①

这是但以理的数学预言：

> 已经定了 70 个七②……（是弥赛亚、允诺之人到来的时间）。
>
> 你当知道、当明白，从出令重新建造耶路撒冷，直到有受膏君的时候，必有 7 个七和 62 个七。正在艰难的时候，耶路撒冷城连街带濠都必重新建造。
>
> 过了 62 个七，那受膏者必（为了他人）被剪除，必有一王的民来毁灭这城和圣所，至终必如洪水冲没。必有争战，一直到底，荒凉的事已经定了。
>
> 一七之内，他必与许多人坚定盟约：
>
> 一七之半，他必使祭祀与供献止息。那行毁坏可憎的如飞而来，并且有愤怒倾在那行毁坏的身上，直到所定的结局。③

"70 个七" = 490 年

上面是对这则预言的概述，它将经过"70 个七"实现。期间伴有其他事件，虽然它们并不限于这"70 个七"内发生，但与这段时间相关。

这则预言揭示了以色列的未来历史以及弥赛亚出现的确切时间。它是一则于"70 个七"内成真的预言。

你擅长数学吗？不管怎样，你会发现接下来的计算十分简单——也很有趣。告诉我，1 周④有多少天？ 7 天，你回答。那 70 周有多少天？ 490 天，简单。根据这则预言，"70 周"内要发生多少事？首先，整座城市拔地而起。

在这儿来做点小运算。仔细想想，你会发现，我们所讨论的时间段一定比 490 天长。

希伯来语"70 周"的本意为"70 个七"。学者指出，这"70 个七"是指

---

① 乔纳森·格雷，《约柜》，182—188页，http://www.beforeus.com/aoc.html。

② 译者注：英文原文为 70 weeks, 即 70 周。

③ 《但以理书》9:24-27。

④ 译者注：《圣经》英文原文的"70 个七"为"seventy weeks"，"week"是"一周"的意思，也就是"一七"为"一周"。

70 个 7 年，总共 490 年——1 天代表 1 年。

在《圣经》的预言象征手法中，1 天代表 1 年是神立下的特征："我给你定规，一日顶一年。"[①]

· 在"70 个七"（70×7 年）的问题上，犹太注释者 J. J. 斯洛特基（J.J. Slotki）说："《利未记》第 25 章的七年周期暗示了这种神秘措辞的真实意义，'一个七'这种表达也出现在《密西拿》[②]（*Mishnah*）[③]中。[④]

我们可以将"一个七"的说法与《利未记》中这些话做比较——"——七个安息年，就是七七年……共是 49 年。"[⑤]

其他犹太学者也赞同：

· 关于"一七之内，他必与许多人坚定盟约"[⑥]，《大米德拉什》（*Midrash Rabbah*）如此解读："'周'代表七年。"[⑦]

· 同样关于上句话[⑧]，《塔木德》这样解释："《但以理书》第 9 章的'一周'表示七年。"[⑨]

· 对于"已经定了 70 个七"[⑩]，《塔木德》指明这个时间应为"490 年，即 70 个七年"。[⑪]

· 艾萨克·莱塞（Isaac Lesser）指出，拉希（Rashi）等"古犹太作者"和注释者都承认这种"年—周"对应关系。[⑫]

因此，这则预言表明，犹太族被拨给 490 年，期间某件大事将发生。你会看到，这则预言预示的是弥赛亚降临与耶路撒冷的未来历史。

---

① 《以西结书》4:4-6，《民数记》14:34。

② Sanh. 6。

③ 译者注："密西拿"意为"复诵"，此书为犹太教口传经典，构成《塔木德》的基础。

④ J.J. 斯洛特基，《但以理、以斯拉与尼希米》，77 页。

⑤ 《利未记》25:8。

⑥ 《但以理书》9:27。

⑦ 《哀歌》，宋西诺出版社编辑，65 页，注释 6。

⑧ 第 27 节。

⑨ 《赎罪日书》，54at，宋西诺出版社编辑，254 页，注释 6。

⑩ 第 24 节。

⑪ 《拿细耳人的愿》，32b，宋西诺出版社编辑，118 页，注释 6。

⑫ 艾萨克·莱塞，《圣经二十四书 1853》，《论但以理》9:24、25，1243 页，注释 47、48。

预言模式

这则预言有个清晰结构，每节诗都是先说弥赛亚，后说耶路撒冷。

	A 弥赛亚	B 耶路撒冷
第 25 节	在 7 个七和 62 个七结束之际， 弥赛亚将出现。	将被重建， 却是在危难的条件下。
第 26 节	7 个七和 62 个七过后， 弥赛亚将被杀害。	一位行毁坏的王将 再次摧毁它。
第 27 节	第 70 个七之内， 弥赛亚将与许多人坚定盟约。 第 70 个七之一半， 弥赛亚将令献祭止息。	 业已决定地， 那行毁坏的王被摧毁。

A 栏事件的时间可清楚无误地一直追溯至 70 个七。然而，B 栏事件的时间未标明，事件本身也没有直接实现第 24 节诗指定的 70 个七的灵性目的。

（第 24 节诗说："为你本国之民和你圣城，已经定了 70 个七，要止住罪过，除净罪恶，赎尽罪孽，引进永义，封住异象和预言，并膏至圣者。"所有这些都将由弥赛亚完成。对此的详尽解释请见我写的《约柜》一书。）

那好，你问，这"70 个七"——我们现在知道是 490 年——始于何时呢？如果我们能找到起点，剩下的预言将很容易理解。

"耶路撒冷将被重建"

你当知道、当明白，从出令重新建造耶路撒冷，直到有受膏君的时候，必有 7 个七和 62 个七。正在艰难的时候，耶路撒冷城连街带濠都必重新建造。[①]

注意，70 个七是从出令重建耶路撒冷开始的。

这发生在什么时候？《圣经》告诉我们：发生在波斯王亚达薛西

---

① 《但以理书》9:25。

（Artaxerxes）在任的第七年①。那年他出其首"令"②，重建废城耶路撒冷。

另外两人为这条法令铺好了路——居鲁士与大流士——不过他们只与废弃神殿的重建相关。

公元前536年，居鲁士准许巴比伦内的犹太流放者返回耶路撒冷，重建神殿。

公元前520年，大流士重申居鲁士重建神殿的法令，并敦促法令的执行。公元前515年3月，神殿建成供奉。③

公元前520年左右，"河西的总督"达乃（Tattenai）（他的名字被记录在一块楔形文字泥板上）调查犹太神殿重建工程，那工程已开工16年。结果，他写信给大流士，要求他查阅波斯档案，看犹太人是否真的从居鲁士那儿获准重建神庙。

大流士详查后，复得居鲁士令旨备案④。然后他降下一道新旨，发布被请求信息⑤，确认居鲁士的命令⑥。

居鲁士、大流士和达乃都未提及重建耶路撒冷城，只说到重建神殿。尽管废弃的都城四周建起了个人居所，但没有留存证据显示耶路撒冷城区的重建是应居鲁士和大流士之令。晚至公元前519年，撒迦利亚（Zechariah）仍在梦中被允诺，将有城市重建的计划。

但耶路撒冷的完全重建是"遵着波斯王居鲁士、大流士、亚达薛西的旨"。⑦《圣经》作家以斯拉视第三个令为三令之首。

他用单数形式的"令旨"指代三份文件，表明了三个指令的统一性。我们的注意力于是被引向第三个令，没有它，前两个便不完整。

公元前457年，亚达薛西在任第七年，正是他此时下达的第三个令让耶路撒冷合法重生，恢复其法律裁判的完全自主权，包括死刑审判权。⑧

① 《以斯拉记》7:1、7、8。
② 节11-26。
③ 第6章, 13-18, 布莱特，《以色列史》，372页。
④ 《以斯拉记》6:1-5。
⑤ 节6-12。
⑥ 章4:1-12。
⑦ 《以斯拉记》6:14。
⑧ 《以斯拉记》7:24-26。

这第三个令使耶路撒冷重建为都城成为可能——预言若要成真，耶路撒冷重建为行政中心必不可少。

当预言谈及"重建耶路撒冷"的令时，它指的正是这第三个令。

如以斯拉所说，经过三条令旨——由居鲁士、大流士和亚达薛西一世下达——神的"命令"才被执行。[①]直至公元前 457 年来临，"神的命令"才完整了。

因此，就是从这个时候，但以理所说的 490 年开始了。

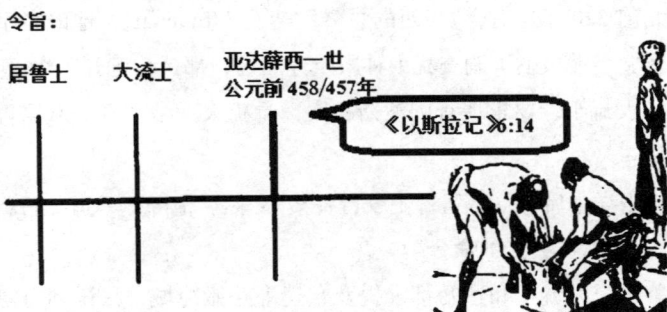

三条令旨

确认公元前 457 年这个时间

你会问，这个时间——公元前 457 年——能被确认吗？当然，现有四份历史文献能够将耶路撒冷重建指令的下达时间牢牢锁定在公元前 457 年：

- 希腊奥林匹亚年代
- 托勒密经典（Ptolemy's Canon）
- 象岛纸莎草纸文献（Elephantine Papyri）
- 巴比伦楔形文字泥板

例如，有一份写于公元前 465 年提市黎月（Tishri）[②]与公元前 464 年尼散月（Nisan）[③]之间的犹太象岛文献，其日期注明为"亚达薛西登基之年"。

---

① 《以斯拉记》，6:14。
② 译者注：犹太教历7月，犹太国历1月，为公历9、10月间。
③ 译者注：犹太教历1月，犹太国历7月，对应公历3、4月间。

四个年代证据都一致、无冲突地指出这一事实，亚达薛西一世在任的第七年是从公元前458年的尼散月（1月）至公元前457年的阿达尔月（Adar）（12月）。

亚达薛西在位第七年的第五个月，以斯拉到达巴勒斯坦，之后他开始执行重建耶路撒冷的令旨。在旧时的耶路撒冷，犹太历的一年始于春天也终于春天，其一年的第五个月是公历的7月中旬至9月中旬（具体时间取决于当年犹太历新年的日期）。亚达薛西在位第七年的第五个月也就是公元前457年的夏末或秋初。那个时间不久后，他的令旨即被执行。

那将是"艰难时候的重建"

"正在艰难的时候，耶路撒冷城连街带濠都必重新建造。"但以理预言如是说。

以斯拉记载，"宽阔处"①，即广阔空地，为先前屋所所在之处，和包围城市的"墙垣"②都被重建。

然而，重建者受到妨碍，他们的计划受挫，因为撒玛利亚人反对重建，他们雇请法律顾问对重建加以阻挠。在波斯首都苏珊城（Shushan）（苏萨Susa），尼希米收到一封报告，说他的犹太同胞"遭大难、受凌辱"，那新建的"耶路撒冷的城墙"被拆毁，城门"被火焚烧"。③

尼希米忧心忡忡，遂向亚达薛西寻求允许，他将去耶路撒冷，"重新建造它"④，即修复损毁。那位波斯王赐诏书⑤，准他去犹大，且给他做殿门的木料⑥。

《尼希米记》第3章，"修复"这个词被尼希米使用了33次！"当……我们的仇敌听见……（城墙）没有破裂处……他们却想害我。"⑦然而（尽管艰难重重），"城墙修完了，共修了52天"。⑧52天的修复工作。

---

① 《以斯拉记》10:9。
② 同上，9:9。
③ 《尼希米记》1:1-4。
④ 同上，2:5。
⑤ 第7节。
⑥ 第8节。
⑦ 《尼希米记》6:1、2。
⑧ 节15、16。

这次公元前 444 年的城墙建造并非预言中的新墙建筑，而是修复敌人损毁的城墙。确如但以理的预言，那些年被证明是"艰难的时候"。

重建将用"49 年"

但以理预言的耶路撒冷重建将都城与墙垣的建造都算在内，时间共为"7个七"（49 年）。

因此，这是但以理预言中的首个 7 个"七"。

```
      |   49 年   |
      |_____|

      |"7个七"|
```

巴勒斯坦的历史记录十分匮乏，我们因而无法找到独立证据表明耶路撒冷重建耗费的时间刚好为 49 年。

距弥赛亚出现还有"483 年"

然而，预言说"从出令重新建造耶路撒冷，直到有受膏君的时候，必有 7 个七和 62 个七"，这为我们提供给了那个更重要事件——弥赛亚出现——的具体时间。

*7 加 62 等于 69（个"七年"）（69 乘以 7 年）。

*69 乘以 7 等于 483。

如果这 483 年是从"出令重新建造耶路撒冷"开始，那我们将得出弥赛亚出现的确切年份。

我建议你们仔细核算一遍。《圣经》历史中，没有哪个时间比这个更为确定的了。

（这则预言的存在毫无疑问。公元前 283 年至公元前 180 年间，70 位犹太学者在亚历山大城将它译成希腊语，此译文在希腊语世界广为流传。）

但以理写下预言。以斯拉记下起始时间。之后是 400 年的沉寂——期间以色列与其他民族在等待。倒计时开始……

第二十四章

预言——惊人的预言应验！

"怎么啦？"

"哦，她刚发现婴儿是女孩。"

可是为什么要失望？在这章中，我们将明白原因……

* * * * * * *

还记得富有的克罗伊斯王拜访德尔斐神使的故事吗？他想知道是否应与波斯人开战。据历史学家希罗多德记载："聪明的神使告诉他，'跨过哈里斯河，克罗伊斯将摧毁一股强大势力'。"

克罗伊斯将那则预言理解成，他将摧毁波斯大军，所以他向波斯开战。但他战败了。他的确摧毁了一股强大的势力：他自己！

无论战况为何，那则预言都将成真。

那是通灵还是人类预言都不重要。我再说一次，它们都只是猜测。

但研究《圣经》预言，你将发现，它与人类预测的差别就如正午与子夜的区别。《圣经》预言不为自己留任何后路，因为它们从不含糊其词。

现在我们要进一步追踪的但以理预言是个清楚例证——它会促使我们发问，那位先知是怎么知道的？

距"受膏君"降临还有 483 年

"直到有受膏君的时候，必有 7 个七和 62 个七。"[1]

意思是，7 个"七年"（49 年）重建都城，随后 62 个"七年"（62 × 7 = 434 年）持续修复都城——直至弥赛亚到来！

犹太作者 J. J. 斯洛特基说，历时 434 年，耶路撒冷将被完全修复。[2]

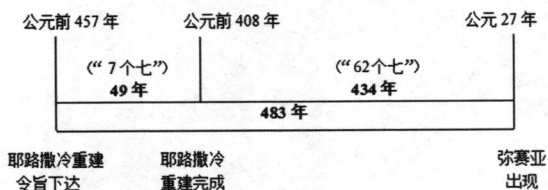

```
公元前 457 年        公元前 408 年              公元 27 年
        ┌──────────────┬──────────────────────┐
        │  （"7 个七"） │      （"62 个七"）     │
        │     49 年     │         434 年        │
        └──────────────┴──────────────────────┘
        └─────────────────── 483 年 ──────────────────┘

   耶路撒冷重建      耶路撒冷                      弥赛亚
   令旨下达         重建完成                      出现
```

如果重建耶路撒冷花费了 49 年，那重建结束的时间应为公元前 408 年。再减去 434 年，我们将得出弥赛亚降临的确切年份。

须记住，不存在公元前"0"年（没有公元零年）。因此，从公元前某年数到公元某年，要记得中间减掉 1 年。

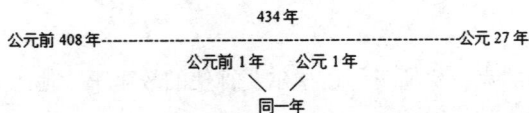

```
                            434 年
公元前 408 年-------------------------------------------公元 27 年
                   公元前 1 年   公元 1 年
                         \       /
                          同一年
```

这样，公元前 408 年后的 434 年就是公元 27 年。

这 434 年过后将迎来弥赛亚降临，弥赛亚意为"受膏"者。弥赛亚定会在那年现身。如果那年过去了，他还没有到来，那我们就可以说预言落空了。而那之后任何称自己是弥赛亚的人都不是允诺的救赎者！

逻辑十分清楚，你明白了吗？《情报报告》中，永恒的上帝为我们提供了坚实的平台，基于它我们可以树立强大信心。

那一年是否发生了那个重要事件？我们来看。

---

[1] 《但以理书》9:25，新美国标准版《圣经》。

[2] J. J. 斯洛特基，《但以理、以斯拉与尼希米》，7页。

期待

那时，犹大土地（以色列）在强大的罗马帝国掌控下。许多犹太人渴望摆脱罗马帝国的束缚。消息很快传至耶路撒冷，说城东约旦峡谷出现一位能言善辩的演讲家，他号召大家忏悔、受洗。大家称他为施洗约翰。他知晓但以理预言的时间。他的宣言引起轰动，"天国近了"[1]，即允诺的弥赛亚就要出现。

随着那个时间的临近，那些知道但以理预言时间的人都期待着弥赛亚的现身。路加记录："百姓指望基督来。"[2]

多个世纪以来，几乎每位犹太母亲都祈祷她的长子是弥赛亚。一种风俗因此形成，诞下男孩是件大喜事，但出生的若是女孩……她们便痛哭流涕。

可怜的女孩们！

几乎每份犹太文献，像《圣经》的七十士译本（于公元前 283 年至公元前 180 年期间创作）[3]以及《十二长老圣约》（*Testament of the Twelve Patriarchs*）（约于公元前 100 年创作）[4]，都把但以理预言的时间解释为弥赛亚降临的时间。

从第 25 节至第 27 节，七十士译本（LXX）将所有的"周"都解释为"年"（ete）及"倍数"（kairoi）。

实际上，无论是艾赛尼人（Essene）、希腊人、法利赛人（Pharisaic）还是犹太的狂热信徒，犹太教内对《但以理》9:24-27 最通常的解释都与弥赛亚相关，公元 70 年后也一直如此。[5]

希律王室成员知道弥赛亚现身的时日即将到来，而他们的理解是，希律王就是传说中的弥赛亚。[6]根据但以理预言，他们准确发现，那 490 年的结束时间正是在希律王的任期当中。

同样，库姆兰的艾赛尼派认为但以理预言指示的是弥赛亚降临的时间，

---

① 《马太福音》3:2。

② 《路加福音》3:15。

③ E.W. 亨斯登伯，《旧约基督论》再版；麦克迪尔 AFB FL，1973年，.2:824-825；C. 冯·伦格尔克，《但以理书》，1835年，410页。

④ 《利未圣约》，第14章至第16章。

⑤ 罗杰·T. 贝克威思，《〈但以理〉第9章与艾赛尼、希腊、法利赛、狂热教徒和早期基督徒的计算》，《库姆兰杂志》40，1981年，521页。

⑥ 伊皮法组，《伊拉那里昂》，《药库，反对各种异端学说》；特土良，《异端者的药方》。

这种解释在公元前 146 年就已存在。①

显然，犹太人的普遍看法是，救赎者此时已经出现。②

正是出于这个原因，犹太人派祭司与利未人找到施洗约翰，问他是否是弥赛亚。

尽管约翰说明，"我不是弥赛亚"③，但仍有许多人猜测，约翰"真是那要到世间来的先知"④。

施洗约翰一定了解但以理预言的时间，并基于它向人们号召："天国近了，你们应当悔改！"⑤

"预言的时间成真"

围绕约翰的众人里有位年近三十的年轻男子。他来到约翰跟前，接受约旦河水的洗礼。

从那时起，一连串公开声明接连出现。它们是要人们为三年半后的一件事做好准备。

第一条声明出自约翰，他见一位年轻男子走近，男子名叫耶稣："看哪，神的羔羊，除去世人罪孽的。"⑥如远古献祭系统象征的，这位年轻男子最终将"像羊羔被牵到宰杀之地"⑦，因他称自己是"神的儿子"⑧。

耶稣宣告开始公开事奉，"日期满了"⑨。他亲口宣告，但以理预言的时间在他开始布道时结束。

"我在此，"他宣告，"准时到来。"

去到约旦的一人因此报信给他的哥哥渔夫彼得，"我们遇见弥赛亚了……就是基督"⑩。英语的基督 Christ 对应的是希腊语 Christos，意为"受膏者"，也

---

① 贝克威思，525页。
② 见本书附录F。
③ 《约翰福音》1:19、20。
④ 同上，6:14, 7:40。
⑤ 《马太福音》3:2。
⑥ 《约翰福音》1:29。
⑦ 《以赛亚书》53:7。
⑧ 《约翰福音》19:7。
⑨ 《马可福音》1:15。
⑩ 《约翰福音》1:41。

对应希伯来语 Mashiach（弥赛亚 Messiah）。

不久以后，耶稣进入他故乡拿撒勒的会堂，宣布："主的灵在我身上，因为他用膏膏我。"[①]

六个事实指明这一年

这一年是什么时候？那不是随意猜想决定的。公元 1 世纪作家路加告诉我们，当"提比略·恺撒在位第十五年，本丢·彼拉多做犹大巡抚，希律做加利利分封的王，他兄弟腓力做以土利亚和特拉可尼地方分封的王，吕撒聂做亚比利尼分封的王，亚那和该亚法做大祭司"[②]，施洗约翰开始他的事奉。

请注意路加是位多么仔细的历史学家。他煞费苦心地提供了六条证据线索，好让我们确认那个时间。

曼彻斯特大学教授 F. F. 布鲁斯称赞路加历史的精确性：

> 一个人的精确性可以体现在我们能够检验他的精确性，更甚者，用来否定他的方法都不存在。精确是种思维习惯，我们从愉快（或不愉快）的经历中得知，一些人习惯精确性，而其他一些人总是依赖误差。路加的记录使他有资格被视为一名惯于精确的作者。[③]

多伦多麦克马斯特大学解释学教授克拉克·平诺克（Clark Pinnock）对此表示赞同：

> 古代世界没有哪份文献像它一样给出了一组如此出色的文本与历史证词，也没有哪份文献像它一样提供了如此多的杰出历史数据。我们能够根据它的记述得出明智的决定。诚实（的人）无法弃这样的历史文献不顾。[④]

为指明一个日期，路加列举了六个史实。就其可靠性，你可以检验，再检验。

---

① 《路加福音》14:18-22。

② 同上，3:1、2。

③ F. F. 布鲁斯，《新约文献：它们可靠吗？》，伦敦：校际出版社，1974年，90页，原文强调。

④ 乔希·麦克道尔，《复活因素》，加利福尼亚圣贝纳迪诺：这就是人生股份有限公司出版，1981年，9页。

提比略在位第 15 年

和罗马皇帝相关的历史资料很丰富，因而我们能肯定提比略在位第十五年的时间，那年即是公元 27 年。

提比略于公元 14 年 8 月 19 日登基。犹太新年始于公历 9 月至 10 月间（犹太术语称那天为提市黎月 1 日）。

从提市黎月 1 日（民用历新年）开始计算外族皇帝的在位时间是犹太人的习俗。

因此，在提市黎月 1 日（根据犹太人的计算，那在九十月间），提比略在位的短暂第一年（始于 8 月 19 日）结束，第二年开始。

此附图显示了提比略任期的前 15 年。

提比略在位的第 15 年始于公元 27 年九十月间。

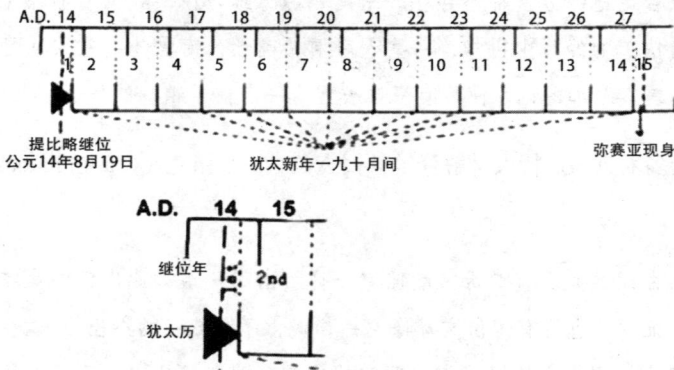

提比略皇帝

犹太新年（Rosh Hashanah）提市黎月 1 日是在 9 月或 10 月的新月之后。国王在位"初年"是从他登基的那天到之后的秋季新年。犹太和东地中海国家的神职人员一听到新皇帝继位的消息，就会开始编辑皇帝统治"初年"的日期文档。

因此，在巴勒斯坦，提比略统治的第二年始于公元 14 年九十月间的新年，虽然他在位时间还不到两个月。

甚至今天的一些东方国家，儿童在出生年就被算作一岁，随后的新年即被算作两岁，新年就在孩子出生的一两天后也是如此。有趣的是，考古学家发现许多提比略在位各年的巴勒斯坦钱币，但其中唯独缺少这位皇帝统治"初年"的钱币。提比略在位"初年"时间极短可以解释这种"初年"钱币缺失的现象。[①]

根据但以理预言，重建耶路撒冷指令下达后的 483 年，弥赛亚将现身。也就是公元 27 年。

而就在那一年，拿撒勒人耶稣出现了。他踏进约旦河，接受洗礼，开始他作为"受膏者"的约定任务。

耶稣受洗是在约翰开始讲道后不久。然后，从耶稣受洗到随后第一个逾越节（随后的三四月），他在荒野中行了 6 周，各处聚集门徒，还参加了一场婚宴。基于这些，我们能有把握地推论，他是在 27 岁受洗。69 个七（483 年）结束于弥赛亚公元 27 年浸洗受膏，这则预言被精准地实现。

我们可否推断，但以理 600 年前做出的预言在耶稣公开声明时如期实现了？

之前是怀疑论者的保罗此时似乎已相信预言实现了，他写道："及至时候满足，神就差遣他的儿子，为女子所生。"[②]

圣约 7 年盛行

但以理写下："一七之内，他必与许多人坚定盟约。"[③]

这个"七"是 70 个七的最后一个七，对犹太人而言具有特殊意义。

这段文字也可译成："一七之内，必证实盟约"或"一七之内，盟约必盛"。当然，"一七"指的是七年。

先知玛拉基称降临的弥赛亚为"立约的使者"。[④]

这是造物主与人类家族立下的永久仁慈之约（救赎的允诺），是他赐给亚当的承诺。

---

① 确定公元27年的另一种方法可见威廉·A.斯派塞，《历史中的上帝之手》，华盛顿特区：评论与先驱出版协会，62—63页、69—70页。

② 《加拉太书》4:4。

③ 《但以理书》9:27。

④ 《玛拉基书》3:1。

通过这七年，誓约将被永远确认、巩固。它将劝服但以理的"许多"族人，即"许多"犹太人。

圣约将在弥赛亚对以色列的事奉中胜利——他的事奉将显现耐心与宽恕的爱，独一无二。

对此段文字的错误解释称，某个邪恶角色将与犹太人"结"盟，而后反悔。不过，此处的希伯来原文从不译作"结下"，而是通常被译作"盛行"。没人要"结"盟。[①]

耶稣·基督公开来到以色列共有 $3\frac{1}{2}$ 年。

耶稣公开事奉期间——从公元 27 年九十月间受洗到公元 31 年死亡——共经历了四个一年一次的逾越节。[②]

耶稣受洗至第一个逾越节……$\frac{1}{2}$年

至第二个逾越节 ……1年

至第三个逾越节 ……1年

至第四个逾越节 ……1年

——————————

总共$3\frac{1}{2}$年

他用他的生命和训诫坚定了盟约。

然后，就在他死之前，他举起杯酒，对门徒说："因为这是我立约的血，为多人流出来，使罪得赦。"[③]

显然，那晚他记起了但以理的预言，"他必与许多人坚定盟约"[④]。

为了有效地坚定盟约，他需要死亡。

这 $3\frac{1}{2}$ 年——及他死后的第二个 $3\frac{1}{2}$ 年——必定是针对与犹太人坚定盟约（即但以理预言的"你的人民"）。结果是许多犹太人承认耶稣是弥赛亚。

《新约》的著者做证，耶稣死在十字架上后，在又一个 $3\frac{1}{2}$ 年中，盟约又被向犹太族确认。

耶稣受难后的七周，五旬节上，犹太人彼得号召他的同胞回心转意，接

——————————

① 见本书附录G。

② 《约翰福音》2:13、5:1、6:4、13:1。

③ 《马太福音》26:28，《圣经》修订标准版。

④ 《但以理书》9:27。

受宽恕。"因为这应许是给你们和你们的儿女。"他说。①

彼得就是在弥赛亚受难的城市做证。证据就在人们的眼皮底下。在那时，3000 个犹太人接受盟约。不久后，又有 5000 名男女老少加入。保罗也做证，说"神预先所立的约"②。

70 个七（490 年）

69 个七（483 年）		1 个七（7 年）
耶路撒冷重建 7 个七（49 年）	62 个七（434 年）	第 70 个七

亚达薛西　　　　　　　　　　　　　弥塞亚　　　　　　　　犹太时期
令旨　　　　　　　　　　　　　　　出现　　　　　　　　　　结束

这最高的爱是多么令人信服，这神的呼吁是如此吸引人。纵使遭到拒绝，纵使受难，神依旧分享他的承诺，（如路加记述）"神的道兴旺起来。在耶路撒冷门徒数目加增的甚多，也有许多祭司信从了这道"③。

另一位新约作者马可说，门徒去以色列公开布道，称他们的主"证实所传的道"④。

此外，保罗写信给他的犹太族人："我们若忽略这么大的救恩，怎能逃罪呢？这救恩起先是主亲自讲的，后来是听见的人给我们证实了。"⑤

明白了吗？门徒的事奉本质上是耶稣亲身事奉的延续。

弥赛亚便是这样在一七之内（7 年内）与许多人（即犹太人）"坚定盟约"。

耶稣"弥赛亚"与"人子"的身份

许多人心目中的弥赛亚是这样的形象，他将以暴力推翻罗马政府，带来一个黄金时代。有关弥赛亚的想象是民族主义的、摧毁性的、报复性的。

而那正是耶稣最不愿做的。倘若他那样做了，他来此的使命便会受到阻挠。因此，他告知信徒，不要公开说他是弥赛亚。

之后，他突然"教训他们说，人子必须受许多的苦"⑥，即是说他扮演的角

---

① 《使徒行传》2:38、39。

② 《加拉太书》。

③ 《使徒行纪》6:7。

④ 《马可福音》16:20。

⑤ 《希伯来书》2:3。

⑥ 《马可福音》8:31。

色本质上是无辜的受难者。"你们的弥赛亚是征服者,"他告诉众门徒,"神的弥赛亚是仆人。"

虽然耶稣接受犹太人的弥赛亚信仰,但他将弥赛亚解释为《以赛亚书》第53章中的受难仆人角色。他明白前方将发生什么,且将尽最大努力让他的门徒为那做好准备。

比起"弥赛亚",他更喜欢称自己为"人子"。那是他最喜爱的头衔;那名号将他与人类等同。

然而,在他事奉结束之际,当不得不面对大祭司的审讯时,他被直白地问道:"你是弥赛亚吗?"他回答:"我是。"

显然,耶稣允许他是因承认自己弥赛亚的身份被判死罪。

虽然当时人们误解了"弥赛亚"的含义,但耶稣并没有为了自保而否认这个名衔。他自愿走上一条通向死亡的路。

$3\frac{1}{2}$ 年后:惨死

"过了62个七,"但以理预言希伯来原文说,"那受膏者必被剪除。"[1]即是说,预言中完整的62个七之后,弥赛亚必死。换句话说,弥赛亚必在第70个七死亡。

这段文字没有告诉我们之后是多久之后。我们需要一个明确措辞来确定事件的时间。我们很快会看到,预言在下节诗中给出了确定的时间。

"剪除"这个词暗示弥赛亚将是非正常的死亡;他将被谋杀!

```
<7个七>| <------ 62个七--------> <-------- 1个七------->

                                          第70个七

              69个七

                                       "弥赛亚被剪除"

<-------------------483年----------------> <----------7年-------->
```

先知以赛亚也用了类似的词描述降临的弥赛亚。他将"被鄙视,被厌弃""受责罚""受害""压伤""因受欺压和审判,他被夺去",以及"从活人之地被剪除"。[2]

---

① 《但以理书》9:26。

② 《以赛亚书》53:3-8。

大多数犹太学者将其理解为对弥赛亚的预言。[①]

但以理预言弥赛亚必将死亡,"但不为他自己"。[②]确实,他将不为自己的罪名而死,而是为众生赴亡;那将是代替人类死亡。

"……一无所有。"[③]——没有人民、没有土地、没有赞誉、没有王国、没有信徒。他必被剥夺一切。

耶稣确实是独自受难,甚至不着衣物。

使献祭终止

"一七之半,他必使祭祀与供献止息。"

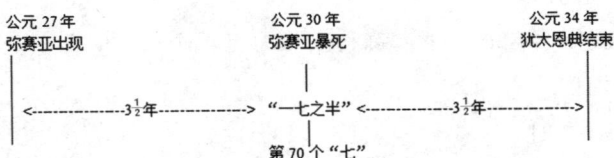

```
公元 27 年            公元 30 年              公元 34 年
弥赛亚出现            弥赛亚暴死              犹太恩典结束

|<----3½年---->| "一七之半" |<----3½年---->|

                  第 70 个 "七"
```

这是但以理预言的最后一个"七"。从弥赛亚出现到死亡,时间为半个七,或 $3\frac{1}{2}$ 年。使徒约翰记述了耶稣参加过一年一度的逾越节,为耶稣从受洗到受难为三年半时间提供了证据。

第四个逾越节是在公元 31 年春——正是他公开露面的 $3\frac{1}{2}$ 年后——正如天使加百列向先知但以理指示的那样。

我同意默文·马克斯韦尔(Mervyn Maxwell)的说法[④]:"如果加百列不是天使,而是运动员,那我们必须站起来为他欢呼!"

"……他必使祭祀与供献止息。"

弥赛亚如何令祭祀体系终结?他为什么要那么做?想知道吗?

前些章提到,一千年来,地球人类都在焦急地等待一位弥赛亚降临。与此同时,他们献上无辜动物的头,代替他们的罪行,以示忏悔。

而今,但以理告知,弥赛亚将被"剪除"——他将惨死——"但不为他自己"。

---

① 见本书附录F。

② 《但以理书》9:26。

③ 《但以理书》9:26,《圣经》修订标准版;此表达也见《圣经》钦定本旁注。

④ 默文·马克斯韦尔,《神必看顾》,卷1,加利福尼亚州山景城:太平洋出版社,1981年。

这是否意味着，弥赛亚将为人类的罪行替代牺牲？

通过他的死，弥赛亚将消除未来祭祀的必要性？是否在神圣计划中？耶稣的死是终结所有牺牲的牺牲？

犹太领导层——犹太公会——一位前成员相信这点！保罗写到，耶稣"以自己的身体"受难废止了动物"肉体"的献祭。①

按照援救计划，他的牺牲永远终止了所有献祭的意义。

不可辩驳的证据

《旧约》预言不只确认了那场事件发生的历史年份，还指明了月、日、时。

年：公元 31 年

月：亚笔月（Abib）（格里高利历②3 月至 4 月）

日：14 日

时：下午 3 时

在我写的 600 页《约柜》一书中，你可以看到有关此事和其他预言的众多证据及它们如何被一一应验。③

存在于公元 95 年至 110 年的犹太巴比伦公会做证：

> 逾越节前夜，他们绞死（拿撒勒人）耶稣……他行巫术，骗以色列，引它向歧途……但他们发现他的抗辩无可取，逾越节前夜处他以绞刑。④

这事肯定发生了。而且耶稣·基督受难的时间正是应验了预言中的时间，他的死成为世界史的关键点，正如他的出生是世界纪年的中心时刻。

《但以理书》第 9 章的预言是不可辩驳的证词，是不可置否的数学证据，那之中耶稣·基督道出了他的真实身份。耶稣自己也时常诉诸先知，以证明他是谁。

这绝非偶然。即便只考虑无数相关因素中的一小部分，此种机缘巧合在

---

① 《以弗所书》2:13-15，比照《希伯来书》9:8-10。

② 译者注：公历、西历或阳历。

③ http://www.beforeus.com/shopcart_ebooks.html 。

④ 巴比伦公会43a——"逾越节前夕"。

数学概率上也是不可能的。

此处若没有任何超人类的力量与计算——没有自人类世界伊始就知晓一切结局的强大智慧存在，可能吗？

历史上再无第二人应验了这一预言，如亚当·克拉克（Adam Clarke）所说：

> 整则预言，从各个时间到对应事件，都被逐字逐句应验。[1]

---

[1] 《克拉克评注》。

第二十五章

抄袭者——世界，当心！他要来了

但以理的预言注定会蔓延开来。这不可避免！

巴比伦人于公元前 586 年摧毁耶路撒冷后，犹太族被迫分散至世界各地。犹太先知但以理当过巴比伦帝国与波斯帝国的宰相。

但以理对弥赛亚降临的预言引来众人瞩目。

但以理预言对波斯宗教的影响

波斯王大流士一世统治期间，神秘主义者琐罗亚斯德是但以理的属下。他精通犹太人的圣书。见到伟大、善良、明智的但以理在帝国获得如此高的地位与身份，琐罗亚斯德开始狡诈地吸取但以理宗教的许多特征，甚至抄袭其部分预言。

著名东方学家 E.A. 戈登（E. A. Gordon）说，传说琐罗亚斯德还向另一位希伯来流放先知耶利米讨教过。

结果，但以理的教导重现于琐罗亚斯德的教义中：一位至高的神、弥赛亚降临、天使向人类显形①——还有末日死者复活与全人类审判。

琐罗亚斯德创作的系列"圣"书中，即《亚伯拉罕书》（*The Book of Abraham*）中，我们可发现净肉与不净肉的教规，这与较之早 900 年摩西被告

① 乔治·罗林森，《古东方七大王朝》，卷3，纽约：洛弗尔与康奈尔公司，1875年，546页。

知的戒律相同。《亚伯拉罕书》还提及缴什一税的指令，当众任命大祭司，约瑟、摩西和所罗门的故事，这些都与《旧约圣经》的记述相同。如同希伯来人，琐罗亚斯德也憎恶偶像崇拜。

这些观念都与他的太阳神（密特拉）崇拜及火崇拜混杂一起。自那之后的 600 年间，密特拉教成为波斯人及波斯帝国的国教。

此宗教虽然反基督，但很快就开始宣扬密特拉是中保，说他为保卫信徒造访地球，说他升天，说他创始浸礼式，说他将第二次到来，最终恢复所有秩序，并重置永恒公正统治——这些都与《圣经》的阐述一模一样。[①]

但以理预言对全亚洲宗教的影响

不仅限于波斯，犹太教的影响还遍及其他国家。驾着大篷车，犹太人旅行至印度甚至中国西藏。沿途，他们的书、教义还有弥赛亚降临预言在全亚洲人民中传播开来。

事实上，地球上很难找到一个犹太人从未定居过的地方。[②]

"公元前 5 世纪（或公元前 595 年至公元前 574 年），以西结有一段精彩叙述。他提及当时提尔城的大篷车驶向世界各地，而孔子、老子、乔达摩佛陀和毕达哥拉斯等人都从中受益了。"[③]

惊人且重要的是，犹太先知但以理死后的 100 年内，琐罗亚斯德教开始在波斯兴盛，佛教开始在印度崛起，儒家思想开始在中国出现。

它们正是于但以理预言在全世界撒下令人振奋的种子不久后出现的。

流放的犹太人因但以理的预言涌起极高热忱。但以理透露，降临的弥赛亚将是受难中保，将为人类的错行遭受死刑。[④]

---

① 本杰明·G·威尔金森，《真理凯旋》，亚利桑那州佩森：秋之叶图书有限公司，1988 年，132 页。

② M. 拉贝、埃瓦里斯特·里古斯·赫克，《基督教在中国、鞑靼和西藏》，伦敦：朗文、布朗、格林、朗文与罗伯特出版，1857 年，卷 1，2—3 页。

③ E.A.戈登夫人，《"世界疗愈者"，或莲花福音、菩提萨锤与早期基督教比较》，伦敦：尤金·L. 莫里斯出版，1912 年，41 页，450 页。

④ 《但以理书》9:24-26、7:27。

对佛教的影响

但以理的著名预言不仅被琐罗亚斯德占去。有证据表明，波斯与印度的密切往来使得琐罗亚斯德教为印度人知晓。

欧内斯特·德·本生（Ernest de Bunsen）告诉我们："乔达摩（佛陀）与印度教信徒都熟知琐罗亚斯德教义，但他们对民众隐瞒了此知识。"①

而且，"佛教改革是基于琐罗亚斯德教义"②。

在佛陀之前，即大约公元前 500 年以前，印度都是在婆罗门教（Brahmans）的统治下。佛教把对众多神祇的偶像崇拜改革成对佛陀自身的崇拜。佛教教义充满对出现时间更早的《旧约》宗教仪式与训诫的模仿。

佛陀（公元前 500 年）是否知道预言了弥赛亚出现时间的但以理预言？他显然知道，因为他说过：

> 佛灭五百年后有大智慧者出，说法诸佛源泉（伟大父亲）。他到来，请信他，必获无量福德！③

对儒学的影响

这股犹太影响浪潮继续前行至中国。如前所述，古以色列人还进入了中国。许多人在军中担任要职，还有一些人成为大臣、刺史和学士。④

据说，孔子知道犹太教内刚发生的重大革变，且从中受益。他将犹太教、琐罗亚斯德教及佛教引入他新创的道德礼法中。他教导一神统众（《旧约》中该教义的历史此时已有数世纪之久），这即刻赢得了民众青睐。

孔子说："'西方之人，有圣者焉'⑤，他将令中国重拾遗落的三王真知。"⑥

犹太人的影响就是来自位于西方的中东。

---

① 欧内斯特·德·本生，《佛弟子、艾赛尼派与基督徒的天使弥赛亚》，10页。

② 同上，80页。

③ E.A.戈登夫人，《"世界疗愈者"，或莲花福音、菩提萨锤与早期基督教比较》，伦敦：尤金·L.莫里斯出版，1912年，31页、32页、229页。

④ 同上，54页。

⑤ 译者注：出自《列子》。

⑥ 同上，27页。

公元 1 世纪历史学家塔西佗和苏埃托尼乌斯见证了当时众人对弥赛亚到来的期盼。罗马人相信这位弥赛亚将生于犹大（巴勒斯坦）。

那时，许多异邦人（非犹太民族）期待某位伟大的地球之王生于犹大。[①]

有记录表明，耶稣·基督大约就是在此时出现，然后基督教迅速传遍全球。

印度教的革命：克利须那神

基督教的影响也在另一块土地上显现。在印度，这股力量征服了当地人民的心智。年复一年，岁复一岁，它取得了惊人的成功。耶稣降生为人的故事赢得了各地民众的心。

1 世纪，即基督教被引入印度的时候，周游各处频繁且简单。如一位权威人士记述的，"每年，120 艘大船从埃及驶向印度"[②]。

随后的多个世纪中，无数基督徒经由波斯、美索不达米亚涌入印度。波斯人和叙利亚人妥善保存了基督教在东方的详细历史。此外，写于公元 2—4 世纪的西方权威文献也可为该段历史提供有力证明。基督教传遍整个印度，在印度的影响力越来越强。

（有趣的是，马可·波罗之后将做证，在他的时代，印度腹地有六个王国和六位国王，其中三位国王为基督徒，其余三位是回教教徒。"六位国王中最伟大的，"他说，"是个基督徒。"[③]）

所以，耶稣的消息传至印度绝不是无关紧要的小事。

公元 600 年，婆罗门惊醒。他们意识到，新的真理会夺走他们手中的权力。他们想最好用个办法永远终结这场危机。

他们是这样做的。放大塞米勒米斯的谎言！他们意识到必须完成三件事：

（1）必须在他们的宗教里也创造一个化身为人的神。

（2）必须给这个假基督取个类似基督的名字，让他的人生发生相似事件，让他进行相似教导。

（3）必须用印度天文学安排时间，将这位伪神的出生时代抛回从前，让他的生平早于耶稣·基督的时代。

---

① 塔西佗，《历史》，第13节；苏埃托尼乌斯，《维斯帕先》，第4章。

② 米加纳，《早期基督教传播》，《约翰·赖兰图书馆学报》，卷10，90页。

③ 尤尔，《马可·波罗行记》，卷2，427页。

这时，婆罗门教中已经许多神，因而从中挑选一位名字发音与基督相近的并不难。

最后，他们敲定用克利须那神（Krishna）。

挑选完毕，他们便开始编造文献，教导众人新思想。

诡计被拆穿

1200年来，这个诡计都未被侦破。但克利须那与基督的相似性早为人注意，基督与克利须那出生与生平的相似性也早被察觉。[①]

印度祭司称，克利须那转世为人比基督早600年。他们喜欢标榜《新约》是仿冒印度史诗。

1825年，明察秋毫的英国人约翰·本特利（John Bentley）解开了这个谜团。他从印度婆罗门教获悉克利须那的星盘。婆罗门说，克利须那生于3月25日子夜。本特利还得知他出生那一刻的太阳、月亮及五行星在天空的位置。

十分擅长天文数学的本特利最后得以证明，克利须那出生的最早日期只可追寻至公元600年8月7日。

研究印度教的学者之后注意到本特利的发现值得思索。

"基督"一词源于"克利须那"？

人们很容易（表面上也似乎有理）赞同基督的名字是抄袭克利须那，因为克利须那出现的时间较耶稣早。

然而，那是个糟糕的论据。

二者的相似性只是表面上的。印度教60万个神祇中，这个克利须那的确与英文单词基督有些相似。不过，别搞错了。这两个名字的来源完全不同。

Krishna 意为"吸引万物"。而 Christ 源自希腊语 Christos（意为"受膏"），Christos 又是来自 Chrio（涂抹油，暗指"受膏"），是希伯来语 Mashiyach 的译文（"受膏"，常指圣人，特指弥赛亚）。

早在公元前6世纪，《圣经·但以理书》就用了 Mashiyach 一词表示降临的基督。记录耶稣·基督生平的《新约》是用1世纪通用语希腊语出版，目

---

① 亨利·哈特·米尔曼，《基督教历史》，伦敦：约翰·默里出版，1867年，卷1, 94页，注释。

对应希腊词 Christ。

因此，Christ 一词根本不是借自印度教的 Krishna！它是希伯来文
Mashiyach 的直译。《圣经》早在公元前 6 世纪就使用了 Mashiyach 一词。

"克利须那"源自宁录

克利须那又是源自哪？竟源自巴别那狡猾的塞米勒米斯王后！克利须那
神话不过是宁录故事的印度版本。我们在第八章看到，宁录是含的后代，他
外貌黝黑。提婆吉（Devaki）怀中的婴孩克利须那也是相貌黝黑，正如宁录。
他被称为黑天[1]，头发卷如羊毛，样貌如黑人。

婴儿克利须那（黑天）在提婆吉女神怀中，他头发卷如羊毛，样貌如黑人[2]

如同塔木兹（宁录），克利须那的死每年受到很多人哀悼。[3]

由此我们便可知晓克利须那的真实身份——宁录。

而且，如前所述，"宁录是救世主"的传说是抄袭人类历史之初即已存在

---

① 译者注："克利须那"梵文意思即为黑色。
② 穆尔，图59。
③ 波科克，《印度在希腊》，300页。

的一则预言，救赎者降临的预言。

这就是为什么克利须那的神话与人类父母被告知的拯救者预言竟如此相似。

克利须那在画中的形象是脚踩蛇头。[①]在一座现存最古老的印度寺塔内，两座克利须那塑像的形象便是如此。

还记得公元前 4000 年的原始预言对"蛇"的描述吗："他要伤你的头，你要伤他的脚跟。"[②]

而在克利须那神话中，他摧毁蛇后，因脚上中箭而亡。

耶稣受难是"抄袭"克利须那？

一些作者顺势（引用同样不知情的人的话）说："克利须那也有类似基督的受难传说。"他们用百科全书及其他资料做幌子，并引证印度的受难神形象——其中一些就是克利须那。

那样的形象存在吗？当然存在。但那并不令人惊讶，如马丁·帕尔默（Martin Palmer）在《耶稣箴言》（TheJesus Sutras）中说的，早期基督教传教士早在 1 世纪就到达印度与中国，而另一次传教浪潮出现在 5 世纪至 7 世纪。

抄袭论与许多相关学术研究结果相悖——不只是"百科全书"——且事与愿违。

例如，有人称，爱德华·穆尔的《印度众神》（Hindu Pantheon）一书中展示了手脚有印记的克利须那（奎师那 Crishna）画像。然而，穆尔本人都说那些画像的主人公是毗湿奴与吉祥天女（Lacshmi），而非克利须那。[③]

这足以让你见识现今那些抄袭论者的学术水平。

而且，完全没有证据表明，穆尔注释的任何一幅画是"时间早于基督教的受难克利须那"。事实上，穆尔的作画时间不过是两百多年前。

实际上，被鼓吹成是克利须那的一幅画[④]显然是欧式画风，它展现的是受

---

① 科尔曼，《印度神话》，插图7, 34页。

② 《创世纪》3:15。

③ 爱德华·穆尔，《印度众神》，加兰出版有限公司，再版，1984年，伯顿·费尔德曼作序，印图 11, 图4、5, 图6、7。

④ 穆尔书中印图98。

难耶稣!

抄袭论者的想象力太过丰富。将抄袭论者说的那幅画与表现克利须那和其他印度神祇的画做比较，无须艺术专业出身，我们就能看出当中巨大的风格差异。

不存在受难印度神

罗格斯大学印度教教授埃德温·布赖恩特（Edwin Bryant）博士得出结论。他说，印度没有受难神。

明白了？甚至在一份1994年的怀疑论刊物中，作者本人也承认了这点。斯蒂夫·范·埃克（Stephen van Eck）发表了一篇题为《野兔耶稣》（*Hare Jesus*）的文章。在对比犹太-基督教与印度教一些思想后，他写下了这段重要的话：

> 然而，公平地说，一个传说的相似点须受到怀疑。怀疑论者有时引用克雷西·格雷夫（Kersey Graves）的《十六受难救世主》（*Sixteen Crucified Saviors*）或戈弗雷·希金斯（Godfrey Higgin）的《解密》（*Anacalypsis*）（格雷夫所引用的），坚称克利须那是一位受难神。但《薄伽梵歌》（*Gita*）[①]或任何公认的印度教经典都未有此种记述。鉴于印度教显著的融合传统，我们可以有把握地假定，克利须那受难的各种奇怪传说都是在基督教开始传教后才出现，是对基督教故事的模仿。它并非真正的印度教传说，印度教也不是基督教耶稣受难的源头。其他许多救世主降生传说也是如此。在我看来，希金斯与格雷夫的作品都是极不可靠的资料，应被无视。[②]

怀疑论者将发现许多像格雷夫和希金斯这样的作者——他们的文章得不到严格的学术研究支持。但怀疑论者说那些作品很权威，将它们掩藏起来是阴谋。这难道不有趣吗？

真的！这种多疑症有药可以治！

---

① 译者注：意为主黑天（克利须那）之歌。

② 原文强调。

我能以一个朋友的身份劝告你吗？我和你应警惕，别让自己被"看上去有道理"但心怀阴谋的怀疑论者给骗了。那些人不关心你我的死活，也不在乎真理。他们的目的是将他们反叛的生活方式正当化。他们的许多文章是何等草率不堪！若相信他们的研究，我们最终会和他们一起堕落。如果我们怀疑他们攻击的所有东西，那到头来我们的头脑会混乱不堪。

区别冒牌货与真品

克利须那比真基督还"真实"？可笑，不是吗？真品被唾弃，冒牌货却被接受。

你知道吗，在一次查理·卓别林模仿赛上，查理·卓别林自己只获得了三等奖。冠亚军得主竟被认为比真卓别林还"真"！

上周，经过超市付款台时，我递给收银员一张100美元。但收下前，她对着光将纸币折起，寻找隐藏的水印。

她为什么那么做？因为有100美元假钞在流通。

你听说过90美元的假钞吗？当然没有！造假者只会仿冒真实存在的东西。

表面上，假钱与真钱很相像，容易引人上当。但我100美元上的水印可以证明它是真的。想区别真假钞就找水印。

想区分真基督与冒牌货，也有一些水印可寻，其中一个就是预言的精准应验。只有耶稣应验了救赎者的预言……就连他的名字也如此。我们将要看到……

第二十六章

救世主的姓名早已被知晓？——他的名字被预言？

亚历山大大帝曾得知，他军中有个士兵也叫亚历山大。但那个士兵在战场上是个懦夫，在军营里是个小偷。

亚历山大召来士兵亚历山大。

"你叫亚历山大？"

"是的，阁下。"

"你在军队里声名败坏？"

士兵亚历山大承认那是事实。

"从这出去，"国王命令，"要么修正你的品行，要么换掉你的名字。"

可见名字有多重要！对我的网友布赖恩（Brian）而言同样如此。

《旧约》从未提及耶稣？

布赖恩发邮件问我："如果耶稣是预言中的弥赛亚，那为什么没有一则预言提及他的名字？"

没有提及？你在说什么？

记住《旧约》是用希伯来文写成的，这点会有帮助。希伯来语的耶稣是耶书亚 Yeshua（Y'shua），或 Yashua。

而《新约》是用希腊文写成。希腊语中，Yeshua 被译成 Iesous。然后在英语中变成了 Jesus。不过，在耶稣生活的以色列土地上，他的家人称他为耶书亚 Yeshua。

我们应牢记，古时候，一个人名字的意义尤为重要。例如，《圣经》的拉麦给他的儿子取名为挪亚（意为安慰），说"这个儿子必……安慰我们"[1]。希伯给他的长子取名为法勒（意为分），"因为那时人就分地居住"。[2]

族长雅各被改名为以色列，意为"天主的宠臣"，表示品行转变。

而当天使对玛利亚的丈夫约瑟说，玛利亚将怀上耶稣，约瑟实际是这样理解的：

> 她将要生一个儿子，你要给他起名叫拯救（耶书亚——它们为同一个词），因他要将自己的百姓从罪恶里救出来。[3]

因此，这个婴儿的希伯来名字为耶书亚。此名字意义重大——因为它指出了名字主人被预言的角色。

《旧约》每次使用拯救这个词（尤其是带有我的、你的或他的希伯来文后缀）时，鲜有例外地（当这个词是非人称代词时），都是用同一个希伯来词耶书亚，用于指示《新约》中的耶稣。

犹太学者的挑战

亚瑟·格拉斯(Arthur Glass)是个犹太人，他相信耶书亚就是允诺的弥赛亚。格拉斯生活在美国。

一个春天，在圣路易斯，他与一个朋友在两人共同朋友的家中碰面。谈话内容渐渐引向耶书亚（耶稣）。

另一个犹太人向亚瑟·格拉斯发出严峻挑战：

"如果耶书亚是我们的弥赛亚，且《旧约》的全部内容都是关于他的，那为什么他的名字一次都未出现？"

"但耶书亚就是我们的弥赛亚。"亚瑟回答。

"一派胡言。我是名希伯来学者。告诉你，《旧约》里找不到耶书亚这个名字。"

亚瑟停顿了一下，然后弯下腰，打开公文包，取出他的《希伯来圣经》。

---

① 《创世纪》5:29。

② 同上，10:25。

③ 译者注：原文注为《路加福音》1:31，此出处有误。此段文字实出自《马太福音》1:21。

"我的朋友，"他说，"你能将《以赛亚书》62:11 译成英文吗？"

犹太学者照做了，轻而易举。他翻得又快又准确。这是他的译文，一字不差：

> 看哪，耶和华曾宣告到地极，对锡安的女子说：你的耶书亚来到，他的赏赐在他那里；他的报应在他面前。

他立刻脸红，意识到了自己刚才做了什么。他大叫："不！不！格拉斯先生，你让我念成了'你的耶书亚'！你骗我上当！"

"不，我没有骗你，"格拉斯答道，"我只是让你亲口读出上帝的话。这儿的拯救是指一个人，而不是指一样东西或一件事，难道你不明白？他来到，他的赏赐在他那里，他的报应在他之前。"

另一个人急忙打开他的《旧约》，一边还发疯似的说："我的这本肯定和你的不一样。"

他找到那段，看了个遍，然后变得像个泄掉的皮球。他的《希伯来圣经》当然是一模一样。

从《创世纪》到《哈巴谷书》，耶书亚（耶稣）在《旧约》里共出现 100 次左右！没错，告诉少女玛利亚将诞下儿子的消息时，天使加百列用的正是这个词——用的正是这个名字。

这就是《希伯来圣经》中的耶书亚：预言中的拯救者被称为耶书亚。

יְשׁוּעַ

《圣经·哈巴谷书》中，原希伯来文译文如下：

> 你出来要拯救（原文为 Yesha，Yeshua 的变形）你的百姓，拯

救你的弥赛亚（你的受膏者），打破恶人家长的头（撒旦）。①

现在知道了！……拯救者必伤撒旦的头……他在《新约》中的名字正是耶书亚·弥赛亚，也就是耶稣·基督！（基督＝弥赛亚或受膏者）。事实上，就连犹太祈祷书都写着：

> 我们今日听闻的羊角（公羊角）号声，愿你的意志织进你的挂毯，耶书亚，你存在的王，万能的王。愿你收到我们的祈祷，赐我们你的怜悯。②

嗯？犹太祈祷书？创作祈祷文的智者为何知道弥赛亚的名字是耶书亚（耶稣）——如上述新年《祈祷文》（Mahsor）中的？答案是他们知道《圣经》中有关弥赛亚的教导。

其他人也知道降临者的名字

在我们被教给的众多流行谬论中，有一条是英国德鲁伊教为实行人祭的异教。这是他们的罗马敌人有意散布的谣言，目的是为诽谤一个无法被胁迫，亦不能被征服的温雅民族。

在基督诞生前，德鲁伊大学是世界上最大的大学，这令你惊讶吗？但确实如此，其规模与出勤人数在当时都是世界之最。当时的历史记录列有 60 所大型大学，平均出勤学生超过 6 万人。③此事实也有希腊与罗马证据支持。有记录表明，罗马及其他民族的贵族或富裕家庭将孩子送去英国学习法律、科学与宗教。

宗教正直

著名考古学家弗林德斯·皮特里爵士（Sir Flinders Petrie）检查了巨石阵祭坛周边及地下后，完全推翻了对德鲁伊教的人祭指控。他只发现绵羊与山羊的化石骨，这反而确定了德鲁伊教与族长统治的希伯来信仰有着密切关系。

---

① 《哈巴谷书》3:13。

② 《新年祈祷文》，A. Th. 菲利普斯译，增订本，100页，希伯来出版公司。

③ 吉尔达斯，《科顿图书馆手稿》；也见摩根，《英国历史》，62—65页。

名为休·加达（Hu Gadam）①的人创建了德鲁伊教，他将教派信仰命名为德鲁伊（Druid）。有人说"Druid"源于凯尔特语"Dreus"，意为"橡树"，且源于他们在岛上对野橡树林膜拜的传统"。然而，"Druid"一词更可能是源自"Druthin"，意为"真理的仆人"。事实上，德鲁伊教的箴言即是"真理对抗世界"。

德鲁伊等候弥赛亚

德鲁伊教三句格言（Druid Triads）强调了一位全知全能的神，弥赛亚降临与他的死而复生。他们相信这位降临者将牺牲自己的性命，为众人赎罪。

他们盼望一位"能疗愈所有疾病的人"到来，其象征为槲寄生——与以色列先知说的到临的"枝子"相同。

基督教早期，名为塔利辛（Taliesin）的大德鲁伊说了下面这段话，印证了德鲁伊教与基督教的关系：

> 基督，这初始既有的词，先师从一开始就教导，我们永远不会遗失他的训诫。基督教在亚洲还是个新事物，但不列颠的德鲁伊无时不刻不保有它的教义。②

现在有研究表明，德鲁伊教与波斯的智者同时发现了星空图预言。那则预言宣告，一位众人期盼已久的降临者将照亮世界——《圣经》一则预言说，那颗"星"将"出于雅各"③。

现在——你准备好了吗？——有个更惊人的发现：德鲁伊教不仅知道弥赛亚降临的信息，他们还知道他的名字——早在耶稣·基督出现前几百年！每个英国人都对那个名字耳熟能详，这令神学学生震惊。

他们知道将临者的名字

且听我说……

古凯尔特三句格言有此记述：

---

① 大能的休。

② 弗雷德里克·哈伯曼，《追溯我们的先祖》，88页。

③ 《民数记》24:17。

我们上帝是一。

抬起头，哦，门，

被升起，那永恒之门，

荣耀的王将进入它。

谁是荣耀的王？上主伊稣（Yesu）；

他就是荣耀的王。①

这够明白易懂了。德鲁伊祭司在公元前几百年便已知晓"伊稣"（"耶稣"）这个名字。"伊稣"与德鲁伊上帝融合一起。在英国，"耶稣"这个名字一直是纯凯尔特语的"伊稣"。从未改变。②

德鲁伊教对古代世界的影响，加上它和平迅速地接纳了基督信仰，证明了它是个高尚体系。德鲁伊教为英国接纳基督教铺平了道路。

未曾改变的星空图中有惊喜

现在回到古代星空图。

我们在第六章看到，最早的人类文明相信，"大蛇"撒旦劫持了地球，但一个生于处女的婴儿将与那蛇战斗，并击败他，为人类带回生机、和平与幸福。原始星名和象形星座与占星学毫无关系，而是被用于描绘那众所周知的预言。

阿拉伯人是世界上最出色的天文学家与历史学家之一。阿尔巴梅泽（Albamazer）（公元805年至885年）是格拉纳达哈里发的天文学家。谈及星座符号，他说：

从诞生之初，这些符号都未有改变，（名）字没有变化，不增不减。③

注意到了吗？自被创造以来，已过了数千年，星空图的图案与名字基本未有改变。

---

① 乔治·F.乔伊特，《失落使徒的戏剧》，7页，原文强调。

② 普罗科匹厄斯，《哥特人》，卷3。

③ 阿尔巴梅泽，《占星之花》，原文为阿拉伯语，阿本·埃兹拉将其译为希伯来语，拉丁译本收藏于大英博物馆图书馆。

"失落的"星座

批评家或许会指出，星空图发生了一些改变。但那些改变并不大，且通常可以溯源。我推荐你们阅读本书附录 H，里面有对这些问题的解释，尤其是关于"遗失的"星座。

你们知道吗？一个装满爆炸信息的星座被从星空图上抹除，而它本来的位置只剩下一片空白！

为什么有人要那么做？

那个星座是被故意遗失的吗？事实上，了解它的重要性后，你就不会讶于它为何被从黄道带上移除。你脑中或许正不停盘旋着这些问题……它为什么会被抹除？因为它承载的信息过于精确，而有人想要掩盖那个真相。

不过，虽然那个星座遗失了，但仍有一些绝妙线索留存，并可将它恢复如初。[①]

古代信息被揭露

我们知道，自它们被创造以来，已过了几千年，但星空图图案与名字大体从未变化。现请注意与处女座（"处女"）毗邻的三旬星之一。在希伯来语与东方土语中，后发座（Coma）意为"被渴望的""被期待的"。注意，阿尔巴梅泽不是基督徒，但他这样描述黄道星座：

> 如波斯人、迦勒底人、埃及人、两位赫耳墨斯与阿斯克留（Ascalius）的教导，第一个旬星里升起一位年轻女子，她的波斯名字意为纯洁处女，她坐于王座上，给一个男婴喂奶。据说男孩有个希伯来名字，一些民族称他 Ihesu，意思是 Ieza，那在希腊语中即是基督。[②]

真是令人瞠目结舌！我不想让任何人突发心脏病。但你若大为震惊，我可以理解。我们总可以发现，真相远比小说奇幻。现在就来证明，那古训绝

---

① 见本书附录H。

② 阿尔巴梅泽，《占星之花》，原文为阿拉伯语，阿本·埃兹拉将其译为希伯来语，拉丁译本收藏于大英博物馆图书馆，原文强调。

对真实。

根据阿尔巴梅泽提供的信息，耶稣的名字可追寻至最早的（如他所言，未曾改变的）黄道星空图——他是"被渴望的人"，或是众民族所期盼的人——这与古代弥赛亚预言如出一辙！还有什么比这更清楚直白吗？

丹德拉（Dendera）星空图

拿破仑·波拿巴征服埃及时，他授命学者对基奥普斯金字塔（Cheops Pyramid）①及一些庙宇进行仔细研究。在丹德拉的哈托尔神庙中，他们发现一幅详细的星空图，图上绘制了古时候的星座。那幅图现存于大英博物馆。

丹德拉平面天体图星座②

尽管该神庙建于公元前1世纪，但根据岁差，星空图展现的天空特征可追溯至久远得多的时期，公元前1600年至公元前700年的某时。③

因为丹德拉星座图的中心位于北天极，所以只要测量黄道与天赤道的交点，就可以算得北天极投影的时间。使用这种方法，许多研究者算出，这幅星空图展现的是公元前1600年至公元前700年间某个时候的星空。具体时间

① 译者注：胡夫金字塔。
② 照片：约翰·普拉特。
③ 彼得·汤普金斯，《大金字塔的秘密》，纽约：哈珀与罗出版，1971年，174页。

之所以无法确定是因为图上的圆不清晰。由于神庙本身是建于公元前1世纪，所以图上的（记述更早时间的）黄道带不可能是用于记录神庙建造时间的。

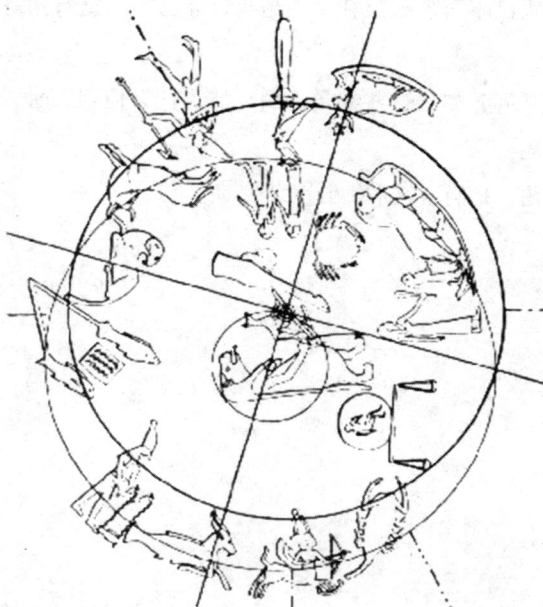

黄道与天赤道的交点每72年转动1度，因而可就此推算丹德拉平面天体图指示的时间①

丹德拉平面天体图中处女与孩童星座，那男孩头的位置比他母亲的稍高，象征他将是更伟大的。

正如黄道上他是"被渴望的"，他在《旧约》中被描述成"万国所羡慕的必来到"。②

我向你们坦白，这个发现着实让我震惊了一下。我们知道一则公元前4000年即已存在的预言③，一个处女盼望她的儿子降生，那男孩将是更伟大的人，他为众民族渴望或期盼。

还有一则爆炸信息：那男孩有个希伯来名字——IHESU，那等同于耶书亚Yeshua，错不了。

①　略图：约翰·普拉特。
②　《哈该书》2:6、7。
③　见第五章。

众人盼望的拯救者耶稣——出现在一幅公元前 1600 年至公元前 700 年的星空图上，而这故事的源头可追溯至公元前 4000 年至公元前 3000 年！

但这听上去已不再那么疯狂，不是吗？你已经知道有预言告知了耶稣的名字。

那好，你又问，如果这些都是真的，那为什么他到来时，犹太领袖却不张开双臂欢迎他？

很棒的问题，我们这就来找出答案……

第二十七章

反耶稣的回应——救援被拒——为什么？

1830 年左右，名叫乔治·威尔森（George Wilson）的男子杀害了一位政府雇员，原因是那名政府雇员逮住他窃取邮件。

他被审讯判处绞刑，但是当时的美国总统安德鲁·杰克逊（Andrew Jackson）赦免了他的罪行。不过威尔森做了件奇怪的事。他拒绝接受赦免，没人知道该怎么办。所以案子被带到了最高法院。

最后，首席法官马歇尔（Marshall），或许是美国历史上最伟大的首席法官，写下裁决："赦免只是一张纸，其内容价值取决于受赦免人接受与否。如果他拒绝接受，赦免将不再是赦免。乔治·威尔森必须被绞死。"

然后威尔森被处以绞刑。

* * * * * * *

允诺的救赎……允诺的赦免……就要来临……

时间已到来，舞台已搭好……天上的住民目瞪口呆，因为耶稣·基督，宇宙的创造者，荣耀的王，天主圣子，即将前往一颗小小的星球。那是个问题重重的星球，名叫地球。

他们看见他放下王威。

他走出天国，去往那黑暗、孤独、充满血泪的星球……他要教导人类，向他们展现他的样子，拯救他们，恢复与他们的联系。

什么！你能相信吗？

那掌控所有原子的造物主竟然要亲自到临那反叛的星球，为人质受死！

万物的创造者，不朽的存在，变成一个凡人，走在凡人中间，然后为他们牺牲，目的是让他们也拥有无尽的生命！这完全是神的作为。

天人看见他降临到那片敌人的领域。他们还看见路西法军团严阵以待，打算在他降生的时候就将他杀死；（若那失败）他们就跟踪他的足迹，阻挠他的计划——让每时每刻都成为战争。

这是二者的正面对抗。

就在预言的那年，造物主到临，与他的子民同在这冰冷无情的世界受苦。他降至我们的等级。他重新走上人类祖先失败的那片战场，承受各种试炼与考验，为了证明人可以战胜撒旦的力量。他证明，与造物者连接，人能够胜利存活。

然后，他将把他的作为归功于众人。他将为他们献出他完美的生命。他将死去，为他们顶下"原罪"的惩罚。成为死囚的我们将被原谅——最终被救赎。然而，只有一个人不受路西法势力的控制，只有他才能承担起我们失败所要遭受的惩罚，只有他才能确保我们能被赦免。

路西法一伙准备对付他

路西法军团拼命阻止这一切的发生。耶稣在巴勒斯坦时，他们用尽办法企图摧毁他。

撒旦召开会议，决心要将他降服。没有哪个来到这世界的人曾逃离这帮骗子的法掌。路西法的势力准备就绪。

自耶稣诞生，他们便试图夺取他的性命。事实上，我们可以找到相关资料证明，在他事奉的短短三年时间，路西法军团曾 11 次试图杀害他。

对他的阻挠、妨碍、打压相继失败后，路西法军团最终决定利用他们对宗教领袖的影响，敦促他们将耶稣钉死在十字架上。

宗教领袖为什么拒绝他

预言表明，拯救者将被预言他来临的人拒绝，却被其他人接纳。[1]

问题开始浮现，那个民族的领袖为什么要拒绝这个人？他们不是有足够多的证据知晓他要到来吗？

他们并不缺乏相关证据，但问题不在此。

我发现了十点原因。

（1）他们对他有偏见。《圣经》说，人心自欺欺人，且因错行腐化。我们天生喜好悖逆精神法则。

（2）那伤了他们的民族自豪感。他们期待一位将他们从罗马占领下解救出来的弥赛亚。但耶稣并不是为了享受拯救者的权力与荣耀而来，他们因此唾弃他，甚至认为他们的期望可能落空，所以他们暴怒。（他告知他们，他来征服生命的罪恶。）

（3）他谦逊的生活方式触怒了他们的虚荣。

（4）他从未受过他们的教导。他们对这位聪明的年轻教师感到不满，因为他从未上过他们的学校。他绝不是他们教导的产物。他的事奉独立自主。

（5）他的品质揭穿了他们。耶稣引人注目的同情心与他们刻板、无爱的态度形成鲜明对比。他慷慨的爱令他们吝啬的施舍相形见绌。他们受挫，他们气愤，他们开始恨他。

（6）辩论中，他胜过他们。这群博学的人一个接一个问他难题。他们决心诱使他说出会被人责难的话。但他的思维如此敏锐，以至于他们根本不是他的对手。耶稣平息一次又一次的攻击，直至他的敌人咬牙切齿，沮丧不已，最后打退堂鼓。他有个习惯，讲小故事，然后要他们评论。常常，在意识到他们就是故事中的罪犯之前，他们就给出回答，而那实际是谴责他们自己。明显败下阵来，他们变得愤怒不已。

（7）他渐增的名望令他们的影响力岌岌可危。耶稣的治愈术使他越发受到人民欢迎。他如此温暖可亲，使得他被人山人海围绕。宗教领袖因此惊慌失措。愈来愈多的人接受他的教导。而他们的影响力岌岌可危，他们正丧失

---

[1] 《以赛亚书》49:7、53:3，《但以理书》9:26。

对人民的掌控。

（8）他们害怕激怒罗马。公元前63年以来，巴勒斯坦的多次反抗都遭到镇压——主要是受罗马势力打压。拿撒勒人耶稣掀起的另一场起义或许会耗尽罗马的耐心，致使罗马加紧对这片地区的控制。出于政治原因，耶稣被视为一个危险人物。

然而，尽管耶稣被判死刑是恶人的要求，但事实上也是耶稣自愿走上一条他知道会通向死亡的道路。毕竟，那就是他到来的理由。他的死是神圣计划的关键部分……救援接受救赎的人类。

"那好，"有人说，"如果预言说耶稣必须为人类受死，那他的敌人岂不是命中注定的恶人？他们怎么能因扮演自己被派与的角色受责难？"

预言只预知，设法残害他的人是自主选择了他们的角色。残害他的人并不是非他们不可，那是他们自主选择的结果。

他懂得痛苦

耶稣选择承受磨难。他谦卑处世，完全顺从他的天父。他十分愿意与他的同胞一同受苦。

他被视为私生子。在肮脏的马厩出生后，他差点被谋杀。他变成了难民。他住在穷苦劳动阶层的家中，然后成为导师。他没有家，没有受教育的特权，没有收入。他遭受不公正的敌视、审讯，被判不应得的死罪，承受最痛苦的行刑，被钉于十字架上。

他尝尽人间的磨难。因此，我们有谁能对上帝说，"你不懂我的苦痛"？[1]

他当然懂！毕竟，他已经历各种苦痛。还有谁能说，造物主未公正处理人类的罪恶？他亲身忍受了惩罚。他已受了它的恶果。

另两条受拒原因

我不是说了耶稣被拒有10条原因吗？所以还剩两条——与当时的大多数人相关。

（9）耶稣要求他们离开大众，跟随微不足道的小众。耶稣对他们说："因

---

[1] 见本书附录M。

为引到灭亡，那门是宽的，路是大的，进去的人也多；引到永生，那门是窄的，路是小的，找着的人也少。"①

那在当时是一个悲哀的人生事实，今天也一样。拒绝真理是因为无法承受同侪的压力。

（10）耶稣要求他们"放弃所有，跟从我"。在当时，那意味着失掉工作，失掉朋友，甚至失掉生命。

接受耶稣的教导并非易事，因为那意味着转变很多观念。

那不是表面浅显的改变，而是人生的彻底变革。

宗教领袖只能想出一个办法对付耶稣……除掉他。

---

① 《马太福音》7:13、14。

第二十八章

他的话语与品格——谁能"创造"他

伟大的小提琴家奥利·布尔（Ole Bull）第一次遇见约翰·埃里克森（John Ericsson）时，对他说："今晚来我家，听我演奏一曲。"埃里克森拒绝了。

尽管布尔之后又发出了第二次、第三次邀请，但埃里克森都未接受。

最后，布尔先生说："如果你不来听我的演奏，我就到你店里为你演奏。"

埃里克森说："别把你的小提琴拿到我店里来。我不喜欢音乐。"

但奥利·布尔第二天去到了店里，说："我的小提琴出了毛病，给它修修吧。"

他们在一起谈论了木质和音色。然后布尔先生说："我来给你展示一下。"他把琴弓架在弦上，拉了起来。

愉悦和谐的声浪在整间店飞扬，唤醒高贵、庄严的思想，触动深沉、脆弱的情感。

人们纷纷放下手中的活，走近聆听。埃里克森从凳子上站起，全神贯注倾听，恨不得抓住每个饱满、振奋的旋律——直至最后一刻，他双颊流淌着泪水："继续！我之前竟不知道我人生里缺少了什么！"

确实，失去了，才知道曾经拥有。同样，拥有了，方知曾经缺失。

本章的信息会对你有益处。

此刻想想，你是否缺少了令生命充实的至关重要之物？

问自己这个问题：人是否可能因为偏见或无知而歪曲了与耶稣相关的事实？

你说，耶稣·基督与其他所有"基督"有何不同？是什么令耶稣在众多宗教导师中一枝独秀？知道真相对我又有什么益处？

读完这本书之前，你就将找到一些实际益处。不过，我们先来看看六件值得我们思考的事……

1. 耶稣的影响

纵观历史，谁曾有如此大的影响力？他感染了全球一代又一代人，教导他们向善。就此，谁能与耶稣匹敌？这点稍后再述。

2. 他的话语——令人费解的悖论

他说的每句话是多么简洁，是多么易于记忆，却又是多么深刻！

耶稣不是政治活动家。他知道，问题出在人心。而他治疗的就是心！

要估量他在历史上的影响，就得思考耶稣与所有哲学家和道德家的区别。若要汇拢后两者的智慧与洞见，必须先筛除其中各类错误、不道德与荒谬迷信，而那将是个浩大工程。

事实是，有个人从未学习过人类的智慧。他不仅反对他家乡的习俗与箴言，还构划出一套新系统，而那诚然是最优越的体系。

约瑟夫·帕克（Joseph Parker）说：

> 读柏拉图、苏格拉底或亚里士多德的作品，我们明显能感觉出它们与基督文字的差异。那就是，前者是探究，后者是启示。[1]

苏格拉底讲学40年，亚里士多德40年，柏拉图50年——而耶稣讲道仅有3年；可是，那3年的影响力超过了那三位最伟大人物的130年。

前耶鲁大学历史学家肯尼思·斯科特·拉图尔（Kenneth Scott Latourette）说：

> 多个世纪过去，证据渐增，估量在历史上的影响，耶稣是这个星球之最。[2]

---

[1] 弗兰克·米德编，《宗教语录百科全书》，韦斯特伍德：弗莱明·H. 富维尔出版，无出版日期，57页。

[2] 肯尼思·斯科特·拉图尔，《美国历史回顾》，54，1949年1月，272页。

拉图尔还说：

> ……这真是令人困惑的谜团……地球上再没有第二个人能激起如此多人用如此多种语言为他著书立传。那股热情不仅未曾减退，反而越发高涨。①

面对现实吧。这位奇怪人士的人生、言语、品格是历史之谜。用自然主义解释他，却让他更像是令人费解的矛盾体、深不可测的谜团。

他的话语是"有史以来说得最好的"②。"将所有哲学家与学者的智慧相加，都不及他对人事与神性的启迪。"③

前怀疑论者乔希·麦克道尔（Josh McDowell）一言以蔽之：

> 如果上帝成为人，那他的言语定是最伟大的。④

这是被广为承认的：这位耶稣带来了最纯粹、最高尚的道德体系。相较之下，最具智慧之人的道德观与箴言都不值一提。

世界最伟大的导师是耶稣·基督。

耶稣只是某人"杜撰"的？听着，无论是谁"创造"了耶稣的话语，他都将是比柏拉图、亚里士多德和苏格拉底更伟大的哲学家。

你想告诉我，耶稣及其训诫都是一群骗子编的？

请通读耶稣的登山宝训⑤，亲身感受一下其中的力量。例如："有人打你的右脸，连左脸也转过来由他打；有人想要告你，要拿你的内衣，连外衣也由他拿去。"⑥这不深刻吗？如何解释，自那天起，再没有比他的道德教导更进步的？

如一位著名作家所说⑦："自基督的时日以来，尽管有各类思想进步，世界

---

① 肯尼思·斯科特·拉图尔，《基督教史》，纽约：哈珀与罗出版，1953年，44页。

② 拉姆。

③ 沙夫。

④ 乔希·麦克道尔，《要求裁定的证据》，卷1，加利福尼亚州圣贝纳迪诺：这就是人生股份有限公司，1986年，129页。

⑤ 《马太福音》第5章至第7章。

⑥ 《马太福音》5:39、40。

⑦ 托马斯。

洛杉矶的詹姆斯·T. 费希尔（James T. Fisher）博士是名 88 岁高龄的精神病学家，他在其《丢失的几颗纽扣》（*A Few Buttons Missing*）一书中——由利平科特出版社（Lippincott）出版——写道：

> 把最具资质的心理学家与精神病学家的所有权威文章加起来……得到的将只是一份对登山宝训笨拙且不完整的概述。

《好健康》（*Good Health*）这样评论费希尔博士的文字，耶稣在登山宝训中给出的忠告"就像是今天一位睿智医师——精神病学家或家庭医生——会给你的建议。那不仅是一些宗教劝诫，还是精明实际的常识"。

事实上，世界各宗教领袖普遍认同，登山宝训是有史以来对人类道德最出色的陈述。例如，甘地就说他的生活方式因之改变。

如果能依照登山宝训提升自我，那你将成为世界各大报纸的头版人物！它是人类有史以来最具权威、最具挑战，且最吸引人的教导。请读任意一本福音书，你都将发现，耶稣此人一定是史上最启发人的导师。

这是一位知名学者的评述：

> 从统计层面上讲，福音书是最优秀的文学作品。相比世界其他时候、其他人创作的文字，福音书都拥有更多读者，被更多作者引述，被译成更多种语言，更具艺术价值，更富音律感。但基督的文字之所以伟大，并不是因为它们在统计学层面远远胜过其他人的文字。他的话语之所以被更多人阅读，被更多人引述，被更多人爱戴，被更多人信仰，被译成更多种文字，是因为它们是史上最伟大的话语。
>
> 那些文字的伟大之处在哪？就在于其纯粹、清晰的灵性；对于困扰人心的最大难题，它们给出了明白、确切、权威的答案。它们回答了：谁是上帝？他是否爱我？我该怎么做令他愉悦？他如何看待我的罪恶？我如何能被原谅？我死后将去到何处？我应如何对待他人？没有哪个人的话语具有耶稣言辞的那般魅力，因为没有其他人能像耶稣那样回答那些人类根本问题。那些文字是我们期望上帝

说出的话和给出的答案。[1]

他的话语代表了人类所知的最高理想，而那理想塑造了人类文明。有（其他）人类导师敢宣称他的话语永恒不朽吗？[2]

谁能创造此人？

再次，我问，如果耶稣是杜撰的人物，那是什么样的天才创造了耶稣的故事？

单是构筑耶稣的教导就已是世界上最卓越的成就。

更别提创造耶稣对人性的洞见，以及他对人类问题的聪明解决办法。

如果这一切都是编造的，那其作者究竟是何方神圣？他洞察敏锐，去粗取精，只呈现有效且经得住时间考验的解决办法。是谁编造了能完美满足所有人需求的解答？

无论是谁创造了耶稣，他都应被授予奥斯卡奖。

想不想接受一个挑战？那将花费你几天时间。请拿出一本《圣经》——认真阅读福音书的字句。细心思考这所谓"从未存在"的"虚假"人物的言语与一生。

再反问你自己，那些"最伟大的话语"都是出自一场骗局？

3. 耶稣的品格

他无敌的人生无人能望其项背。也没有人能将他摧毁。你能从他的一生中发现丝毫污点吗？耶稣是人类史上唯一完满中庸的人。他没有长处，因为他没有短处。他融合一切阴阳美德，没有半点劣性。

这世界上，无人能与他齐平。他的品行与其教导完全一致。

他的敌手怎么说他

歌德（Goethe）写道：

---

[1] 伯纳德·拉姆。

[2] G. F. 麦克莱恩。

如果上帝曾显形于世，那即是以基督的身份。①

萨伊德·H.G. 韦尔斯（Said H. G. Wells）说：

> 对他的门徒而言，他太过伟大……有人迷惑，有人盲目，有人
> 反对，这有什么奇怪？……直至今日，这个加利利人都过于伟大，
> 以至于我们这狭小的心承载不下他，这又有什么奇怪？②

就连卢梭（Rousseau）都承认：

> 是的，苏格拉底的一生与死亡是哲学家式的，而耶稣·基督的
> 一生与死亡是神样的。③

伊斯兰教圣书《古兰经》也指出，耶稣"将享有今世和后世的尊荣"。④

4. 耶稣的声明

但如果耶稣只是个人，那将是个世界之谜！事实上，耶稣称上帝为他的
"abba"。"Abba"是个阿拉米语词，意为"亲爱的爸爸"。人类历史中，无人
曾像他那样称呼上帝。所有伟大导师中，唯有耶稣要求与上帝同享神性，而
与此同时，他又只是人类的谦卑一员。在世界任何宗教中，这都绝无仅有。

立即会有人质疑他那看似荒谬的声明。

"荒谬"声明

那，谁是耶稣？他是一个超人，还是一个骗子？

这点不能不谈：耶稣做出了看似不可能的论断与承诺——说那种奇怪的
话往往会给一个人戴上可笑骗子或狂热分子的帽子。

以这些为例：

---

① 沙夫，《基督教会史》，大急流城：威廉·B. 伊尔德曼出版公司，1910年，原版再版，1962
年，110页。

② H. G. 韦尔斯，《历史概览》，加登城：加登城出版公司，1931年，535页、536页。

③ 弗兰克·巴拉德，《无信仰的奇迹》，爱丁堡：T & T出版，1908年，251页。

④ 《仪姆兰的家属》，第45节。

- 我是世界的光。①
- 天地要废去，我的话却不能废去！②
- 我也照样随自己的意思使人活着③
- 我有行审判的权柄。④
- 我独自能拯救人类。⑤

这个将他的权力与上帝的权力并齐的人是谁？

你明白了吗？耶稣不只说自己是圣人——他称他是那独一无二的！

据那些亲耳听他教导的人记述，他说：

- 我与父原为一。⑥
- 我是神的独子。⑦
- 未有世界以先，我同父被创造。⑧
- 还没有亚伯拉罕，我自有。⑨

（根据《圣经》，上帝与摩西交流时，他给出的名字就是我自有，表明他是自有的存在："我是自有永有的……你要对以色列人这样说……那自有的打发我到你们这里来。"⑩在希伯来语中，上帝的名字是耶和华或我自有。）

耶稣还做出了其他大胆声明：

- *人子要坐在神权能的右边。⑪
- *我和神当作平等。⑫

---

① 《约翰福音》8:12。
② 《马可福音》13:31。
③ 《约翰福音》5:21。
④ 同上，第27节。
⑤ 同上，6:37。
⑥ 《约翰福音》10:30。
⑦ 同上，3:16、34、35。
⑧ 同上，17:5。
⑨ 同上8:58。
⑩ 《出埃及记》3:14。
⑪ 《路加福音》22:69。
⑫ 《约翰福音》5:17、18。

　　*叫人都尊敬我如同尊敬父一样。① （因为耶稣命令并接受如同对神的尊敬。②）

然后，好像那还不够，他还预言：

　　*我要审判世界，复活死人。③

这些都是神性的声明——而当时听他训诫的人将它们记下。

耶稣是唯一自称是上帝的宗教领袖。

只是一个木工的儿子，在父亲作坊的刨花与锯屑里长大，那样的他竟做出如此不可思议的宣言，说自己实际是化作人身的上帝！

他从不"猜想"或"假设"。他的训诫是终极真相。

耶稣被钉十字架的真正原因并不是他的所作所为；真正问题出在他的身份。那是独一无二的刑事审判。

他因渎神而受难——因为他说他是上帝。的确，除非他与上帝平起平坐，那他的言语就是渎神。

他是位伟大的道德教师？

剑桥大学教授 C. S. 刘易斯（C.S. Lewis）曾是位不可知论者，他写道：

　　如果只是个凡人，又说出耶稣那样的话，那他不会是一位伟大的道德教师。他要么是疯子——对他坦诚的人会说他是蠢蛋——要么是地狱恶魔。你必须做出选择，这个人或者是神子，或者是疯子或更糟的东西。④

刘易斯还说：

　　大可不必给他面子，说他是伟大的人类导师。他没有给我们留

---

① 同上，5:23，10:30、38。

② 《马太福音》4:7；《约翰福音》10:33，20:28、29。

③ 《约翰福音》5:27-29。

④ C.S. 刘易斯，《纯粹基督教》，纽约：麦克米伦公司，1952年，40页、41页。

中间选项，因为他根本没那样的打算。[①]

他是个骗子？

如果耶稣的言语为假，那有两种可能：

（1）他知道自己的言语为假。如果真是那样，那他就是故意撒谎。他是个骗子，伪君子，魔鬼——他还是个蠢材，因为他因自己的谎言受死。

若他说出那些话，却什么都未实现，那他无疑是史上最无耻的诈骗犯。

他告诉人们，为他们的永生要信他，甚至是为相信他的话语而赴死。如果他不能兑现他说的，且明知如此，那他就是极其恶劣的魔鬼。他是个骗子，是个伪善者，因为他告诉他人，无论代价为何，都要诚实，而他的教导与生活都是个巨大谎言。

可是，没有一位怀疑论者会认为他是个欺诈者。他们承认，他是个诚实真挚的人。

一个坏人不可能教导他那样伟大的真理——那些真理展现了令人转变品性的奇迹。而一个好人不可能欺骗民众，他为了他们奉献出自己的生命。

确实，一个骗子究竟如何从始至终都呈现出"史上最纯粹、最高尚的品行，教导最完美的真理与事实"？[②]

所以我说，耶稣不可能是骗子。

他是个诈欺疯子？

剩下第二个选项：

（2）他不知道自己的宣言为假。如果是这种情况，那他就是个诚恳的骗子；他是个疯子。

然而，事实表明，他的头脑非常敏锐，他的时代思维最锐利的智者都不及他。

请告诉我，一个诈骗疯子何以从未丧失心智平衡？何以安然地历经各种磨难与迫害？何以拨云见日，总是给最迷惑人的问题以最

---

① C.S. 刘易斯，《纯粹基督教》，纽约：麦克米伦公司，1952年，40页、41页。

② 沙夫，《基督其人》，纽约：美国福音传单协会出版，1913年，94页、95页。

我们必须面对这点：如果他的声明为假，不管他是欺人还是自欺，无论是哪种情况，如果他不是上帝，那他都不是善的。

他的声明或为真？

在调查此事真相的过程中，我发现所有问题都可以归结为这点：此人对人类而言，或是一切，或是无有，或是最高真实，或是最大欺骗。

耶稣要么就是他所称的身份——神子——若真是如此，我应严肃看待他；要么他就是有史以来最大的骗子，假使如此，我应远离一切和他有关的事物。

如果他所说为真，那我必须接受或者拒绝他的王威。

我告诉自己必须诚实地对待这个问题。

他或是疯了，或是企图行骗，或他的声明为真。有着如此出色的品格和教诲的人竟是个疯子，你信吗？如此重视真理的他竟是个十足的骗子，你信吗？如果不信，那结论只有一个，耶稣确实将上帝带给了我们。

5. 耶稣实现预言

世界上没有哪份文献在事件发生前几个世纪就给出了正确预言，而之后预言又被一位历史人物准确实现。那曾是，现在也依然是对信仰的强大刺激。

预言被提前给出，当它们成真时，我们就会相信，继而信赖他，信赖他将来救赎我们。

耶稣还预言，他将是最大的精神磁石，将各族人民引至他身边。

那则预言现已成真。

6. 耶稣破除了死亡壁障

我们将在下章调查一件事，那是孔子、穆罕默德、苏格拉底等人都做不到的事。

---

①   沙夫，《基督教会史》，卷8，大急流城：威廉·B.伊尔德曼出版公司，1910年，原版再版，1962年，109页。

如果耶稣确实做到了，那表明他尤为特殊，你不觉得吗？
他如何影响了历史？我们马上来看……

第二十九章

改善的力量——沉船食人岛

"快跳海，伙计们！船要沉了。"

这艘商船就要在南太平洋一座小岛附近沉没。船上一位水手曾到过这座岛。他知道，岛上的土著人是食人族。

他们蹒跚地上岸，害怕没有希望从土著人手中逃离那恐怖的命运。

那位水手小心爬上一座小山，秘密查探远处。

很快，同船船员看见他十分激动地挥手。两个人跑上前去接信。

"怎么了？"其中一人大叫。

"我们安全了！我们安全了！"

"你怎么知道？"

"我刚看了山下另一边。我们的脖子保住了。"

他看见了什么？一群政府士兵？不是……只是一个教堂尖塔。他明白了，在他们到来之前，耶稣·基督的信息已传至那个村庄。耶稣的影响令他们安全了，就连作为不可知论者的他都明白。

英国历史学家威廉·莱基（William Lecky）虽然强烈反对组织化的基督教，但提及耶稣，他愿意说：

> 令人重获新生，令人心境柔和，（耶稣）简单语录的功效胜过所

有哲学家的长篇大论，优于所有道德家的劝诫说教。^①

在一次环球航行中，查尔斯·达尔文（Charles Darwin）注意到基督教在新西兰的影响，并将其写下：

> 在整个南方海域，基督教被引入当地并带去进步影响，这或许能独成一段历史。^②

有许多人曾打着基督徒的名号做不光彩的事。但终有一天，他们要面临自己的审判。

然而，无可争辩的事实是，基督教的教诲无论传播到哪，都会对当地人民产生积极影响；耶稣的影响无论在哪盛行，当地社群或民族都会得到提升；更不用说那些社会因此获得了比其他社会更大的繁荣与更快速的科技进步。

对全世界而言

戴蒙在挣扎。在狱中，他正在仔细研究这些问题，与他的偏见做斗争。然后他开始想："耶稣是个犹太人，生活在另一个时代。他当然和我毫无关系。"

他将疑问告知狱友巴格斯。毕竟，巴格斯在他们的共同研究中已遥遥领先。

"嘿，"巴格斯回答，"这么看吧。如果耶稣必须成为我们中的一员，成为宇宙的拯救者，那他不是应该在某时某地进入人类家庭，成为某个种族的一员吗？"戴蒙点点头。

"那好，戴蒙，"巴格斯说，"想想这点，假设某人于某时某地最先发现了小儿麻痹症疫苗，那他所在的种族将首先熟知那种疫苗，不过那会使得那种疫苗不能为全人类所用吗？"

"别傻了，"戴蒙回答，"疫苗仍可以帮助所有人。"

然后他明白了。真相虽然或许只在某时某地流出，但并不因此不适用于全人类。

巴格斯靠向他："那好。我，你，还有其他所有人都有着相同人性。我和

---

① 威廉·E.莱基，《奥古斯都至查理曼大帝的欧洲道德史》，纽约：D. 阿普尔顿公司，1903年，8页。

② 查尔斯·达尔文，《环球考察记录》。

你有着相同的功能与需求，正如其他所有人：

——我们需要人生意义

——需要被原谅

——需要个人与社会的改变

——需要战胜死亡

"在这些方面，事实证明耶稣就是救赎者，是世界的良药。你看，戴蒙，因为我曾经做过很恶劣的事，所以在这里了。但我现在感到遗憾。我开始明白，那位耶稣·基督是世界的基督。"

"他来到人间并不是为了凌驾于任何民族之上，也不是为了促进某个国家的经济、政治和社会发展。他没有说，比起他国，他更关注个别国家的幸福。"

"他的言行利于以色列、希腊与罗马，同样利于今天的日本、伊朗、库尔德斯坦、德国和美国……也利于我和你。从前与现在，它们都有益。"

"他说，他到来做全世界的救世主。现在我接受了，也因此发生了改变。"

忏悔的冲动

戴蒙继续写信给我诉说他的经历，他让我想起了一个美国大块头马克斯（Max）的故事。马克斯尊敬他的妻子，不允许任何人说她的坏话。但没人知道，纯粹是为了享受乐趣，他竟入室盗窃、烧毁房屋、谷仓，犯下两三个案子。

然后有一天，马克斯和共犯正躺在帐篷里休息，他随手拿起一本书——《约翰福音》——读了起来。突然，他有种冲动，想要为自己犯下的一切罪行忏悔。他的心被紧紧揪住，无法抵抗。那个念头吓得他面色惨白。他站起身，走出帐篷。但过去的罪行开始折磨他。他又回到帐篷，又出去，又回来，反反复复，一次又一次。

最后，他做了个祷告。突然，他发生了改变。他脸上那一贯轻蔑的神情柔和了许多。

"现在，"马克斯对他的共犯说，"我得做件事。我从塞尔马（Selma）一个人那里偷了31头羊，我必须去向他坦白。"

"哦，得了吧，"他的同伙说，"不能将那事泄露出去，你会蹲监狱的。"

"比起想到耶稣还未原谅我的罪过，我更愿意去坐牢。"

马克斯因此起程去拜访那位农夫。与他同行的年轻人是他一直以来的共犯。路上，他们迎面撞见了那位农夫，于是将他拦下。那个农夫吓得浑身哆嗦。

但马克斯的举动出乎农夫意料。他自己——他的同伙和那农夫都惊呆了——在他俩面前，马克斯双膝跪地，乞求他们的原谅。

农夫惊讶不已。"是什么令你悔改？"他问，"究竟是什么使得你能这么做？我不知道竟有那样让人改变的力量！"

马克斯和同伙之后向官员自首。"用合适的方法处置我们吧。"他们说。他们坦白了所有罪行，包括烧毁房屋和谷仓。他们被送至大陪审团面前，坦白曾在多地行窃。

地方会议负责判决这个案子。如预料中的，会议最后建议将两人送进监狱。

法官看着马克斯说："什么！竟要我将这两人关进监狱？是原谅神都原谅了的人，还是关起已被神拯救的人？关起这已被神宽恕的人？选择后者吗？"法官的目光一一审阅会议成员。"不，"他最后说，"如果那样，我宁愿砍断我的右臂。"

法庭上从未出现过此种景象，某样东西突然抓住了所有在场人的心，他们都像孩子一样泣不成声。

这件事后来广为流传。

人生成功的金钥匙

有人问，什么力量不存在于其他地方，只存在于耶稣的言语中？

那是《圣经》的力量，还是《圣经》以外的某种力量？为什么不断有人印证了那种力量？是不是耶稣不仅为人类树立了榜样，还给了人类追随他的力量？是不是人人都可以在生命中展现耶稣生命的片段？

根据耶稣的教导，人的首要需求不在于改变周围环境，而在于改变自身。幸福与快乐并非来自外在条件，而是源自内在美德。

从罪恶中解脱

过了几周，戴蒙在入狱后第一次感受到了宽恕。他发现，耶稣说他能从罪恶中解脱——甚至被造物主接受，且名誉不受任何诋毁。

一天又一天，戴蒙感到生命充满欣喜，他发现自己有了全新的生活方式。

我现在确定了一件事：历史上，没有哪位导师或上师能像耶稣那样全然宽恕人类，让人完全新生。

耶稣如此彻底解决了戴蒙的罪行。他代戴蒙的堕落受罚，使得戴蒙在狱中的余生或许都不必再受责罚。了不起，不是吗？

戴蒙想，难怪耶稣的信徒爱他，难怪他们崇拜他！他的教诲不同于世界任何其他宗教。

印度教教义业力（karma）说："你犯罪，你偿还。"而十字架上的耶稣告诉人类：上帝说，"你犯罪，我偿还"。啊，那绝对独一无二！

实现有意义人生的力量

戴蒙对此思考得越多，他受到的震撼就越大。神是何等慷慨！他之前从未遇见类似的。他的慷慨就要改变他的人生。耶稣爱他。而为了耶稣，杀人犯戴蒙现在心中燃起一团火，他想要过正直的人生。

一天清晨，在运动场，戴蒙看见一个狱友向他走来。那人是狱中最卑鄙的好斗者，人称"龙卷风"。戴蒙顿时感觉胃痛。大约在离戴蒙一米远的地方，"龙卷风"停下脚步。他站在那，盯着戴蒙……然后说：

"杀手，我不认得你了。发生了什么事？"

"你指什么？"

"我们都在观察你。瞧，刚被扔进来时，你就像头傲慢的猪，跟我们一样满是愤恨，喜欢暴力，浑身燃烧着怒火。现在你心里似乎装了个让你快乐的秘密，你的眼神说得一清二楚。你突然变温和了……对每个人都恭恭敬敬。那不像是真的。你计划越狱……还是什么？"

"我是有个秘密，"戴蒙咧嘴笑，"那就是耶稣。"

戴蒙对他的答案很肯定。他亲自检验过耶稣·基督，现在他明白了答案。他身上的改变显而易见……其他人也能清楚看出——耶稣的人生正在他的人生里鲜活地演绎。

戴蒙看着"龙卷风"："告诉我，不可知论对你做了什么？你像从前一样痛苦！但你知道吗？我知晓了一位超人……他拥有真正的力量。"

回到牢房，戴蒙思考了更多，他着实为耶稣出色的品格倾倒。是的，就是这样。现在的他：

· 不再沉溺，而获自由

· 不再愤怒，而得安宁

· 不再困惑，而双目透亮

几天后，他又碰见了"龙卷风"。

"来。"戴蒙说，示意"龙卷风"跟上。

他们来到草地边。戴蒙蹲下，捡起了一样东西。

"看到这柔弱的小种子了吗，'龙卷风'？用手指就可以捏碎它。但若把它丢在地上，留它在那，然后在它上面铺一层坚固的混凝土路，你知道会发生什么吗？有一天，这粒脆弱的小种子会奋力发芽，冲破混凝土。你能明白那种力量吗？

"龙卷风"点头。

戴蒙直面他：" 嘿，告诉我，你信上帝吗？"

"有点。"

银河力量

"那好，我来告诉你。这是我获得的力量，这股力量能够造出银河系、DNA 和种子……他将那惊人的力量注入我，将我拯救。他现在俘获了我，但我丝毫不介意……'因为我自由了'。他让我变成一个崭新的人。"

当然，戴蒙明白重生需要更多时间，就像米开朗基罗（Michelangelo）把粗糙的大理石变成"大卫"那般惊人雕像所需的时间。但上帝已在渐渐磨掉戴蒙的棱角，将他塑成全新的自我。

戴蒙曾在东方上师门下学习，但他现在明白，世界上仅有一位导师能在人的内心扎根，完全转变他的品性——他就是耶稣。他的教导是多么不同于其他信仰的道德体系！

戴蒙这位杀人犯发现，耶稣对所有人都给予同等的爱与尊敬。效仿耶稣的品行，戴蒙的道德观渐渐提升。

奇迹是，人无须强迫自我，只需接受造物主的赐予，这样耶稣的人生就会自然而然地流入他的生命。

嘿，他能够超脱烦扰……降服自我了。

"龙卷风"摇摇头。"老兄，我真羡慕你。"他说。

"是吗？"戴蒙反问，笑了笑，"你知道吗？对我们这种人来说，有个好消息：

并非少数被选中的人才享有新人生——真相能为所有人知晓——我们都可能是胜者！"

* * * * * * *

当下生活的品质

读到这段文字时，请你停下想想，你愿意与美貌如天仙、温婉如平湖、清新如山泉的人结婚吗？

更甚者，如果你自己就是那样的人呢？……无论周遭发生什么，你都能保有平和、胜利与恒久的快乐，你觉得这样的你如何？

事实上，耶稣已证明，他能将他的喜乐存在人的心里，并叫人的喜乐变得"满足"。[①]人生的品质会因此更上一个台阶，他说，这是他到来的一个原因："……（你要）得生命，并且得得更丰盛。"[②]而那就在当下！

像戴蒙写信对我说的："耶稣满足了我最大的需求——因为他让我专注快乐，而不是沉溺于无法逃离的悲伤中。那快乐不会消逝，而那悲伤只是表象。那难道不值 100 万美元吗？"

主要差异

基督教不同于其他宗教体系。它们的差异性远大于相似性。

相似性？黄金律（你们愿意他人怎样待你们，你们也要怎样待他人）是一条，几乎存在于所有宗教中。

但是，理解人应该如何生活不是问题的关键所在。真正的问题在于我们缺少力量去做我们知道应该做的事。

说穿了，所有其他宗教的本质都是让人类自救。做这或做那，你将与高我连接，最终练就终极自我。为了接近神，人必须不断寻求并挣扎。

然而，那之中存在一个问题，杀人犯的罪行无法通过"善"行消除。

耶稣教诲的不同之处就在于此，基督教是上帝为了寻找他的人创立的。

---

① 《约翰福音》15:11。

② 同上，10:10。

上帝借此来帮助人类。耶稣献出他的力量，帮助人类走上应走的人生道路。他消除内疚……净化心灵……奉献力量。他所有的给予都免费。

可以这么说，其他宗教体系都是教正在溺水的人游泳，而基督教是直接抛给他们救生工具。

我们必须面对这个现实，依靠任何需要积"功德"的宗教，你永远无法得到获救的保障。你怎么知道到什么时候才算做够了善事？但耶稣——耶稣只身一人——就提供了救赎的保证和让人与造物主重获联系的力量。

那愚蠢的虫子

我要跟你们讲一只六月甲虫的故事！

一晚，在大学毕业典礼上做题为"不可能的挑战"的演讲时，演讲人注意到一只甲虫正爬进舞台脚灯的锡槽里。

那只虫子不断爬上锡面斜坡，然后又滑稽地滑进槽底，每次都是仰面朝天。它躺在那不断挣扎，直至翻过身来。

演讲期间，那顽固的虫子不断爬上，滑下，然后仰面朝天。最后它爬进了演讲人的发言中。

"我一直强调我们要做看似不可能的事，"演讲人说，"一只甲虫一直试图爬出这个锡槽，它爬上，又不断滑下。这虫子真蠢！它竟忘了自己长着翅膀！"

那只虫子从未发现上方的逃生通道，却坚持在坡面上找寻出路。

明白了，那就好比自己决定自己的规则。我们可以无视神圣的逃生计划，但最终若未成功逃脱，那就只能怪自己了。

造物主与人类有交流的最好证据是否就是，人们在向他请求帮助后，生活都会发生惊人的显著改变？

骗子虚构的？

大卫·艾克想要我们相信耶稣是个大谎言？……他说耶稣只是某个骗子在 1 世纪末 2 世纪初"杜撰"的人物？

嘿，别胡扯了。你真相信一个骗子能造出那样的至高真理？直至今日，那真理依旧在展现转变人格的奇迹……那真理令重刑犯恶棍变成温和可亲的丈夫，将盗用公款的罪犯变成诚实的人。

那些转变人生的箴言是出自骗子之手？如果那些都是谎言，那比起相信所谓的真理，许多人在相信所谓的谎言后，人生倒是获得了更多启迪，出现了更大转变。让我们面对现实吧。若耶稣是童话故事或传说中的虚构人物，那他改变人生的力量与《爱丽丝梦游仙境》的主角没什么两样。

历史上那些骗子为什么要教导人们柔化心灵、提升自我的真理？《圣经》不是人类想写就能写出的书，也不是人类能写就愿意写的书。

目击者愿意赴死

大约 2000 年前，手指间满是泥污的人们遇见了一位名叫耶稣的人，他给他们的人生带去挑战，要他们跟随他。历史上真实存在过的男男女女曾遇见那位耶稣，并跟随他。历史上许多人为追随他丧命，因为他们拒绝否认耶稣曾行走在他们中间，且他们曾看见他或听闻他的教诲。

撒谎的"学者"

为什么一些学者就是区分不了事实与虚构？他们还振振有词地引述跟他们一样误读真相的人的话语。出于反迷信的偏见，他们将对耶稣历史性的探索转为认定他是无史实可依的虚构传说。

在此用点常识加以思考，那些学者所处的时代距耶稣生活的年代有数世纪之久。如果要你赌上性命，你觉得相信谁更保险——是 2000 年后心怀成见、错漏百出的学者，还是撰写《新约》、紧邻事件发生的目击者？

毫无疑问，我会支持第一手证词！

支持那些曾遇见耶稣……与他共同进餐……与他一同事奉的人的证词，支持一股至今依旧鲜活的力量的第一手证词，再没有比这更保险的选择。

是的，没有尝试过，就别急着否定。

台上一位怀疑论者挑战在场观众，他问有谁能证明基督教是真的。

这时一位年轻男子走到台上。他站在那儿，开始当着大家的面剥橘子皮。剥完后，他又开始吸橘子汁。

然后，他转向那位怀疑论者，问："这橘子真好吃不是吗？"

"你个蠢蛋！"演讲人反驳，"我怎么知道？我又没有尝过。"

"既然没有尝试过，你怎么了解基督徒的生活是怎样的？"

第三十章

死亡预言——你下多少注

　　一天，儿时的艾萨克·牛顿爵士在观察一些蚂蚁，正看得入迷时，他不小心踩上一只蚂蚁，将它压得粉碎。

　　他哭着跑回家。妈妈将他拉到身边，擦去他的泪水。小男孩望着妈妈，哭着说："我没想杀了它。我喜欢那只小蚂蚁。"

　　"你当然喜欢它，"妈妈安慰他说，"但那只小蚂蚁永远不会知道。"

　　"妈妈，"艾萨克说，"除非我变成蚂蚁，说它们的话，否则那些小蚂蚁永远不知道我有多喜欢它们。"

　　我们就像那些蚂蚁——造物主降临、化身为人、与我们共苦，还有什么比那更能让我们明白他对我们的爱呢？

　　现在想想，他来到人间不正有力地说明了他对我们的爱吗？除非他成为我们中的一员，否则我们如何能知晓他的爱？

　　是的，他化身为人生活在人间了！

　　你能想象比那更疯狂的事吗？

　　他的人民背弃了他，但他想要他们回头。因此他召集会议，宣告他将前往敌人的领域。"看到了吗？"他说，"人类正身处何样的地狱！我要向他们显示，我将尽我所能把他们救回。计划是这样，儿子，你去那下面，去挑选一些无名小卒，让他们结成一个群体。我们让你做他们的领袖。然后，作为领袖的你要被杀死。"

什么？？？在场者都倒吸了口气。

"看那下面——看到那竖杆加横梁的东西吗？"他继续说，"那是谁的所有物？"

"是那恶鬼路西法的。我看见他发明了钉十字架的刑罚。那是恶劣的处刑……是最残忍的折磨。"

"好。儿子，你知道那杀人犯有多恨你。所以你若现在下去，那便是你的死期……那会成为他战胜你的标志。他将侮辱你，折磨你，令你以痛苦的方式死去。他的盟友将当众把你的衣物扒得精光，将你抽得遍体鳞伤，把大铁钉捶进你的手脚——然后向民众炫耀，你是个悲惨的输家。"

"你队伍里的懦夫将离弃你，逃之夭夭。"

然后，他的儿子下凡。他查看四周，街上的行人中确实有一些聪明的家伙。但是，他要挑出十二位被一些百姓称为世上最愚钝、最无教养的人。他要教导那些无知的家伙，令他们担负起责任……与此同时，他正在安排自己的死亡。

这若不是个疯狂计划，是什么？

"哦，对了，"上帝说，"之后你要召回那些懦弱的背弃者，给他们来个精神大改造，让他们充满你的些许力量，再派他们去告诉世界你教给他们的。"

"好的，"造物主说，"我的计划就是这样。你们怎么看？"

"还漏了一件事。你要挑选一位杀手（大数的扫罗），安排他负责队内一个头等任务。"

你能想象与会者脸上震惊的神情吗？你能想出比这更聪明的计划吗？

事实是，这个计划已经被制订，被预言，而后被付诸实行。

撒旦安排好了一项酷刑。而耶稣将用爱击溃他。

美丽的人……却遭憎恨

预言清楚地说，降临者将教导完美、实际的真理；他将接近被视为最低下的人；他将抚慰破碎的心，令失明者重见光明，令跛足者步履轻盈……

若降临的弥赛亚是那样的角色，你会想，世界人民将蜂拥至他的身边，不是吗？

事实却非如此！预言清楚说明，那位到临者将"被鄙视，被厌弃"。人们将回过脸去（也就是拒绝他）。他将被厌恶，被背叛，被钉十字架。

难道他不是时至今日仍遭憎恨？人类难道不是对他不理不睬？难道不是有卷帙浩繁的文书诋毁他？不是吗？

全面调查这些问题后，你将像我一样发现《圣经》的未来预言不可思议的精准。《圣经》为什么要给出那些预言？耶稣的一位门徒约翰回答，那是"要叫你们信"①。

最后 24 小时

现在来说说耶稣的死亡。早于事件 500 年给出的预言在一天之内就完全实现。就在那 24 小时中，有不下 40 条预言成真！

我们先来看其中 5 个。

1）他遭背叛

预言说：

  a. 他将被一位友人背叛。

  b. 他被以 30 块银元出卖。

  c. 那些钱将被扔进神庙。

  d. 那些钱最终落入一位窑户手中。

这些都是至少早于事件 500 年的预言给出的细节。②

结果，预言被一个个应验。耶稣的一位亲密门徒背叛了他，将他送入敌人的手中。犹大希望，这会迫使耶稣使用其力量摆脱追捕者，自称为王。他还希望借此为自己谋得尊荣的地位。祭司付给犹大 30 块银元。之后，当看见耶稣根本不打算努力自保，犹大将钱还给祭司，然后外出上吊自杀。祭司们商量该如何处置这还回的钱，有人建议将其放入钱库。

但他们最后决定用那些钱买下一个窑户的农田，在那埋葬异乡人。假设他们将钱放入了钱库，那预言将会如何？《圣经》的准确性会受损，因为它说那些钱会被用于购买窑户的田地。

---

① 《约翰福音》20:31。

② 《诗篇》41:9；《撒迦利亚书》11:12、13。

虽无意成全预言，但那些牧师最终还是采取了预言中的行动。

2）被钉死在十字架上

这是第二条预言："他们扎了我的手、我的脚。"①

这则预言被写下时（约公元前 1000 年），十字架处刑几乎闻所未闻——即便后来该种刑罚成为死刑的公认方法，但行刑时为了将犯人固定在木梁上，通常使用的也只是绳子，而非钉子。（"吊在绞刑架上"也是之后才被允许的，但那不是一种死刑方式，而是一种羞辱刑罚，用于惩罚已受石刑而死的偶像崇拜者或渎神者。）

预言说，他的手、脚会被扎。而事实就是那样。

3）他们将掷骰子分他的里衣

"他们分我的外衣，为我的里衣拈阄。"②这则预言看似有矛盾，但我们发现那确实发生了。

耶稣的衣物被交给士兵。他们将他的衣服撕成四份瓜分，但轮到他的里衣时，"他们说，我们不要撕开，只要拈阄，看谁得着"③。

公元 150 年左右，殉道者游斯丁致《基督护教书》（*Defense of Christianity*）给皇帝安东尼·庇护，建议他查阅总督彼拉多的报告。游斯丁相信，那份报告就保存在罗马档案室。他告诉皇帝，报告提及士兵分去耶稣的衣物，掷骰子分他的里衣：

"……这些都是事实，可以在本丢·彼拉多下命所记的《行传》中找到。"④

4）他的骨头将不被折断

"又保全他一身的骨头，连一根也不折断。"⑤预言是这样说的。与那一致的是，献祭仪式中有不伤逾越节羊羔（到临弥赛亚的象征）一根骨头的明确

---

① 《诗篇》22:16。

② 同上22:18。

③ 《约翰福音》19:23、24。

④ 《护教书》，1.48。

⑤ 《诗篇》34:20。

指令。①

十字架处刑结束之际，一条命令被下达，说要打断耶稣和其他两个犯人的腿。其他两名犯人还活着，他们的双腿因此被折断。"只是来到耶稣那里，见他已经死了，就不打断他的腿。"②

犹太公会之所以决定打断罪犯的双腿，是因为想让犯人快点死去。那天是星期五，安息日很快要到来。他们不想这些人在安息日被吊死在十字架上。

想想这点，预言还能说得比以上信息更具体吗？如果耶稣是被 50 锭银子出卖，而非 30 块银元；或是如果牧师将钱做他用；或是如果耶稣被绑在十字架上，而不是被钉在十字架上；或是如果士兵平分了他的里衣；或是如果他的双腿被打断——那我们就都有理由质疑耶稣的身份。但预言的每条内容都被精准兑现，这足以说明问题。

这是另一则预言：

5）与恶人同死，与富人同葬

"人还使他与恶人（复数）同埋；谁知死中（他）或'死的时候'，与财主（单数）同葬。"③

希伯来原文中，"恶人"是复数形式，而"财主"是单数形式！

作为对他最后的侮辱，耶稣的敌人想将他的尸体与罪犯同埋。（"人还使他与恶人（复数）同埋"。）

然而，这种企图很惊人地被粉碎了。亚利马太的约瑟是个富人，他为这景象感到震惊，他领了耶稣的身体，将其葬在他个人的墓中。这难道不是统筹全局的神之手使一则最不可能实现的预言成真了吗？

都是演戏？

"哦，别扯了，"有人说，"耶稣知道那些预言，故意将它们全都演出来。"

好吧。对于某些事而言，这种反驳似乎讲得通。但——再想想——预言

---

① 《出埃及记》12:43、46；《民数记》9:12。

② 《约翰福音》19:33。

③ 《以赛亚书》53:9；希伯来用词或"死后"一说见《利未记》11:31；《列王纪上》13:31；《以斯帖记》2:7，其中为将来安葬。

中有许多完全超出人类控制的事件，却都被成功应验，对此该做何解释？如他出生的地点，他死亡的形式，人们的反应（唾弃、嘲讽等），扎他的四肢，不折断他的骨头，还有他入葬的方式。

有个百万大奖正在等你来拿——倘若你能证明一个骗子如何能将上述所有成功表演出来。

只是巧合？

"哦，那是巧合啦。"我听到有人说。巧合？哈，你得给我个更好的理由。根据概率统计学，巧合这种解释可以被明确地排除。

只要使用一般物理定律那种程度的概率计算，我们就可以证明这点。

在《科学讲座》（Science Speaks）中，彼得·斯托纳（Peter Stoner）邀请我们只看八条预言被逐一应验的巧合概率：

> ……我们发现，迄今任意一人能将 8 条预言全部实现的概率为 10^{17} 分之 1，也就是 100000000000000000 分之 1。[1]

斯托纳这样说明这惊人的概率：

> 假使用 10^{17} 枚银币铺在得克萨斯州表面,(它们会)覆盖整个州，且有 0.6 米多厚。在一枚银币上做标记，然后将覆盖全州的所有银币搅乱。蒙住一个人的眼睛，告诉他可以想走多远就走多远，但必须捡到那枚做了标记的银币。他找到那枚银币的概率有多大？那就如同先知写下那 8 条预言——假使那些预言是以他们自己的智慧写成——然后让从他们时代到今日的任意一人将其全部实现的概率。

斯托纳还算过 48 条预言全部偶然成真的概率，他说：

> 我们发现，迄今任意一人能将 48 条预言全都实现的概率为 10^{157} 分之 1（也就是 10 的 157 次方的分之 1）。

---

[1] 彼得·W.斯托纳，《科学讲座》，芝加哥：穆迪出版社，1963年，100—107页。

美国科学院协会（American Scientific Affiliation）执行理事会及一组委员会检验了斯托纳的手稿,然后公布,他的数学分析是"基于概率法则,完全合理。斯托纳教授运用这些法则的方法合理并令人信服"[①]。

预言，无可辩驳的证据

从来没有谁能说，"那纯属特殊历史巧合"。从来没有。

耶稣声称他是允诺的拯救者。

谁想挑战这则声明？如果你想，那你可以这么做：想要证明耶稣的身份无可辩驳，你就必须翻看《旧约》预言。他行了多少奇迹并不重要，重要的是他是否应验了那些预言。如果没有，他就是个冒牌货。

此外，还要明晰这点。如果弥赛亚尚未到来，那他永远不会到来——因为预言的时间早已过去。

再怎么歪曲、争辩、推理那些预言，结果都是耶稣的生平完全符合那些预言的描述。历史上再无第二人的生平完美应验了那些预言。预言中的事件已被耶稣惊人、完美地实现。

另一则引人注目的预言

犹太先祖实行宰杀羊羔的祭祀仪式已有数千年之久。如前所述，这个仪式代表预言中上帝的羊羔，他将到来奉献自己，成为人类的最大牺牲。

先知但以理强调，弥赛亚死后，那些献祭将停止，庙宇将被摧毁。[②]

到耶稣出现的时候，犹太人的献祭系统有近 1500 年之久。

公元 27 年，耶稣被施洗约翰公开称为"神的羊羔"[③]。耶稣向世人传播弥赛亚信息一共 $3\frac{1}{2}$ 年。接着,在公元31年,他被献祭。他的死被宣布为一劳永逸。

犹太领袖拒绝这位弥赛亚，力图继续他们的神庙献祭。然后在公元 70 年，罗马人摧毁了耶路撒冷，而神庙献祭也被迫停止。

那场大屠杀中幸存的犹太人逃往多个国家。自那以后的近 2000 年里，他们都没有神庙，没有献祭体系。

---

① 斯托纳，其书序言第20条。

② 《但以理书》9:26。

③ 《约翰福音》1:29。

正如预言说的，耶稣出现后，祭祀将完全终结。该怎么解释这完美的时间契合？

第三十一章

受难交易——"我死了"，他得救

　　拿破仑打过许多场仗。在其中一场战役中，一人被征入伍，可他不想去，但他有个朋友愿意代替他去。然后那位朋友以他的名义入伍，被派上战场。

　　他在一场激战中丧生，被埋在了战场上。

　　一段时间之后，皇帝想要招募更多士兵。阴差阳错，第一个人又被征召。

　　当士兵要带走他时，他抗议：

　　"你们不能带走我。"

　　"为什么不能？"

　　"因为我死了。"

　　"你没死。你不是还活得好好的？"

　　"不，我死了。"

　　"天，你一定是疯了。你在哪死的？"

　　他说明了那场战役及他被埋葬的地点。"简直就是疯话。"士兵叫道。但那人坚持说他已经死了，且入土已有好几个月。

　　"查下你的记录，"他坚持，"看是不是像我说的那样。"

　　士兵按他说的做了——发现那人所说不假。他们发现，那人已被征召入伍，被送去战场，而后被杀。但是，士兵回答说："看，你没有死。你肯定是让别人代替你去了。死的一定是你的替身。"

　　"我知道，"他说，"他代替我死了，但你们不能动我。我已经死在那个人的身体里了，我自由了。法律不能拿我怎么办。"

士兵不承认替身代他死亡的有效性，这件案子因此被上报给皇帝。"这人说得没错，"拿破仑说，"他已经合法死亡、被葬。法国无权再向他索要什么。"

救赎者耶稣·基督就是我们的替身。若你接受他的救赎，死亡将无法再侵袭你。

两方都给出好消息

异教和耶稣都给出好消息。两方都允诺给人自由。异教建议摆脱造物主，做自己的事，领悟如何自救。

耶稣邀请你我摆脱无尽的挣扎……免于最后的死亡。

在我们最诚实的时刻，也就是独处的时候，每个人都知道，我们内心有某样东西破碎了，需要被修补。

真相是，我们所有人之所以被创造，是为了享受与造物主的美好联系。但某事破坏了那个联系。结果，我们与造物主之间产生了隔阂。我们无法填补那隔阂，无法触及上帝。

因此，他必须来到我们中间。只有造物主才能修补那隔阂，而且他做到了。

他宣告，没有哪个真正寻求救世主帮助的人会被拒绝。

他决定变成我们的样子，化身为人。他为我们的错行肩负起责任，以弥补那隔阂。

但救援启动的唯一途径是个人接受救援。那是个人的选择。

耶稣为什么要经历那么恐怖的死法

请告诉我，证明你爱一个人最好的方法是什么？难道不是为了那个人奉献自己的生命吗？上帝让他的儿子以人类发明的最痛苦、最羞辱、最恐怖的方式死去，而在那时，上帝至高无上的爱显现无遗。

因为那强大的爱，无数人接纳了耶稣。

非同小可

唯有当拯救者受难时，我们才能明白自己的问题有多严重，那是用神子的死这种极端、不可思议的方式才能够弥补的罪。赎罪方式是判断罪行严重性的一种方式。

假使一个人所受的惩罚是做 5 小时社区服务，那你可以准确猜出，无论他犯的是什么罪，罪行都不重。另一方面，如果那人面临死刑，你就会想，无论他犯了什么罪，罪行都不轻。

再没有什么能比耶稣受难更能揭示我们原罪的严重性——上帝亲身忍受了原罪的最终后果，我们因而无须再经历那样的惩罚。

世界因原罪欠下上帝如此大的债，以至于唯有上帝才能将其偿还。

许多人说，即便没有上帝，他们也能实现终极目标。他们可以捐 100 美分、为邻居做善事……所以他们不需要上帝。

这里有个问题，路西法不正是因为试图摆脱上帝、自立门户而被逐出天堂吗？如果我们同样那么做，那上帝是否会接受那自我主义式的努力？

爱的显现

你必须"进化"至更高层级吗？当然不必，因为造物主已替我们完成了那份辛苦的工作。这段最伟大的爱的文字——《圣经》记述——如此总结：

> 神爱世人，甚至将他的独生子赐给他们，叫一切信他的，不致灭亡，反得永生。因为神差他的儿子降世，不是要定世人的罪，乃是要叫世人因他得救。[①]

上帝是慈爱的神吗？那真是个令人难以置信的爱的故事！

耶稣走上十字架，显示出上帝对人类是何等的看重。那是上帝伟大之爱的终极证据。

创造我们的上帝不仅慈爱，而且公正……他是如此公正，致使他的本性要求错行必须受惩罚。然而，他又是如此慈爱，使得他自己承担了惩罚。

细心思考下，如果上帝只是公正，那他不会代替我们牺牲自我（也不会原谅我们）。同样，如果上帝只是"慈爱"，那他也不会为我们牺牲，因为他一早便会原谅我们，而他自身也不必承受任何磨难和痛苦。

---

① 《约翰福音》3:16、17。

他将尊重我们的选择

神子被钉死在十字架上所经历的剧痛表明，我们的罪行非同小可。

耶稣当时的体会正如茫然的人在末日和神圣审判到来时的感受。

末日审判那天，绝望犹如死亡的棺罩，将人类的罪恶灵魂聚集。那时，人类将完全意识到其罪恶的严重性。他对我们的救赎以不菲的代价换得——神子的受难与死亡。一个人将获得救赎，只要他自愿且快乐地接受它。

然而，造物主不会强迫任何人接受救赎。如果一个人拒绝这免费的上天恩典，而选择他自己的路，他的选择也将受到尊重。而到最后，他将获得报偿，即不复存在……若他鄙夷上帝的牺牲，他将永远与上帝分离。

他的人生将失去无尽快乐，为过眼烟云的诱惑牺牲。

两方反差

历史上那个时刻，耶稣在十字架上献出生命时，爱与自私直面彼此。那时是双方的极致显现。

在其精心策划的背叛、假审判及可耻的十字架处刑中，撒旦对神子无法遏制的恨意表露无遗。

耶稣的人生目的仅为慰藉众生，祝福众生。置耶稣于死地证明了撒旦对上帝的邪恶恨意。他背叛的真正目的昭然若揭，他要废黜上帝，摧毁上帝。然而，上帝却用他的爱回击。

这场对峙令全宇宙看清了撒旦罪恶的真面目。天上的住民被路西法吓坏，曾是他们一员的他竟如此堕落，变得这般残忍。他遭流放时，他们对他的同情与惋惜而今都烟消云散。

路西法自诩为天之光，却向那无辜的人施以报复。相较之下，他复仇的那个人忘我且慈爱。他来自天堂，目的是救助迷失的人类。

另一个破坏救援企图

嘲笑他的人包围行刑的十字架，他们的每句话、每个举动都是为了让耶稣泄气。这一切的幕后指挥者就是撒旦。他企图激怒耶稣，让他从十字架上走下。如此一来，救援计划就会破产。

但我们很幸运，拯救者忠实于解救人类的目标。

抵触他的人犹如疾风暴雨，冲他裸露的身体怒吼，但那没有剥下他对这迷失世界的爱，这个世界的唯一希望就在他此刻被众人侮蔑的牺牲。

此时，他感到与天父完全疏离，于是向天父大声呼喊。他看不到这糟糕现实的尽头。

然而，他拒绝自救。他清楚，如果他屈服于这漫天的嘲笑——"你不是说你是全能的弥赛亚吗？"——而自救，人类将会永远迷失。

路西法军团此刻的表现极为丑陋！他们犯下骇人的罪行。天上的住民都为之惊奇，毛骨悚然。

他们对路西法的最后一丝同情已消失殆尽。在其他世界居民的眼中，路西法玩完了。他已暴露他骗子与谋杀犯的真实面目。路西法彻底丧失了信誉，而耶稣·基督证明了他的清白。

多了不起的胜利！

耶稣为何如此特殊

耶稣为什么如此与众不同？简单地说：我们无法通过自我努力的方式接近上帝——但上帝已经让耶稣·基督代表他，将他的慷慨下达我们。

这就是不同之处。

可以说基督教根本不是宗教，而是

（1）一种启示；

（2）一种救赎；

（3）通过耶稣·基督与上帝确定一种联系。

上帝公平吗

你或许会想，上帝对人类的态度是否从古至今都未曾改变？那些生于耶稣降临之前的人怎么办？

答案是肯定的。因为拯救者将要在十字架上背负世界的原罪，所以上帝接纳生于耶稣到来之前的人。同时，出于耶稣在十字架上为我们背负了原罪，所以他也会接受今天的你和我。无论我们的种族出身和宗教信仰是什么，耶稣都是我们需要的唯一救赎者。事实是上帝非常公平。

士兵受宽恕

美国内战期间，来自佛蒙特州（Vermont）的年轻人威廉·斯科特（William Scott）被判处枪决，原因是他在夜晚站岗时睡着了。

亚伯拉罕·林肯（Abraham Lincoln）从不忍心判处任何人枪决。他去到斯科特的帐篷，要求见他。他们聊了很久，然后林肯问到斯科特母亲的情况。斯科特取出他母亲的相片，那相片他随身携带。想到或许永远再不能见到她，斯科特泪流满面。

"好的，"林肯最后说，"你不会被枪决。但告诉我，如果我赦免了你，让你自由，你要如何报答我。"

斯科特犹豫了。"我们家很穷，"他回答，"但我想，如果押掉农场，我们或许能筹得 500 美元。"

"不，那不够，"林肯说，"我要的报偿可比那大，而且只有一个人能付得起，那个人就是威廉·斯科特。如果从今日起，他做好应为祖国做的事，我必将他完整奉还。"

威廉·斯科特永远不会忘记那样的宽恕。他为祖国战斗，最终为国捐躯。

是的，我们不值得上帝救赎，但如果谦卑祈求，我们就会获得救赎。

* * * * * * *

你听说过"不可能实现的"预言吗？请看这个……

第三十二章

耶路撒冷预言——"逃命去吧"

真是个悖论!

公元 66 年反抗罗马人期间,成千上万的犹太人涌入耶路撒冷,心想城内比城外安全。

然而,当犹太人蜂拥进城时,耶路撒冷城内所有基督徒市民都蜂拥出城。

在随后而来的大屠杀中,110 万人遇难。历史上没有哪座城市沦陷后出现如此多死伤。广岛遭原子弹轰炸时,死亡人数仅有耶路撒冷沦陷后死亡人数的十分之一。

但非同寻常的是,耶路撒冷被摧毁时,没有一位耶稣信徒丧生。

你会问,那是为什么?答案是,他们遵照某人的指示,一直在留意"迹象"——给他们指示的就是耶稣。

如果耶稣从不存在——如果他是后来某人丰富想象力的"创造物"——那么要如何解释这位"虚构人物"给信徒的这则预言?为什么其他人遇难或沦为奴隶,所有基督徒却都成功逃生?

是什么造就了那不同的命运?是的,是因为一则预言……一则公元 66 年之前就被给出的预言。

那些幸存者说,耶稣曾给他们一则预言,然后他们应着预言行事。

历史证实了此次事件。早在那个时候,耶稣的信徒已经存在。他们坚定不移地信仰耶稣,相信他亲自给出的那则预言。信仰使他们采取了与他人不同的行动——而那令他们活了下来。

那则预言是什么

在被钉十字架不久前，耶稣最后一次去了犹太圣殿。走出圣殿时，他指着圣殿的巨大石头，向他的门徒吐露："我现在告诉你们：将来在这里，没有一块石头留在石头上不被拆毁。"①

门徒对此困惑，其中四个人抓住那个秘密时刻问："那将是什么时候？"

耶稣一语惊人："这一切的罪都要归到这世代了。②你们将亲眼看到它发生。"③

之后，耶稣列出那可怕事件发生前的七个征兆——结果每个都显著应验。

等候那迹象，然后逃命

然后他指出那迹象——一个特殊迹象将让他们知道耶路撒冷即将被毁。

> 你们看见先知但以理所说的"那行毁坏可憎的"站在圣地；你们看见耶路撒冷被兵围困，就可知道它成荒场的日子近了。那时，赶快出城。④

从宗教角度而言，在犹太人眼中，偶像或异教象征，如旗帜，常被称为"可憎的事物"或冒犯的东西。在那个时候，"可憎的事物"指的就是城外罗马军队的旗帜。

最不可能成真的预言

"好的，好的，"有人说，"罗马人根本没有必要攻打耶路撒冷。耶路撒冷当时已经是罗马帝国的领域，受罗马人管辖。依常识来看，罗马人为什么还要围攻它呢？"

罗马人不可能围攻耶路撒冷的原因还有，自尤利乌斯·恺撒执政起，罗

---

① 《马太福音》24:1、2。
② 同上，23:36，24:34。
③ 第15节。
④ 《马太福音》24:15-19；《路加福音》21:20-24。

马就一直宽大对待犹太人。犹太人执行自己的宗教法律，免服兵役，甚至还保留了傀儡国王希律王。

此外，那则预言说，当耶路撒冷已经被兵围困时，要离开城——但那种时候人们怎么出得了城呢？

我知道，我知道，这样的预言听上去的确很蠢。那样不可能的事究竟要如何发生？

连串的惊人事件

我们来看看事实是怎样的。

事实是，在随后的时间里，罗马官员变得越发贪心。由于受征税压垮，犹太人开始向狂热分子求助——而那群狂热分子的领袖正是罗马的仇敌，罗马恨不得用剑将他们斩尽杀绝。

公元 65 年，罗马代理弗洛里斯（Floris）干了一件令犹太人大为愤怒的事，他们随即起义。由基斯加拉的约翰（John of Giscala）（加利利的一位富商）和西蒙·巴·乔拉斯（Simon Bar Gioras）领导，犹太人发动了大规模起义。

罗马驻军对此预料不及，因此溃不成军。犹太战士随后占领了耶路撒冷，并修筑了防御工事。

公元 66 年，罗马的叙利亚总督塞斯提乌斯·加卢斯（Cestius Gallus）指挥犹大的部队，朝耶路撒冷进军，将城围困。

若那年没有发生犹太人起义，罗马人本没有理由围攻耶路撒冷。但耶稣在 35 年前就预言了这一切。"耶路撒冷被兵围困时，"他说，"就快逃。"

代表异教徒军队的异教旗帜不只出现在耶路撒冷周围，最终还出现在那片圣地上。他们企图拿下圣殿——但一时无法进入。

"你们看见'那可憎的'站在圣地。"耶稣说。

这就是基督徒要留心的信号。不过，他们要如何逃跑呢？攻击者已经包围了城市！此外，城内狂怒的主战派，即犹太狂热信徒，会阻止任何逃跑行动。

塞斯提乌斯指挥的罗马军队作战相当成功，犹太人就要投降。塞斯提乌斯获得耶路撒冷亲罗马派为其打开城门的承诺，受到鼓舞，因此集齐军队发起猛攻。罗马军队不断向城内突破，远至圣殿北城墙。

然后，一件惊人的事发生了。

塞斯提乌斯突然从耶路撒冷撤退，"毫无缘由"[①]。

基督徒知道缘由。

当狂热分子打开城门，出发追赶撤退的罗马人时，留心的基督徒知道他们的机会来了。

谨记耶稣35年前的警告,每个基督徒都在适当的时间经由打开的城门逃出城。

他们逃至佩拉（Pella）。那位于穿过约旦河山脉的一座山麓中，约旦峡谷将它完全与犹大隔离。

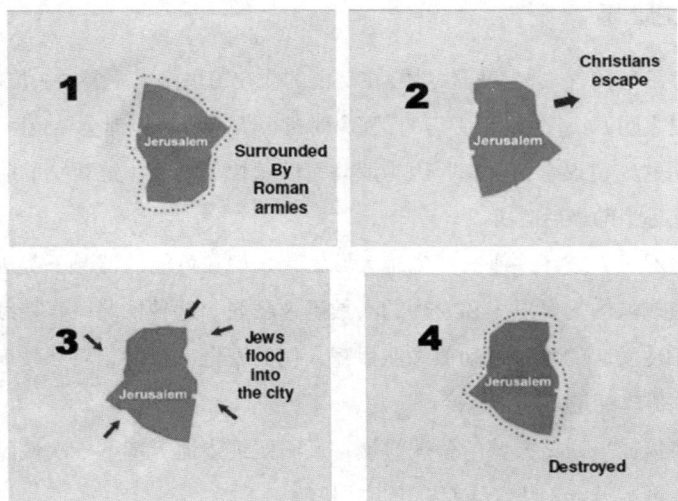

连串事件

"耶路撒冷被提图斯围困（公元70年）之前,"《犹太百科全书》（Encyclopedia Judaica）说，"城内的基督徒移去了佩拉。"

"如果（耶稣的）预言是在事后写下，那很难解释耶路撒冷城内基督徒的成功逃离。" G. A. 威廉森在《约瑟夫斯——犹太战争》（Josephus - The Jewish War）一书中写道。

没有一位基督徒死在随后的耶路撒冷大屠杀中。为什么? 因为他们有耶稣的预言。他们一直在留意某个迹象——他们遵照他们神的指示行动。

---

① 弗拉维奥·约瑟夫斯，《犹太战记》，书2，第19章，第7节，原文强调。

这则预言精准地应验了！你相信吗？

祷告被回应

此外，遵随耶稣的指示，基督信徒一直祈求，此事不在冬天，也不在安息日。[①]

犹太历史学家格雷茨（Graetz）计算了相关时日，得出塞斯提乌斯一定是在 10 月 7 日星期三令军队撤出耶路撒冷。因此，基督徒不必在安息日跋涉，也不必在冬季逃跑。

迫在眉睫

耶稣已经预言，逃出城需尽快，在房上的或在田里的人不要回去取衣裳。[②]

历史表明，如此匆忙是必需的，因为时机极为重要。拖延会导致巨大危险。事实表明这则建议合情合理，因为罗马军队很快就返回。这暂缓的时间是基督徒必须逃生的最后时机。

随着罗马人破坏一座又一座犹大城镇，人们在可能的情况下都逃往耶路撒冷，造成城内需要供养和管理的人数迅速膨胀。这种情况一直持续着，因为耶路撒冷发起的联合行动似乎能保障人们的安全。战事相对和缓期间，更庞大的人群蜂拥进入耶路撒冷。

狂热信徒一回城，城门就被封锁，人们便绝望地等待下一次城门再开。如果这次再不出城，基督徒就再也无法逃脱。

不久后，入侵的罗马人就返回围攻。随之而来的是饥荒与流血的可怕景象，一直持续至耶路撒冷沦为废墟。

但是——请注意这点——历史记录表明，没有一位基督徒死于耶路撒冷围困中。

批评家又错了

我们要明白的重点是，公元 66 年之前，耶稣的预言即已存在。

---

① 《马太福音》24:20。

② 同上，24:17、18。

（1）历史证实确有此事。

（2）耶稣的信徒当时已存在。他们相信耶稣的预言。而他们的信仰令他们采取与他人相反的行动，他们也因此保住性命。

醒醒吧！这则耶稣预言在公元 66 年拯救了耶路撒冷的基督徒。它不是在事件发生后编造的。一些批评家的说法被击溃，因为他们称福音书成书于 1 世纪晚期，甚至晚至 2 世纪。

为什么那些批评家不投降？因为做赢家的感觉要得意得多。

第三十三章

复活？——"那个死人又活了！"

以下文字曾经是一条"实况"新闻,报道时间为公元 31 年尼散月（Nisan）16 日, 地点为耶路撒冷:

传闻拿撒勒人复活了

罗马守卫传闻,被处决的犯人复活了

城市一片哗然

耶路撒冷,尼散月 16 日 3 时。

今早,离破晓不久前,人们看到一些罗马士兵从耶路撒冷北部的骷髅山奔向城内。据目击者称,士兵十分惊慌。他们一边发疯似的狂奔,一边大叫:"他活了! 那个死人活了!"他们飞奔经过安东尼娅塔和神殿区域,刚经过公会室时,一些祭司走出,匆忙叫他们进去。

那些士兵是一支特别分队,被派去监守前天钉死在十字架上人的坟墓。那人是从加利利来的导师,名叫耶书亚。

等到罗马人走出那建筑时,许多人已聚集起来。士兵传话给人群,说他们睡觉时,耶书亚的门徒从墓中偷走了尸体。人群渐渐散去,但今早,许多耶路撒冷人的心中仍存留一些疑问。

为什么士兵进入公会室前后的说辞不一？为什么他们那么大言不惭地承认自己在站岗时睡着了——那可是应被处以死刑的罪过？站岗睡着的故事很可能是为了向民众掩盖真相捏造出来的。但真相是什么？事实是什么？

整件事受到非同寻常的保密，好像隐藏了什么。那个处死的犯人于前天午夜后的某时被抓，地点在城东橄榄山（Mount of Olives）西坡的一座橄榄园内。据说，他没做任何反抗，也不允许他的任何信徒抵抗。

加略人犹大是个叛变的门徒。他将当局和暴民引至客西马尼园（Gethsemane Garden）。他知道，那处私人隐居所为耶书亚及其信徒所用。

审判在黎明前举行，那很不合常规——事实是不合法。在市民醒来意识到发生了什么事之前，或在耶稣的信徒能够组织诉讼抗议以前，他们就已面临一个"既成的事实"。审判已经完毕，罗马检察官勉强赞许此次死刑判决。

太阳升起后的三小时，耶书亚被钉十字架。六小时后，他死去。被钉十字架后那么快就死去很不寻常。如果耶书亚患病或年迈就没什么奇怪的，但他刚过 33 岁，且健康状况完好。之后他被埋在行刑的骷髅山附近一座墓中。

这位被指控、被责难、被处死的人很有可能是无辜的。如果确实如此，那这案件的责任应归咎于公会，尤其是大祭司亚那（Annas）、该亚法（Caiaphas）和他的侄子。他们憎恨、嫉妒拿撒勒人耶书亚有好长时间了。

有传言说，审判之所以秘密进行，就是因为当局害怕人民反对。事实上，耶书亚的追随者多得惊人，其中很多是普通民众。据说，他治愈了他们的疾病。有人说，几周前，他令伯大尼（Bethany）一个人起死回生。

好几次，他给出惊人的预言，而事情都如他说的那样发生了。几周以来，他一直在预言自己的死亡。他还预言，死后的第三天，

他将奇迹般地起死回生。而今天正是那第三日！ [①]

如果遍布全球的基督教是建立在骗局之上，如果那骗局的主角耶稣·基督从未起死回生，那下葬后第三天他身体的去向一定是全世界最有意思的未解之谜。

我们都喜欢猜谜。我记得，有一天在一家背包客旅馆，我与一位瑞典旅行者讨论了这个问题。那个旅行者名叫利夫（Leif）。

耶稣"复活"：后来编造的故事？

"首先，"利夫说，"我不相信耶稣·基督真的起死回生了。那故事是史上最大的谎言。"

"哦，是吗？"

"那个传说是多年之后才被写进《圣经》的，目的是美化一位死去的英雄。"利夫神情严肃。

"那好，请告诉我，利夫，卷入那场骗局的人，你称他们为……基督徒。基督徒是什么时候出现的？你同意是在罗马皇帝提比略执政期间吗？"

"我想是的。"

"利夫，那是牢牢确定的史实，对吗？"

"这点我没有异议，乔纳森。但复活的传说是之后才有的。"

我倚上前去："我问你，利夫，基督徒出现的时间为什么是在提比略执政期间？告诉你，答案就是，那时的人们相信耶稣刚刚死而复生了！就连异教作家和学者都为此做证。"

"如果那是事实，利夫，那个死者的复活怎么又会是基督徒后来的创造物？更确切地说，耶稣复活正是基督徒信仰的开端，是他们信仰的源泉与动力。耶稣复活正是基督教及其强烈希望的源头！"

"利夫，我的意思是，基督徒信仰的始因与开端就在于他们相信耶稣死而复生了。"

"哦，别胡扯了，乔纳森，耶稣的故事是直到 2、3、4 世纪才被写下，距

---

① 西蒙·亚伯拉罕斯。

那个传说事件已经有好长时间！"

我包里碰巧有一些资料是关于这个问题的。我弯下身，打开公文包，将它们取出。"你知道威廉·奥尔布赖特（William Albright）教授吗？"我问。

"他是谁？"他说。

"他是迄今世界上最重要的一位《圣经》考古学家。听听他对这个发现的总结：

> 不管《死海古卷》（*Dead Sea Scrolls*）告诉了我们什么，有一件
>
> 事是肯定的，《新约》的成书时间不可能晚于公元 80 年。[①]

利夫目不转睛地看着这份文件。

"利夫，这意味着，在初代门徒去世之前，《新约》全书就已创作完成，且其中很大一部分是在更早之前就已写成。"

"你是说，"他说，"耶稣的死而复生并非在之后才被融入或加进《圣经》中？"

"没错，"我回答，"最初没有文字记述耶书亚复活，但《新约》的作者提供了亲见证词。他们都目睹了那个事件，他们亲身经历了那个事件。也基于此，他们确立了自己的信仰。他们的信仰合理且热忱，因为那并非依赖一些'记录'，而是建立在他们目睹的东西之上！任何后来的记录都是他们基于信仰记下的。我想说的就是，基督徒的信仰并不是基于某些文献资料产生的。"

"保罗原本是位怀疑论者，但之后他却当着亚基帕王（King Agrippa）的面说：'王也晓得这些事（那位死者的复活），所以我向王放胆直言。我深信这些事没有一件向王隐藏的，因都不是在背地里做的。'"[②]

"人们纷纷议论耶稣的复活，那是众所周知的事件，在很短时间内传遍整个罗马帝国。"

利夫稍稍脸红了："无所谓。可是，看，这故事会不会是一小撮耶稣的狂热信徒为保全他们的脸面编造出来的？"

"那好，利夫。假使你是对的，那请告诉我，那种编造的谎言能够令人格

---

① 威廉·F. 奥尔布赖特，《圣经土地上的近期发现》，纽约：芬克与瓦格纳出版，1955年，136页；也见，奥尔布赖特接受《今日基督教》的一篇采访，1963年1月18日；奥尔布赖特，《从石器时代至基督教》，巴尔的摩，约翰·霍普金斯出版社，1946年，23页。

② 《使徒行传》26:26。

转变吗？能激励男人女人，甚至是男孩女孩忍受无法言喻的恐怖迫害，殉道而死吗？如果那只是个骗局，你要如何解释，当向神请求宽恕给他们造成痛苦的人时，受害者脸上会绽放愉悦的神情，祷告者嘴角会露出笑容？没有什么，绝没有什么能对抗基督徒的证词，对抗他们所说的'天翻地覆'。当受到挑战时，他们只回答：'我们所看见、所听见的，不能不说。'"①

"你对此做何解释？"

利夫看上去若有所思。

"五十天后的五旬节上，彼得告诉民众耶稣复活，他并非明知那是谎言还大肆宣扬，而是清楚知道耶稣弥赛亚的死而复生是无可否认的事实。那即是他口中引人入胜信息的主旨。没人能反驳他所说的真实性。没人试图否认他的话。耶稣复活的证据呼啸而过，令异教神庙关闭，令偶像倒下，将人升得高贵，给绝望的社会带来希望。耶稣曾说：'复活在我，生命也在我。'我来问你，朋友，你能说出那样的话吗？"

"是的，我能说出！"

"但你能让人们相信你的话吗？"

回应是沉默。

最伟大的奇迹莫过于当时众人忠诚于早期教会。人们可以感受到一股强大的影响，耶稣的追随者曾见他被当众处决，被当众埋葬，同是这群人甚至在耶稣复活后与他并同行走、谈话。

人们坚信他所说的一切和他所做的一切。自那时起，这信仰牢牢抓住了世代民众的心，将他们从奴役他们的力量中解救出来，令他们完成变革人生的奇迹。

倘若耶稣没有死而复生，基督教就永远不会出现——《新约》也不会存在。接下来，我来跟你们说说吉尔伯特·韦斯特（GilbertWest）与洛德·利特尔顿（Lord Lyttleton）的一段奇遇……

---

① 《使徒行传》4:20。

第三十四章

复活？——谁偷了尸体

两个自称是怀疑论者的聪明年轻人前往牛津。其中一人是著名的吉尔伯特·韦斯特，另一人是英国著名记者洛德·利特尔顿。

这两人都赞同，必须要消灭基督教。他们也同意，为摧毁它，有两件事是必须要做的：

（1）证明耶稣未从墓中复活。

（2）证明大数的扫罗，刺客兼杀手、激烈的反基督者，不曾皈依基督教。

两人分派好任务，韦斯特负责推翻复活一说，利特尔顿则要用他聪明的头脑负责调查大马士革（Damascus）路上扫罗的经历。

他们给自己充足的时间——12个月；如果有必要，时间还可以延长。

韦斯特开车进入波特尔(Porteur)豪宅的车道。那时正值冬天的第二场雪。烟雾从客厅的烟囱盘旋而上。韦斯特的邻居是个"宗教狂"，是他练练脑子的好"靶子"。

韦斯特被领进一个大办公室。波特尔抬头看："吉尔伯特，老兄。真少见哪……我该如何感谢碰上这令人高兴的事？"

两人坐下闲聊了一会儿，然后韦斯特切入正题。

"波特尔，我要驳倒耶稣复活的传说。你敢和我谈一小时吗？"

"为什么不？"波特尔咧嘴笑了笑，"你是怎么想的？"

他没死？

"坦白说，我认为耶稣没有死在十字架上。"

"有意思，"波特尔回答，"那事实是什么？"

"他喝了麻药，骗了罗马人。不然就是在罗马人把他从十字架放下到放他进墓中，他都处于晕厥状态。然后他以某种方式逃出了墓室，去了一个遥远的地方，一直生活在那，直至老死。事情就是这样。"

波特尔笑了。韦斯特是认真的吗？是的，他的表情是那样说的。

波特尔说："你说他喝药使得他在十字架上保持无意识状态，我跟你说吧，那与十字架处刑的本质不相容。"

"那是什么意思？"韦斯特问。

"在十字架处刑中，犯人的双臂展开，身体悬挂，使得犯人的胸腔抬起，横膈膜降至最低位置。那意味着受害者只有靠抬高身体才能呼吸——而那需要用到腿部大块肌肉，不管持续多长时间都如此。所以那些被钉十字架的人往往被打断腿，为的就是加速其死亡：几分钟后，受害者就会因窒息而亡。"

"告诉你，吉尔伯特，如果耶稣服下足量药剂，使得他能在十字架上失去知觉，那就无须再做什么加速他死亡了。在朋友能够将他从十字架上放下前，他就已经死了。根据这个基本事实，你的想法站不住脚。"

"等等，"韦斯特反驳，"《圣经》说，耶稣被埋入墓中后，'她们预备了香料香膏'，将这些带到坟墓前[①]。如果耶稣死了，那要香膏做什么？一具死尸无须药物治疗。"

"香料和香膏？老兄，依照传统，它们只是用于处理尸体，"波特尔笑着，"这种习俗与尸体防腐相关。你肯定知道的。仔细想下：耶稣的母亲与在场的其他人都目睹了他死去，所以她们不是去医治病患。"

"还有呢。想想看！一个人被鞭笞踢打直至气数殆尽，当街倒下；然后被吊起一天一夜，外遭拳打脚踢，被吐唾沫；再加上滴水未进，又被鞭挞，命悬一线；最后手脚被长钉刺穿，又被悬吊在烈日下数小时，然后一根硕大的长矛猛地插进他的肋部，鲜血四溅如泉涌；那柔软无力的尸体被从支架上取下，

---

① 《路加福音》23:56, 24:1。

被小心地裹上寿衣，埋进墓中——还能怀疑他没死吗？

"是否有极小可能性……耶稣没死？请告诉我，在伤势如此严重，身体如此脆弱力竭的情况下，他怎么能够移动一块几个年轻力壮的罗马士兵才能搬动的大石，然后逃出坟墓？"

"请记住，犹太人对这种可能性可谓谨慎提防。他们已对总督彼拉多说：'大人，我们记得那诱惑人的还活着（表明他们坚信他此时已死）的时候，曾说"三日后我要复活"。因此，请吩咐人将坟墓把守妥当，直到第三日，恐怕他的门徒来把他偷了去，就告诉百姓说：他从死里复活了。这样，那后来的迷惑比先前的更利害了。'彼拉多同意配合。他回答：'你们有看守的兵。去吧、尽你们所能把守妥当。'"

"你说耶稣只是'昏厥'，这样的假设违背了逻辑、推理、史实和理智！"

"你瞧，韦斯特，犹太人确保了石头永远不能被从外面打开——更不用说被一个身带致命伤的人从里面打开。记录说：'他们就带着看守的兵同去，封了石头，将坟墓把守妥当。'"①

"石头被滚开不是人类在夜间秘密干的，而是强大的天神所为。被命去看守坟墓的守卫见到他昏过去，像死人一般。这不是什么秘密，而是一件惊人、威严、荣耀的盛事。还有更具说服力的证据表明他在十字架上并非晕厥过去。"

"你指什么？"韦斯特说。

"我指的是，"波特尔回答，"一个半死不活的人从坟墓悄悄逃出，疲弱地蹒跚前行，他缺乏治疗，需要包扎、营养和照料。他那个样子不可能让门徒相信他征服了死亡，也不可能奠定他们未来事业的生命源头。他那个样子很难将门徒的悲伤化为热情，也不能令门徒对他的尊敬上升为崇拜之心。"

"我想你这点说得不错，"韦斯特承认，"所以他死了。我们都会死。但就是这起死回生的鬼话我拒绝相信。"

韦斯特决定为自己声辩。他要在镇上的图书馆展开调查。然后，他要把《圣经》撕得粉碎。

---

① 《马太福音》27:63-66。

提及耶稣的历史学家

但是,不一会儿,他就有了令他不安的发现,约瑟夫斯——不是基督徒——记述了耶稣的事迹(本书前部分已提及):

> 这时犹太地出现一位名叫耶稣的智者……而彼拉多在我们上层人物的怂恿下,判钉他于十字架。从起初就爱他的那群人一直没有离弃他,因为他在死后第三天又复活了……基督徒就是从基督得名的,直至今日仍未绝迹。[①]

约瑟夫·斯卡利哲(Joseph Scaliger)非常熟悉约瑟夫斯的著作,他总结:

> 约瑟夫斯是所有作者中最勤勉、最热爱真知的:我们不害怕肯定他,相信他更是无害。不只是犹太人的事,还有异邦人的事,他的记述都比其他希腊、拉丁著者的可信,因为他忠于史实且学识渊博,这在他的每字每句中都显而易见。[②]

斯卡利哲说的正是经受了检验的约瑟夫斯的历史,例如马察达(Masada)[③]事件。1965 年,一次对马察达的大范围考古挖掘结束,《新不列颠百科全书》(1987)这样评论那次挖掘发现:"当时只有罗马 – 犹太历史学家约瑟夫斯详细记述了马察达历史,而事实证明他提供的资料极为准确。"

我们不能不假思索地拒绝约瑟夫斯历史的准确性。

韦斯特的担忧并非毫无道理。他知道《新约》作者也许会出差错,而那会让他们丧失信誉。

空墓

这个事实无可争辩:耶稣被钉十字架的三天后,他的墓室是空的。对此,罗马人、犹太人、耶稣的信徒都检验过——且都承认这一事实。

除非他们走错了坟墓!

---

① 弗拉维奥·约瑟夫斯,《犹太古史》,卷3,书18,第3章,第3节。
② 约瑟夫·斯卡利哲,《时代进步》序言,17页。
③ 译者注:犹太圣地,位于死海东岸。

是的，事实就是这样。那些女人星期日早晨去墓地，报告墓室是空的，她们一定是走错了坟墓。

但稍微想了一下，韦斯特就发现了一些难题。

三个人或更多人怎么会这么快就忘记心爱之人的埋葬地点？毕竟，他们都清楚看见过尸体被葬在哪个墓室，因为是他们亲手安葬了他！[①]

无论如何，难道耶稣的敌人不会很快找到正确的坟墓，然后揭露称耶稣复活了的女人和耶稣信徒的谎言？

怀疑论者韦斯特决定对此进行彻底调查。他注意到，耶稣被埋葬的地点是亚利马太的约瑟的私人坟墓。这个人难道会忘了自己捐赠的墓地的位置吗？

"错误坟墓"理论还有一个更严重的问题，犹太大祭司和长老从不曾质疑耶稣坟墓变空的事实。

就是这样！一定是有人将尸体搬到了别处。亚利马太的约瑟或许变了主意，移走了耶稣的尸体——所以那座坟墓空了。

但是，如果真是那样，为什么守卫们没有那么说？如果知道尸体被移至他处，守卫为什么还要守着那座坟墓？他们站岗的地点在石头被滚开前就应该换了。如果坟墓是空的，对那些封上墓室门的人而言，他们肯定知道墓室是空的。此外，假使约瑟之前就移动了尸体，那比起说自己站岗时睡着了，士兵可以原本地说出事实——因为对士兵而言，那是个更安全的故事！

好几天，韦斯特脑中一直盘旋着这件事。

他被这个问题不断叨扰。约瑟请求领了耶稣的尸体，将它葬在自己墓中，那之后，为什么他要堵上自己的性命和将来的名誉，迅速地将耶稣的尸体从墓中移走？他没有向耶稣的门徒那么解释，而后者此时已完全相信耶稣起死回生的事实。

约瑟是位尊贵的参事，"也是等候神国的"[②]，"为人善良公义"[③]。

有如此才能和品格的人会进行那种欺骗吗？

不会，韦斯特想。假使有任何欺骗，迟早都会暴露。

---

① 《马可福音》15:45-47。

② 《马可福音》15:43。

③ 《路加福音》23:50。

另一方面，罗马士兵有可能藏起耶稣的尸体，稍后将它埋在别处吗？

不可能。军法强令，遗失犯人的士兵要受死刑。[①]

恐惧受罚使得士兵小心履行职责，尽量做到万无一失，守夜士兵更是如此。那为什么守卫要甘冒死亡的风险移走尸体？而他们移走尸体的动机又为何？

毫无动机可言。

犹太人偷了耶稣的尸体？

韦斯特想，或许因为对耶稣深恶痛绝，犹太领袖秘密地将他的尸体埋在了别处。或许那就是尸体未被找到的原因。

韦斯特像只斗牛犬般坚持不懈。他继续研究着，权衡各种内在因素。

犹太领袖偷了尸体？不，那讲不通。那些宗教领袖很多次试图杀了耶书亚。

他们嫉妒耶稣的影响与品行。他们无所不用其极，企图令民众不相信耶稣就是那弥赛亚。然而，即使耶稣在墓中，他们仍因他的预言烦扰。

其次，在耶稣的人生中，预言据说一个接一个地成真了。其中一则预言暗示，弥赛亚暴死后将复活。[②]耶书亚曾称，他死后三天将复活。

因此，为确保耶稣的尸体不被从墓中偷走，犹太领袖亲自请求罗马人帮助看守墓中的尸体。依照他们的建议，在他们的监督下，墓室被封上。

坟墓被封得相当严实，无人能将其打开——且罗马守卫受命看守坟墓。

韦斯特继续调查《新约·四福音书》的记述。

耶稣受难后的第三天——那是一个多不寻常的早晨！

人们看见几个罗马士兵奔向内城。

据目击者称，那些罗马士兵十分惊慌。他们一边发疯似的狂奔，一边大叫："他活了！那个死人活了！"

他们经过公会室时，一些祭司走出，匆忙招呼他们进去。

为什么士兵进入公会室前说的是一套——出来后说的又是另一套？

《新约》记载说，犹太领袖"拿许多银钱给兵丁，说：'你们要这样说：

---

① 乔希·麦克道尔，《要求裁定的证据》，卷1，加利福尼亚州圣贝纳诺：这就是人生股份有限公司出版，1986年，212页、213页。

② 《以赛亚书》53:7-11。

夜间我们睡觉的时候，他的门徒来把他偷去了。'倘若这话被巡抚听见，有我们劝他，保你们无事。兵丁受了银钱，就照所嘱咐他们的去执行。这话就传说在犹太人中间，直到今日。"①

韦斯特自问，为什么士兵如此大言不惭地承认自己在站岗时睡着了？——那可是应被处以死刑的罪过！

为什么犹太领袖如此急切地令士兵改口？犹太人自己支付了士兵一大笔封口费，让他们散布谣言，说是耶稣的门徒偷了他的尸体。倘若是犹太人偷了耶稣的尸体，那他们为什么还要收买士兵，说是耶稣的门徒干的？

韦斯特如遭晴天霹雳：对人们而言，耶稣不是弥赛亚且确实死了的最大证据是什么？

当然是找到尸体，并将其示众！

是的，没错。耶稣时代的犹太领袖或任何犹太人要是找到了耶稣的尸体，早就会把它拿出来示众！

在此我要插下我的观点：就如反复无常的意大利民众拖着墨索里尼的尸体在米兰游街示众，并侮辱性地将它与他情人的尸体并排倒挂在市民广场前；在耶稣的时代，犹太人本也会将耶稣残破的尸体挂在耶路撒冷、其他城镇和附近村庄当街示众，以向世界证明他没有复活。尽管相信好了，他们一定会那么做。

韦斯特开始明白，如果要摧毁基督教，犹太领袖所要做的就是找到耶稣的尸体，并将其示众。

从那时直至今日，在犹太人当中，此事一直是讨论的焦点。

如果犹太教领袖偷了耶稣的尸体，知道尸体在哪，且能够将尸体示众，那为什么他们后来还要阻止基督徒告知世人耶书亚死而复生，为什么犹太人最后还要冒着生命危险去迫害甚至谋杀基督徒？

倘若犹太人完全清楚耶稣并未死而复生，且能够将其尸体示众，那他们起誓在杀死基督的使徒保罗之前绝不进水米有什么意义？杀害约翰的哥哥雅各有什么意义？折磨、屠杀无数告知人们耶书亚起死回生的门徒和基督徒又有什么意义？

---

① 《马太福音》ch.28:12-15。

面对如此强有力的证据，若还相信是犹太人偷了并保有耶稣的尸体，那个人必是十足的蠢材。

要证明耶稣复活的故事为假，犹太领袖只消将他的尸体示众。

吉尔伯特·韦斯特明白了！绝不是犹太领袖偷了耶稣的尸体。

他必须继续调查……

第三十五章

复活？——尸体是他朋友偷的？

一定有人偷了耶稣的尸体，韦斯特对此确信不疑。

除了耶稣的门徒，还会有谁是小偷？他们一定是趁守卫睡着时来到墓地，滚开石头，偷走尸体，重新填好土，然后掩盖真相，为的是诱骗人们相信耶稣死而复生了。

吉尔伯特·韦斯特必须精密地调查此事。他感觉这一定是问题的答案，他要证明它。

他的研究显示，大祭司从未质疑坟墓空了的事实。他们知道守卫的报告是真的。

然而……如果确实是耶稣的门徒偷走了尸体，那为什么犹太祭司还觉得必须要收买守卫，让他们说是耶稣的门徒偷了尸体？[①]

假使守卫真的在墓旁打瞌睡，那犹太祭司岂不是会气愤不已，并最先向总督告他们的状？但相反的是，祭司要士兵照他们的话去说，并保他们无事。

还有，如果那些士兵真在哨岗上睡着，如果犯人是在他们睡着时被带走，那依照军法，他们应被判处死刑。所以，如果事情真是那样，那为什么彼拉多没有下令逮捕那些士兵？

韦斯特越想越觉得不安。

---

① 《马太福音》28:15。

彼拉多是不是知道，尸体从墓中出现时，守卫并未睡着，而是另有其事？

那些士兵免遭逮捕暗示了耶稣的尸体并非在他们睡着时被盗走！

而且，假使尸体是在站岗士兵全都睡着时被带走，那他们如何肯定犯人就是耶稣的门徒？

或许其中一个士兵看到了，韦斯特想。

好的，假使如此，难道他不会立即叫醒其他守卫，而是让他们所有人都面临被判死刑的危险？

不管怎样，即使所有守卫都睡着了，若有人滚动坟墓外那凹凸不平地面上的大石，那他们肯定会被噪声吵醒，不是吗？

此外，吉尔伯特·韦斯特还被其他事烦扰着。有可能所有士兵都在同一时间睡着吗？尤其是值夜时，为避免疲倦，看守士兵往往会轮班。

门徒真的能偷走尸体吗？坦白说，韦斯特此刻开始怀疑。

毁坏印章意味着死亡

怎么解释石头被劈碎？一块大石被滚至坟墓前，挡住墓室的门，然后被盖上罗马官方印章。无人胆敢毁坏那印章，因为那印章象征全世界最强的权威。

毁坏罗马印章要受处罚。因此，如果门徒毁坏了石上的印章，为什么他们未被追究责任？

关于这点，我想与你们分享一个有趣发现。

1878 年，耶稣的故乡拿撒勒出土了一块有意思的大理石板，其上刻着希腊文字。多年来，它一直默默无闻地躺在弗罗内尔（Froehner）的收藏室中。直到 1930 年，它的真正价值才被发现。现在，它被收藏在巴黎卢浮宫。

石板上的希腊文字记载了一条法令，颁发者是一位未注名的罗马皇帝：禁止任何形式的盗墓，包括亲属的坟墓；禁止将墓中尸体移至他处；违者将被处以死罪。这条法令可追溯至罗马帝国早期。

> 恺撒法令。我很高兴看到人们建造坟墓、陵室，供奉祖先、儿童或家族成员，使其永不受打扰。倘若任何人提供信息，说有人毁坏坟墓，或以任何其他方式挖出被埋葬的尸体，或恶意将尸体移至他处加以侮蔑，或移除密封、墓石，若有人犯下其中一条，我命令

此人必受审判，以示对众神和死者的敬意。因为入土之人更应受到
尊敬。禁止任何人侵扰死者的安息。若有人触犯此法，我请求，以
扰乱坟墓之名，犯法者应被判处死刑，

此铭文镌刻的时间为公元 44 年至 50 年之间，也就是克劳狄·恺撒执政
时期。这位皇帝因迫害犹太人闻名。[1]公元 44 年至 50 年是在耶稣死后不久。
人们普遍认为，当时罗马已出现耶稣复活的布道。这侧面反映了基督教的敌
人或许是因为空坟事件才下达了那条法令。

刻在岩石上的法令出土于耶稣的成长地拿撒勒，而那是个又小又无名的
镇子。这表明恺撒法令与耶稣空墓或许有关联。

如果那条法令是于耶稣被钉十字架前颁布，那门徒偷走耶稣尸体显然犯
法，当局因此可以指控、审讯他们。然而那并未发生，这说明犹大地的统治
者对起诉成功不抱希望。

虽然不知道拿撒勒的铭文，但吉尔伯特·韦斯特是个思路清晰的人。

他推理，如果门徒因偷取耶稣尸体被证明有罪，那他们的敌人——祭
司——难道不会最先要求处决他们吗？然而，祭司试图掩盖整件事，这不奇
怪吗？

令人困惑。

是的……拿撒勒确实存在

一些怀疑论者想让我们相信，在耶稣的时代，拿撒勒并不存在。

但想想这点，如果 1 世纪的拿撒勒无人定居，那块大理石板被置于那儿
又有什么意义？[2]

更多问题

韦斯特还要多花几周时间去探索耶稣复活的问题。他再也无法安然入睡。

他回想起，见到耶稣受审判、被钉十字架，他的门徒是如何将他遗弃，
仓皇而逃。这 11 人畏怯受惊，又怎敢面对一整队的武装罗马士兵？

---

[1] 《使徒行传》18:2。

[2] 关于拿撒勒1世纪已有人居住的证据请见本书附录J。

根据公元 4 世纪的《伯撒抄本》（*Codex Bezae*），要搬动耶稣墓前那块巨石至少需要 20 个人……11 个门徒又是如何移动了那块大石？

韦斯特知道自己陷入了困境。

他们的行为无法解释，除非……

最令韦斯特困惑的就是那些门徒的行为。

耶稣死在十字架上后，门徒的信仰也随之消散。[①]

每个人都怯懦地担忧自身的安全。审判时，彼得因一位少女的嘲讽变得畏缩。

他们开始变节，否认耶稣，背弃耶稣，各奔东西，努力隐瞒自己曾与耶稣有关系。他们之所以动摇，不只是因为害怕从此要隐姓埋名，还出于羞耻之心。对于自己曾被他引入歧途，他们深感羞愧。他们是诚实、平凡、明白事理的人。最初之所以跟随他，是因为他们见他精神纯洁、知晓真知，而那些也是他们品格的基石。

对他们而言，此时，一切都完蛋了。他们曾想，如果一切都继续的话将很"美好"，但现在，他们的领袖已殉道。他们将走上自己的路，回到早些时候各自的工作岗位，放弃整个事业。

根据《新约》，那些门徒十分不情愿相信耶稣会复活。他们因此散至各处，忘记那件事，去打鱼或过其他卑微的生活。[②]

但……我们看见了什么！！！

仅在耶稣受难后的七周时间里，各奔东西的他们已全部获知耶稣复活的消息！曾在沮丧中畏缩、躲藏的他们如今又对耶稣充满信心……他们大胆前去追随他，直至天涯海角。他们甚至回到耶路撒冷！回到他们曾经逃离的那个地方！此刻，无论走到哪，他们都是步履生风，昂首挺胸，就好像他们从未服侍过那战败的罪犯，就像他们的主人是天地的主。

是什么重塑了他们的信仰？是什么造就了近乎奇迹的改变？

[①]　《路加福音》24:21, 22；《马可福音》16:14。

[②]　《约翰福音》21:3。

那些人——懦弱、卑怯、害怕杀害耶稣的犹太人——他们怎么会突然那么充满力量与信心，热切地公然反击所有对耶书亚复活的非议，即便冒着生命危险也在所不惜？

韦斯特此刻十分困扰。他问自己，如果明知是蓄意的谎言，怎么还有无数人宁可为之遭受碎尸万段、弃尸荒野、车裂分尸、锯身两段、倒尸横梁、火刑处决？

若未有耶稣复活的证据，那过去不会有人相信（或将相信）死去的他就是神子。

虽然吉尔伯特·韦斯特不愿承认这点，但门徒偷取耶稣尸体的想法违背了各种逻辑、推理与已知事实，荒唐可笑。事实是，不可能是门徒偷走了尸体。

我要补充一些韦斯特没有调查的东西。犹太族是地球上最足智多谋、不屈不挠的民族！他们在全球不懈搜寻，直至找到纳粹战犯阿道夫·艾希曼（Adolph Eichmann）的下落。在找到他之前，他们四处调查，不停搜寻。

即使艾希曼在南美，犹太人都能找到他……难道他们不能在小小的犹大地找出耶稣的尸体，将其示众？！

因为没有死尸。

此刻，韦斯特对这点十分清楚。但他也明白，如果没有死尸，如果复活确实发生了，那就必须有人看见他活着。

韦斯特的调查出现了意想不到的转变。

第三十六章

复活？——目击证人

耶稣的坟墓猛然裂开后，仅过了 50 天，原本懦弱的门徒彼得突然站在众人面前，向他们演说。

为庆祝五旬节，成千上万人来到耶路撒冷。

演说中,彼得解释了为什么古代预言说降临的弥赛亚死后肉身不会朽坏。[①]

彼得给出的理由令 3000 名犹太听众信服，耶书亚墓空的唯一解释是他的肉身起死回生了。

"我们都是见证人。"彼得说。[②]

重要的是，彼得的首次公开演说正是在传言耶稣复活所在的城市。

如果全都是谎言，彼得又如何希望让那些人成为信徒——如何让那些明知道他所说为假的听众变成信徒？耶稣死后仅过了几周，来到耶路撒冷的人们便相信了使徒的证词，且许多人成为信徒。

彼得告诉他们，证据就在他们眼皮底下！

当地民众的反应说明了重要问题

想想这点，耶稣复活后，一方面，耶路撒冷的宗教领袖告知民众耶稣的尸体是被偷了；另一方面，耶稣门徒以他的名义进行教导，行奇迹。这迫使

---

① 《使徒行传》2:24-31。
② 第32节。

耶路撒冷市民从中做出选择。

《圣经》记录了公众的反应。包括妇女和儿童，似乎多达 1.5 万名耶路撒冷居民（约为总人口的 15%）在事件发生的几天内成为耶稣的信徒。此种短时间内大规模的宗教信仰转变之前闻所未闻，尤其是对那些成长在一神教文化中的人而言，他们本来难于接受耶稣也是上帝的观念。

* * * * * * * *

吉尔伯特·韦斯特查看着收集好的证据，他未曾料想到以上事实的发生。就如洛德·利特尔顿，他本以为推翻整个复活传说是轻而易举的事。

韦斯特最初相信耶稣复活的传说没有任何历史凭据，是个十足的骗局。

此时，韦斯特再次检查收集好的事实，想从中找出瑕疵。但他不断回到这点上：那个事件有太多目击证人，难以被否认！

那些目击者的信仰不是基于一座空坟，而是源于耶书亚复活后的显现——而且是在多个不同场合！

韦斯特已在着手列举目击证人。

1）士兵

犹太当局专门为了阻止复活发生做了努力，他们派武装士兵守卫坟墓四周，在墓室入口置立巨石，还在巨石上加盖罗马印章，但这些举动最后反倒成了支持耶稣复活的决定性证据。

安置在坟墓周围的士兵人数越多，就越令耶稣的复活可信，因为一整群异教士兵都成了目击证人。

罗马士兵明知让犯人逃跑会招致死罪，但他们被迫冒着生命危险，承认尽管坟墓被牢固地永久封印，犯人却逃跑了。

2）犹太教领袖

打败了一群武装士兵并将坟墓打开，这令犹太教领袖震惊。

（a）他们收买士兵，掩盖事实；（b）他们贿赂罗马总督，使士兵不为其说辞遭惩罚。而他们试图隐藏事实的举动正反映了他们承认耶稣复活了。

犹太教领袖努力阻止复活发生，并散布假消息，但结果只起到反作用，因为那更加确定了复活的历史真实性。

3）耶稣显现的目击证人

福音书记载，"事件"后，有人看见复活的耶稣，那不止一两次，而是不下十次。看见他的不止一人，否则我们可以怀疑那个人的证词；事实是见他的人成群，人数分别有 2、7、10、11，甚至 500。500 多人曾目睹复活后的他，且是在多个场合。

耶稣谈话，行走，吃饭，打开《圣经》，为做早饭生火，展示钉子留下的伤疤。他允许人们触碰他的身体。多马带着怀疑检查了他的伤疤。

在所有场合中，受惠的人都与他谈话，与他一同进餐。耶稣给他们指令，将这消息传遍世界。[①]

一位名叫路加的医生下定论，以上目击便是他复活的"凭据"。[②]

集体催眠？

但韦斯特不会轻易屈服。

他想，那些所谓的耶稣死后显现可能是集体催眠；也可能是幻想，因为他的门徒内心有那种强烈愿望；甚至有可能显现的是幽灵。

以上假设存在一个问题，那些门徒实际上不相信他会复活。他们怀疑他的复活。他们称之为"胡言"。[③]

他们甚至不想相信他复活了！[④]

通篇福音书，作者亲自做证，就连耶稣最亲近的门徒也十分不情愿相信他真的复活了。

"显现"有可能是幻觉吗？

人确实会"幻想出"他们"希望之物"的朦胧梦境。但假使对某物根本

---

① 《马太福音》28:5-10，16-17；《路加福音》24:86-48；《约翰福音》20:19-29, 21:4-13；《哥多林前书》15:6。

② 《使徒行传》1:3，《使徒行传》为路加所撰。

③ 《马太福音》28:17；《路加福音》24:10、11。

④ 《路加福音》24:13-31。

不曾抱有期待，他们还会幻想它吗？他们会痴狂地"幻想"自己从一开始就不相信会发生的事情吗？

韦斯特不得不承认，那不合逻辑。

而且，不同人群在不同时间、不同地点不断见到耶稣。所以那些显现不可能是集体催眠，也不可能是梦境。

相同梦境不会反复出现在不同人身上，而且那些人所在地点彼此相隔甚远，见到耶稣的时间也完全不同。

实际上，韦斯特发现了耶稣复活后出现在十二个不同场合的记录。如此多人都被欺骗蛊惑，那不可能。彼得精神错乱，多马歇斯底里，500人同时出现相同幻觉，很难想象那是真的。

有一点十分清楚，那些门徒本来不相信耶稣会复活，但最后他们不得不相信那是事实。

一位狂热异教徒的皈依

在调查过程中，韦斯特遇见了扫罗的相关记述。扫罗是法利赛人，受过良好教育，他的缜密逻辑思维使得他不会轻易受骗。然而，在去大马士革的路上，他提供了遇见复活的耶书亚的证词——那时他是个狂热的异教徒，但那次相遇改变了他的人生。

对此，只有一种解释讲得通，即那些人确实都见到了耶稣，且见到的是同一个耶稣。他确实复活了。虽然人们都曾怀疑，他们本不相信他会复活——但最后他们都必须相信那是事实。

然而，起死回生对我们而言不可能……

韦斯特发现，他的调查正深入这一步，他目前的问题是，他被迫相信某件几乎不可能发生的事。他被迫相信一个死人竟会起死回生。而他从未见到有人能做到那种事。

韦斯特眼前都是那个"奇迹"真实发生的各种证词。他拿不出说它不曾发生的证据。现在他仅能做的就是找到说从未见过死而复生的证人。

不过，难道他要说，除非某事必须是他吉尔伯特·韦斯特亲身经历过的，否则不能被当作证据？如果只将自己的亲身经历作为判断事情真伪的唯一标准，那个人就是把自己与更广阔的人类知识隔绝。

在韦斯特心中，一个普通人能够起死回生太不合常理。然而，在了解福音书中刻画的耶稣后，韦斯特明白了，尽管普通人不可能死而复生，但对耶稣而言，那种推论完全可以逆转。这个人不能起死回生才不可能。可以说，耶稣被死亡束缚是不可能的。

是的，耶稣复活的相关证词现在渐渐变成了耶稣复活的有力证据。

科学家的说法

我要稍稍打断下吉尔伯特·韦斯特的故事。在写这章时，我看到一些有趣评论，出自一位化学家和一位历史学家。我来与你们分享下。

伊利诺伊大学化学系 A. C. 艾维（A.C. Ivy）博士声称相信耶稣·基督的肉身复活。他说：

> 基于现有生物学知识的历史证据，忠实于科学哲学的科学家虽然可以怀疑耶稣·基督肉身复活的真实性，却不能否认它的可能性。因为若否认那个可能性，他必须能够证明复活未曾发生。我只能说，如今的生物科学不能令一具入土三天的死尸起死回生。但实事求是的科学态度和哲学警示我们，仅靠现今有限的生物学知识就否认耶稣·基督的复活，那将是非科学的治学态度。[1]

新西兰奥克兰大学前古典学教授 E. M. 布莱克洛克（E.M. Blaiklock）说：

> 我是一名古典学历史学家。作为历史学家，在我整个大学教学生涯里，我一直把耶稣空墓和其唯一的合理解释视为那个世纪最可信的史实。[2]

* * * * * * *

韦斯特和利特尔顿，这两位怀疑论者照着计划再次碰面。但面对彼此，

---

① 威尔伯·M. 史密斯引用，《20世纪科学家与基督复活》，《今日基督教》，1957年4月15日。

② 乔纳森·格雷，私人文件。

两人都有些许羞怯。他们都担心对方会对自己的调查结果做何反应。

比照各自的笔记，两人都意识到，他们都得出了令他们烦扰的结论。韦斯特发现他们搜集到的证据都清楚指向一个事实，耶稣确实死而复生了。利特尔顿在调查中发现，皈依基督教后，大数的扫罗确实变成了一个全新的人。

调查中，韦斯特和利特尔顿都变成了耶书亚坚定忠诚的信徒。他们都经历了人生的显著转变，而那发生在与复活的弥赛亚接触过程中。

第三十七章

复活？——法律人士的观点

如果上法庭时带着上一章提到的证据，结果会如何？虽然我本人不是律师，但我会尽最大努力搜寻证词。

事情会是这样，但请先允许我说说这个：

若某件事曾在历史上发生，当有足够多人目击或亲历此事，且有相关信息公布时，此事件的历史真实性可被核实。

爱德华·克拉克爵士（Sir Edward Clarke, K.C.）写道：

> 身为一名律师，我对首个复活节事件的证据做过长时间研究。在我看来，证据是确凿的，我在高等法院一次次担保的证词都远不及它令人信服。①

托马斯·阿诺德（Thomas Arnold）教授著有著名的三卷本《罗马史》（*History of Rome*）。他被聘为牛津大学当代史教授。对于耶稣复活的证据，他说：

> 千千万万人一点一点地检查过那些证据，就如法官仔细概述一件最重要的案子。我自己也多次将它们从头至尾核查……我不知道

---

① 威尔伯·M.A. 史密斯，《世纪危机时刻下的伟大确定性》，惠顿：范·坎彭出版社，1951年，14页。

历史上还有哪个事件的证据比它更多、更详尽。①

林德赫斯特勋爵（Lord Lyndhurst）是英国历史上最伟大的法律人物之一。他一生荣获了英国所能授予一位法官的各种最高职位（英国政府副检察长、英国总检察长、三任剑桥大法官）。他写道：

> 我十分清楚什么是证据；告诉你们，耶稣复活的证据至今从未被证明为不可信。②

哈佛大学法学教授西蒙·格林利夫（Simon Greenleaf）著有《以公正法院判断证词的法则检验四福音书证词》（*An Examination of the Testimony of the Four Evangelists by the Rules of Evidence Administered in the Courts of Justice*）。他在书中说：

> 每个国家的法律均违背了他门徒的训诫……即使门徒以最无害、最平和的方式宣传这种新信仰，迎接他们的也唯有轻视、反对、辱骂、激烈迫害、驱逐、监禁、拷打及残忍的死刑……所以门徒有各种动机去仔细检验他们信仰基础的真实性……

如果耶稣复活为假，他们也就没有造假的动机了。③

关于耶稣复活，英格兰前首席法官达林勋爵（Lord Darling）说：

> 最重要的是,我们不是被强求信仰它。积极或消极,确凿或待定,有浩繁的证据支持它是真实的历史。世界上没有哪位聪明的法官不会裁定复活的故事为真。④

---

① 威尔伯·M.A. 史密斯,《真理长存：基督教护教学》,大急流城：贝克书屋,1965年,425页、426页。

② 同上, 425页、584页。

③ 西蒙·格林利夫,《以公正法院判断证词的法则检验四福音书证词》,大急流城：贝克书屋,1965年, 28—30页,1847年版再版。

④ 迈克尔·格林,《活人》,丹尼森市：校际出版社,1968年,53页、54页。

耶稣复活证明了什么

调查过程中，我简单记下了一些常识事实。它们令我意识到，倘若耶稣确实复活了，我的人生也将受到影响。不管你是否愿意，这世上无人不会受那件事的影响。以下是原因：

第一，耶稣复活印证了《旧约》预言的真实性。[①]

第二，复活印证了耶稣正是其所称的身份。[②]

第三，复活证实了耶稣与生俱来的力量。[③]

第四，复活标志耶稣是死亡的征服者。

第五，除非复活真实发生了，否则我们仍对超越死亡不抱任何希望。[④]

但更重要的是，复活印证了耶稣将作为王和宇宙审判的全权掌有者。他定将裁判全人类。如果那是真的，那我们必须严肃看待《圣经》的内容，造物主已经"定了日子，要借着他所设立的人，按公义审判天下。并且叫他从死里复活，给万人做可信的凭据"。[⑤]

所以第六，耶稣的真实复活确信了我们会在未来那天复活。每个人都将被起死回生——享受永恒生命或者受到判决。

这令我震惊。接受他的话，我无任何损失——却有了获得一切的可能性。

另一方面，如果复活是真的，而我不接受，我将失去所有。[⑥]

请试想下耶稣复活的那个早晨，想象你就身临现场。那个星期的第一日夜晚已渐渐逝去，黎明前最黑暗的时刻已到来。耶稣仍是个罪犯，被困在那狭小的墓中。巨石抵住了墓室的出口，罗马的印章未破，罗马的守卫站在岗上。

此外，还有不可见的哨兵。路西法军团的许多成员聚集在那处。可能的话，暗黑王子连同敌军要永远封印那躺着神子的坟墓。

然而，一群天使此刻也环绕着那处墓地。力量出众的天使守卫着坟墓，他们正等待并迎接生命之王。瞧，忽然大地震动，因为有主的使者，从天上

---

① 《诗篇》16:10；《何西阿书》6:2。

② 《罗马书》1:4；《使徒行传》13:30。

③ 《罗马书》1:4；《约翰福音》10:17、18。

④ 《哥林多前书》15:14。

⑤ 《使徒行传》17:31。

⑥ 《帖撒罗尼迦前书》4:14、16-18。

下来。披着神的光辉，一位信使离开天庭。

上帝荣耀的光芒行在他前，照亮他的路。他的相貌如同闪电、衣服洁白如雪。看守的人，因他吓得浑身乱战，甚至和死人一样。

祭司与统治者，此时你们的守卫在哪？勇敢的士兵从不畏惧人力，此刻不受一剑一矛却被降服。他们瞧见的脸孔不为凡人战士所有，那相貌属于最强大的神之信使。正是这位天使填补了堕落路西法的职位。正是他站在伯利恒的山巅宣告耶稣的降生。

地球因其到来颤抖，黑暗之众逃窜，因他滚起石头，天似乎都要垮塌。

士兵见他搬那巨石如拾鹅卵石，听见他喊："神子，醒来。天父呼唤你。"

带着尊荣与威严，他走出墓穴。天使以崇敬之心向他鞠身，以赞美之情迎接他苏醒。

天令释放俘虏。纵使墓前压有重山，他的苏醒也无法抵挡。①

* * * * * * *

那猛然裂开的坟墓在哪？这么多年过后，会有什么东西仍残存至今吗？这是个撩人的问题，也是个值得探索的问题。我开始调查……完全未对接下来的惊喜做好准备。

---

① 基于《马太福音》28:2-4。

第三十八章

复活？——骷髅山墓穴

"他来了！抓住他！"

意识到之前，戴蒙就已倒在血泊里。四对一。不管了，站起来！猛击他们……不然会死！

这不是场漂亮的干架。结束前，40 个囚犯卷入其中。不是每个人都活了下来。戴蒙被揍得很惨……却还活着！现在，他待在牢房里疗伤，独自一人——好几个月。

像戴蒙这般魁梧，如果他用上从前的技艺，攻击他的四人可能现在都躺在棺材里了。但他内在的某样东西发生了变化。没有更多的憎恨，没有报复的欲望，他感到内心异样平和。一些人所说的是真的吗？……那曾行走在耶路撒冷路上的真是活着的耶稣吗——他还赐予了戴蒙力量？

* * * * * * *

有关耶稣被钉十字架、埋葬地点及复活，《新约》提供了十分精确的线索。（给未来的考古学家做参考？）

骷髅山刑场

《新约》告诉我们，耶稣被钉十字架是在"城外"①名为"骷髅地"（the Skull）的地方②。"骷髅"拉丁文为"Calvary"，希伯来文为"Golgotha"。

耶路撒冷附近只有一个地方曾被叫作且现在依然被叫作骷髅山。它就在北城墙外，约在大马士革大门（Damascus Gate）东北 228 米处。此山的一部分颇像人头骨。

骷髅山也是穆斯林、犹太人和基督徒的传统埋葬地。根据当地传统，罪犯会在此处被乱石砸死。《密西拿》说，该地被称为 Beth ha-Sekelah，字面意思为"石刑之屋"

骷髅山附近有圣·斯蒂芬教堂（St. Stephen's Church）。此教堂所在之处原为一座古老的方形教堂，为纪念受石刑而亡的斯蒂芬建造。斯蒂芬是首位基督教殉道者，于公元 34 年死于该地。

骷髅山也被视为犹太罪犯公共行刑地。晚至 20 世纪初，犹太人仍会朝这座山吐口水、扔石头，诅咒"毁灭他们民族的人"。罗马当局就是挑选了这样一个地方作为处刑耶稣的场所。

城"外"

骷髅山离大马士革大门只有很短一段距离。大马士革大门是安东尼城堡（Castle of Antonine）（传说耶稣受模拟审判的地方）的唯一径直出口。

近期的考古意见也认为，如今是旧城北部边界标记的大马士革大门在公元 1 世纪 30 年代，也就是耶稣受难的时代，同样是耶路撒冷北部边界的标记。

上述这些都有助于进一步证明奥托·塞尼乌斯（Otto Thenius）（1842）、库代尔上校（Colonel Couder）（1875）和戈登上将（General Gordon）（1883）观点的可取性，他们认为城墙外的骷髅山正是当年处刑耶稣的地点。

人们或许会注意到，骷髅山露出地面的岩石有些属于第一、第二圣殿时期的大型犹太墓葬群——特别是人们所说的"花园墓"，许多人认为耶稣就是被葬在那里。

---

① 《约翰福音》19:17、20；《希伯来书》13:12。
② 《马太福音》27:33；《马可福音》15:22；《路加福音》23:33；《约翰福音》19:17。

那儿被挖掘出的岩石可以绵延上千米。

挖掘开始

1979 年 1 月至 1982 年 1 月的考古挖掘中，考古学家在骷髅山绝壁前发现一个十字架处刑台。该平台从悬崖向外延伸大约 2.5 米。

耶路撒冷骷髅山（注意右边岩面的特征）

挖掘队还发现 4 个嵌在基岩里的方形洞，每个洞宽均为 0.3 米至 0.33 米——这些洞显然曾被用作固定十字架。

其中一个洞的位置高出剩余三个，被嵌进后方的壁架式平台。显然，"主角"犯人就是在此处被钉十字架，较周围一同受刑的人，他被高举出几米。

这个洞是否曾被用作固定处刑耶稣·基督的十字架？

石"闩"被插进横洞，显然是为了防止洞在不用时被堵塞，也是为了防止人和马摔断腿。清除岩屑后，考古人员测量了其中一个横洞，发现它向坚固的基岩内延伸了约 0.6 米。

罗马人喜欢将犯人钉在十字架上，用以杀一儆百。而将十字架立于大道旁很符合此目的。

考古学家发现，这处十字架行刑点正好面对着骷髅山近旁的骷髅地悬崖。它位于大马士革大门北边，在面向公共道路的一个岩架上，那条古老大道通往撒玛利亚。

"一块巨石"

发掘队继续清扫那片区域，一块又大又平的岩石的一端露出地表。这块石头厚度略小于 0.6 米。希望你记住这个数值，我们会再次碰见它。

裸露的岩石边缘为弧形，有点像一个又大又厚的圆形桌面。

随着更多的泥土与岩屑被扫除，考古学家发现，那显然是块大石。

发掘队停止了挖掘。堆积在那石头上的泥土与岩屑足有 3 米厚。几年后，石头的真正尺寸经由地下探测雷达从地表被确认。测量结果是，它的直径近 4 米！足足 4 米。请你也记住这个测量值，因为我们将再次看到这个数字。

显然，那个十字架处刑点与这块大石曾经位于同一个建筑内。

这块石头可能有什么重要意义？

近处……是一座坟墓

《新约》描述了附近一座花园，花园里有亚利马太的约瑟这位富人新开出来的墓室。《新约》说，这座坟墓的所有者目睹了耶稣受难，他十分受触动，于是来到总督本丢·彼拉多跟前，要求将耶稣的尸体葬入他——约瑟——自己未用过的坟墓内。这个请求被准许。

> 耶稣钉十字架的地方有一个园子，园子里有一座新坟墓，是从来没有葬过人的。只因是犹太人的预备日，又因那坟墓近，他们就把耶稣安放在那里。[①]

1 世纪的目击者约翰为我们提供了三条相关线索：

（1）骷髅山十字架处刑点；

（2）附近的花园；

（3）近处的坟墓。

1867 年，开凿者也在离十字架行刑处不远的那个峭壁面进行过挖掘，土地所有人要在其领土上挖个水槽。挖掘过程中，他发现了一座嵌入峭壁面的坟墓。和十字架行刑处一样，那座坟墓当时被埋在地下，被多个世纪的尘土

---

① 《约翰福音》19:41、42。

覆盖。

那个地方还出土了几个水槽，说明那里之前或许有一小片橄榄林。

其中一个水槽很大——其年代可追溯至 1 世纪或更早。它位于东墙边的道路下方约 3.6 米，可容水近 757 立方米，足以存储一大片绿植 8 个旱月所需用水。1924 年，该花园当时主要入口处近旁还发掘出一个做工精良的酒榨机，表明近处曾有一片葡萄园。

当然，那周围地区发现一座坟墓几乎称不上是什么轰动事，因为耶路撒冷这片又大又古老的埋葬地已出土了许多坟墓。

但这座坟墓特别有意思。

它与众不同（我们很快要说到这点），邻近一处古老刑场，且在一座花园内。这些因素结合在一起不容忽视。

1883 年，英国著名战士戈登上将去到那里——他相信那个"骷髅脸"就是真正的骷髅地。

这促使他去寻找《圣经》指示的一座"近处"坟墓。

而这座坟墓正是位于"骷髅脸"几百米开外的地方，如今被称为花园墓。

花园墓

尽管这座坟墓在 1867 年就被发现，但正式挖掘直至 1891 年才开始。那时，康拉德·希克（Conrad Schick）博士写了一篇附有图解的相关报告，于 1892 年 4 月发表在《巴勒斯坦探索基金季刊》（*Palestine Exploration Fund Quarterly*）上。

人们猜想这座坟墓最有可能是耶稣·基督的坟墓，但遭致旧城传统"圣墓"

观光拥护者的强烈反对。

圣墓大教堂（Church of the Holy Sepulcher）由罗马君士坦丁大帝（Constantine）于公元333年下令建造,建造地点由皇帝的母亲海伦娜（Helena）亲自挑选。

许多学者坚称,在耶稣的时代,圣墓所在之处位于耶路撒冷城墙外,而它今天位于城墙内。

然而,考古界普遍认为,现今的耶路撒冷城墙与耶稣时代的城墙位置无异。还有,耶稣受难的真正地点是位于城墙外的"骷髅山"。

很快,这座新坟墓遗址,"花园墓",赢得了一些支持者。

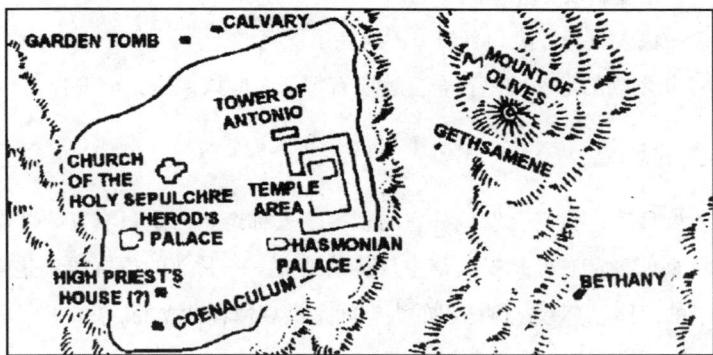

方位示意图

"1世纪"

对花园墓的挖掘一完成,人们就注意到一些特征可证明这座坟墓的建造年代可追溯至公元1世纪,也就是耶稣的时代。

英国著名考古学家戴姆·凯瑟琳·凯尼恩（Dame Kathleen Kenyon）在1970年说:"这是一座典型的公元1世纪坟墓。"[①]

八条重要线索

很好,人们发现了一座公元1世纪的坟墓。但我们还远不能确定它就是亚利马太的约瑟的坟墓。

---

① 乔纳森·格雷,私人文件。

我们需要证据证明。《圣经》记述是否能帮到我们？当然，在那份古老文献中，我找到了8条线索。

根据约翰、马太、路加的记述，约瑟的坟墓有如下特征：

（1）它邻近十字架处刑点。①

（2）它在一个园子内。②

（3）它被凿在磐石里。③

（4）它是一位财主的墓。④

（5）门徒能从外看到坟墓里处。⑤

（6）墓室可容纳几人站立。⑥

（7）它是座新坟，并非翻新的旧坟。⑦

（8）一块大石头被滚到墓门口，封住了坟墓。⑧

1867年发现的那座坟墓符合上述所有特征，应该说是完全符合。

财主的坟墓

进入坟墓后，我们会发现墓室的规模令人称奇。一定只有富人才有钱建这样的坟墓。墓室右处是安放墓主尸体的地方——紧邻的位置或许是用于安放其妻子的尸体。墓室左侧凿出的大空间是供哀悼者站立的。

为他人所用

这座坟墓的使用者并非本来的墓主。墓室躺放尸体处被多凿出一块区域，显然是将尸体安放处扩大，供另一人使用——此人比原先的墓主要高。那块拓展部分表明，这座财主的墓室安葬的并非财主本人，而是其他人。

《圣经》说，约瑟是犹太公会的一员，他领了耶稣的尸体，"葬在自己的

---

① 《约翰福音》19:42。

② 同上，19:41。

③ 《马太福音》27:60。

④ 第57节。

⑤ 《约翰福音》20:5。坟墓入口处现已扩大，原来的门檐更低，进入时需要低头。

⑥ 《路加福音》24:1-4。

⑦ 《约翰福音》19:41。

⑧ 《马太福音》27:60。

新坟墓里"，那"是从来没有葬过人的"。①墓中为放下某人的双脚而被扩大的区域是另一项证据吗？

耶稣下葬最显著的一个特征是，他以犯人的身份被处决，因而不应享有一般的下葬尊严，但是他的尸体被从"受屈辱"中拯救，且躺在一座最高档的墓中！

弥赛亚的此种遭遇在事件发生的多个世纪前就被预言：

"人还使他与恶人同埋；谁知死的时候与财主同葬。"②

一般来说，这种事不发生的概率极大。

墓室内部：尸体安放处

新坟墓或是未竣工的坟墓

"花园墓"墓室内东北角有个放置容器的凹槽，东南角却没有那种凹槽；西墙北端的沟槽也未完成；这些都清楚表明，这座坟墓根本未竣工。

一块"大"石头

此外，马太记录到，约瑟将耶稣的尸体葬入他的新坟墓后，"把大石头滚到墓门口，就去了"。③

---

① 《约翰福音》19:41。
② 《以赛亚书》53:9-11。
③ 《马太福音》27:60。

《圣经》特意说明那是块"大"石头。这条"大"石头线索再次证明了墓主是富人。

其他一些人也对那座坟墓感兴趣。犹太大祭司和法利赛人去见罗马总督彼拉多，说：

> 大人，我们记得那诱惑人的还活着的时候，曾说："三日后我要复活。"因此，请吩咐人将坟墓把守妥当，直到第三日，恐怕他的门徒来把他偷了去，就告诉百姓说："他从死里复活了。"这样，那后来的迷惑比先前的更利害了。彼拉多说：你们有看守的兵，去吧！尽你们所能把守妥当。他们就带着看守的兵同去，封了石头，将坟墓把守妥当。①

墓前用于封堵墓室的石头被两个金属桩钉固定，且盖有罗马印章

消失的密封石

墓室前有一条石壕或石槽，人们当时用它将石头滚至墓室前，封住入口。石壕左端是一个斜面，石头经此被滚至沟槽尽头。

1995 年年末，我带领一支考古队去到耶路撒冷。我们丈量了那个被用作滚石头的石槽，发现那个石槽竟然宽——别急——近 3.3 米！

石槽最右端有个大石块，被用来阻止密封墓室的石头右移。坟墓右处的岩石上凿有一道岩脊，也是被用于挡住封堵石右滚。

---

① 《马太福音》，27:62-66。

墓室外有两条证据显示曾有一块非常非常大的石头被用来封堵墓室。

乔纳森·格雷检查阻挡石头继续右移的石槽

考古队成员内森·迈耶（Nathan Meyer）博士早前探查过那座坟墓。他指出，墓室外右边峭壁上有个孔，孔内有铁轴的锈屑，铁轴已被取走，但孔留下来了。

墓室外左边的岩石上也有一个凿孔，曾被用来插入金属轴，以阻止密封墓室的石头左滚和墓室被打开。

10月20日，星期五，下午4点，考古队成员大卫·瓦格纳（David Wagner）博士和彼得·穆顿（Peter Mutton）丈量了墓室外左侧轴孔至右侧岩脊的距离，结果是——你猜猜看——4米①！

这表明密封墓室的石头确实是块"很大的石头"——它的直径比在以色列发现的所有其他密封石都要大两倍多！据我们所知，之前发现的最大密封石直径也不过1.7米。

乔纳森·格雷指着用于固定密封石的左轴孔

———————

① 译者注：此处原文为"整整13英尺2英寸"，约为4米。

这个直径数值与那出土石头的尺寸完全契合。

铁轴的秘密

现在我来说一些有意思的东西。

罗马人将铁轴敲入墓室外的石面中，铁轴左边是直径 4 米的密封石原先所在之处，我们给那个地方拍了照、录了像。罗马人那样做是为了防止石头滚到边上和坟墓被打开。

《圣经》说那石头被"封印"。[①]

固定石头的左侧金属轴有近两根手指粗。如果只是推动密封石挤压那金属轴，金属轴不会被弯曲，更不用说被折断。

然而，检查金属轴插孔时，我们发现轴杆竟仍留在孔内！那是轴杆的剩余部分。那条金属轴曾被折断，与墙面齐平的那段残存了下来。残余金属轴的样子表明整根轴杆像是曾被来自右侧的某股巨力折断。

据一位工程师分析，那种桩钉的剪切强度[②]为 60 吨至 80 吨。换句话说，被折断前，那样厚的金属桩钉能承受 60 吨至 80 吨的压力。

想象一下，十辆翻斗卡车堆在一起，或两栋砖房的所有材料堆一起，然后突然掉在那个铁桩上，所产生的压力才能将它折断。

然而，由于具有韧度和延展性，那个桩钉不会被立即压断，而是先会弯曲，因此它能承受的压力或许超过了 60 吨至 80 吨，

那位工程师肯定了我的结论，"虽然现在有些生锈，但我看得出，残存金属轴的末端左侧稍有裂损——有个大约 0.6 厘米的口子，"他说，"可以判断当时移动石头只用了一个简单动作。事发现场的景象真是不可思议。"他计算过，密封石本身重达 13.8 吨。

从人的角度来看，不借助杠杆作用，突然一下就将那金属轴折断是不可能的。

那块密封石不在原处。

曾经有人未将金属桩钉取出就推开了密封石……那个人是谁？

使徒马太告诉我们，推开石头的力量非人类所有：

---

① 《马太福音》27:60、66。

② 译者注：剪切强度指材料承受剪切力的能力。

……有主的使者从天上下来，把石头滚开，坐在上面。他的相貌如同闪电，衣服洁白如雪。看守的人就因他吓得浑身乱战，甚至和死人一样。①

证据显示，金属杆未被取出，那个密封墓室的大石是被某股巨力急速移开。墙内那根仍可见的折断金属轴能否证明墓室是被超自然力量打开的？那根金属轴是否目睹了耶稣奇迹般的复活？

金属桩残存部分，外端显示它曾被某股巨力折断

批评家沉默了

我首次报告这则发现后，许多年来，批评家一直坚称我们弄错了——那根金属长钉不过是 1967 年战争中炮弹击中墙面爆炸后留下的一块弹片。

然后，2004 年年初，我在我的《国际更新通讯》（*International Update Newsletter*）上报道，以色列文物局（IAA）对那块金属进行了测试。

最后，进一步的资料被公布。以色列文物局考古学家耶希勒·泽林格尔（Yehiel Zelinger）写了一篇短文章，说明了花园墓墙中发现的金属物与罗马建筑使用的金属闩一致。他说，希伯来大学对金属物样本进行了测试，结果显示该金属物包含铁与铅。

在古代，往金属闩中铸入铅很普遍，那会使金属闩更易坚固。虽然测试没有确定金属物所属年代，但发现了金属物确实与罗马竞技场及其他罗马时

————————

① 《马太福音》28:2-4。

代的遗迹使用的金属闩具有一致性。

总之……上述发现和我的结论一致，那个金属闩是被罗马人用于封堵花园墓的，而不是炮弹的弹片。它有古老的历史。

第三十九章

目击者的记录——多早？多可靠？

公元 950 年左右，名叫库佩（Kupe）的塔希提人航行近 3218 公里来到新西兰，而后又返回只是汪洋中一星点的塔希提岛（Tahiti）。

塔希提人没有文字，但他们拥有惊人的记忆力。

200 年后，依照职业记忆人口述的库佩口授航路指南，一群塔希提人成功迁移至新西兰。而他们再也没有回去。

然后，1350 年（利用 400 年之久的非文字记录口头复述航路指南），另一群塔希提人也到达了新西兰。

在古代，口头记述传统犹如电脑记忆般精确。有证据显示，人类的先祖——包括犹太人——拥有不可思议的精准记忆。关于这点，我们稍后会在本章讲述。

* * * * * * *

基督教早期迅速发展的原因

我们先花片刻来回味下前几章发现的一些东西。如果耶稣没有起死回生，那基督教产生的催化剂是什么？

有什么原因能解释基督教改变了 1 世纪世界这一确定史实？

事实上，基督教能在 1 世纪成功的可能性很小。当时已有多种宗教存在，而基督教的一些要素也可以在那些宗教中找到。

基督教何以成功——尤其是在一个排他主义十分严重的时代，一个不允许与其他宗教妥协的时代？

为什么基督教的拥护者愿意为其主张赴死？

面对现实吧，基督教运动不是毫无缘由地发生，而是背后有着明确的原因。一位基督徒说，他们"搅乱天下"。[①]

是什么造就了那样的影响？完全是耶稣的复活。

没有哪个基督教派系不强调耶稣·基督死亡与重生这一中心教义。神圣的耶稣由死复生是基督教存在的原因。这一信仰是基督教的中心驱动力。

如威尔伯·史密斯肯定的：

> 说实话，耶稣死亡前后几小时耶路撒冷城内及近处发生的事情，我们对它们的了解程度超越了对所有其他古代人物死亡详情的了解。[②]

我们都明白，基于少得多的证据——往往只是名字在某个历史资料中出现一次——古代世界许多人物的历史真实性就被认可。

基督教有良好的史实根据。《圣经》此份文献精确呈现了历史。它是很好的历史证明。

你可以相信《圣经》的记述。

耶稣的故事是一个罗马家族编造的？

"不，不，不，那不可能，"有人打开本书刚好翻到这页，然后大叫，"大卫·艾克说《新约》是一个骗子罗马家族在事件发生很久以后编造的。"[③]

好，如果想要创造令一些人能够信服的故事，那么他要做这些事：随便编一个名字，想出一些日期……还有，让事情听上去可信，对吗？所以，艾克告诉我们，《新约》是庇索（Piso）家族于公元60年至138年间写成的。

是的，当然没错，那我还是亚历山大大帝呢。

---

① 《使徒行传》17:6。

② 威尔伯·史密斯，《真理长存：基督教护教学》，大急流城：贝克书屋，1965年，360页。

③ 大卫·艾克，《大秘密》，密苏里怀尔德：美国爱之桥出版社，2001年，106—107页。

现在来说点正经的。

翻回去

如果读本书不过 5 分钟就翻到这儿了，那我希望你先回到第一章。没有仔细阅读之前的章节，你或许不会懂得，也不会接受接下来的事实。如果是那样，你还不具有资格对此问题做出理性判断。

如果你相信艾克的论断，那是因为你还没有看到本书先前章节的证据。所以请帮自己一个忙，直接翻回前面的章节，重新开始阅读。

《新约》撰写时，目击者仍活着

说到哪了？哦，是的，我们说到了《新约》是很好的历史证明。

就史实建构而言，没有什么文献比当时的书信更具价值，尤其是目击证人写下的书信。

教授凯万（Kevan）谈及《新约》书信时说：

> 使徒保罗当时写下的书信证词无可置疑。那些使徒的书信构成了最可靠的历史证据。它们被标上《迦拉太书》《哥林多书》和《罗马书》的名称，有关其真实性及创作年代少有争议。它们成书于保罗布道的旅行期间，或许可追溯至公元 55 年至 58 年间。这让耶稣复活的证据更接近事件发生的时间：二者时间间隔只有短短 25 年。由于保罗明确说明，他信中的内容正是耶稣与门徒在一起时对他们说的话，这将此证据所属年代提至更早时间。[1]

还有，请谨记于心：

> 某件事在历史上发生，当有足够多人目击或亲历此事，且有相关信息公布时，此事件的历史真实性可被核实。[2]

---

[1] 欧内斯特·F.凯万，《基督复活》，伦敦：白金汉门，威斯敏斯特教堂，坎贝尔·摩根《圣经》讲台，1961年6月14日，6页。

[2] 乔希·麦克道尔，《要求裁定的证据》，加利福尼亚州圣贝纳迪诺：这就是人生股份有限公司出版，1986年，189页。

我可以问你个问题吗？一本书描述的是三四十年前发生的公开事件，假使书中记述的异常事件为假或是虚构，那人们有可能会接受或珍视此书吗？

当然不会，为什么？因为对于三四十年前发生的事，所有上年纪的人都会记忆犹新。

今天出版理查德·尼克松（Richard Nixon）白宫任职时的传记，没有哪个作者会名目张胆地写入通篇的非真逸闻。

同样，纯属捏造的《新约》绝不可能侥幸成功。因为，如路加记录的，事件有许多目击证人。

耶稣只是虚构人物的论断经不起仔细检验。

《新约》撰写要求知识上的诚实。其提供的证据完全讲得通——足以提供可靠保证，耶稣故事不是基于妄想或巧妙设计的谎言，而是有史可依。那些真实事件，不管有多不同寻常，但确实是世界史上最伟大的事件。

历史是有据可依的过去知识。

以防有人不赞同此定义，我要问："你相信有林肯这个人吗？你相信他曾当过美国总统吗？"

"是的。"回答通常如此。

但我和你没人亲眼见过林肯。我们都只是通过历史证词知道此人的存在。

能否知道《新约》的成书时间有多早

"哦，"有人说，"《新约》著者说他们生活的年代距那些事件很近，但所处年代较事件晚一个世纪或更久的伪作者可以胡乱写。"

此话不假。

但别搞错了。有可靠证据显示，《新约》并非在所述事件发生后的一个世纪或更晚时间写成，而是在事件亲历者生平时期著成。因此，今天的学者必须视《新约》为 1 世纪的有力原始资料文献。

令你震撼的《新约》真实性证据不在本书的计划内容中。那些证据要等到本丛书其他册来呈现，但我先在此简要提下，我们将明白《新约》成书时间的重要性。

如果像批评家声称的，耶稣故事只是在罗马人的一张写字台上被"杜撰"出来的，且编造时间不早于公元 60 年，或晚至 138 年，那我们要如何解释以下这些事实。

1）埃及见证者

杰罗姆（Jerome）和优西比乌都说，公元 180 年，亚历山大城主教德米特里（Demetrius）派潘代诺（Pantaenus）前往印度传教。在恒河远处一片犹太人居住的土地上，潘代诺发现了因使徒巴多罗买（Bartholomew）而皈依基督教的人们的后代。他们向他展示了公元 57 年巴多罗买留下来的希伯来文《马太福音》。

潘代诺在那里度过了几个月，然后乘船返回埃及，并将那本福音书一同带回。

你们明白了这对艾克的理论造成了什么麻烦吗？如果耶稣和其门徒（包括巴多罗买）的故事都是在公元 60 年至 138 年"编造"的，那一大群基督徒在公元 57 年带着虚构人物巴多罗买留下的一本《马太福音》在东南亚做什么？

事实上，尽管《马太福音》的创作时间广受争议，但没有令人信服的理由证明公元 37 年这一传统说法有误。

得了吧，怀疑论者……你们为什么还不放弃？

2）亚美尼亚见证者

在几百公里外的亚美尼亚（Armenia），一份独立记录保留了对当时当地一些事件的记述。

这是一位亚美尼亚历史学家的证词：

> 1 世纪前半叶，传道者撒迪厄斯（Thaddeus）和巴多罗买在亚美尼亚宣传基督教。

> 普遍观点是，圣撒迪厄斯布道 8 年（公元 35 年至 43 年），圣巴多罗买传教 16 年（公元 44 年至 60 年），两者皆在亚美尼亚殉道。[1]

对此，耶稣的故事是由某个罗马家族在公元 60 年至 138 年编造的说法做何解释？哦，别扯了。早在公元 43 年，撒迪厄斯就因为宣称耶稣·基督死而

---

[1] 阿萨杜尔·安特阿西安，《耶路撒冷与亚美尼亚》，20 页。

复生献出了生命……耶稣复活仅过了 12 年，他便愿意为之赴死。你愿意为你明知是谎言的某样东西去死吗？

3）印度见证人

另外，印度保留了耶稣的使徒多马到来的独立记录。印度人称，公元 52 年 7 月，多马在马拉巴尔（Malabar）海岸的克朗加诺尔（Cranganore）登陆，而当地人每年都会庆祝他的到来。[①]

1964 年，印度政府发行了一套印有多马的邮票，纪念他于公元 52 年到达马拉巴尔海岸。在他到来的时候，当地有大量犹太人、叙利亚人和希腊人。

你仍相信，多马到达印度已为耶稣作证很久之后，耶稣的故事才由那罗马家族创造？

4）《死海古卷》见证人

1947 年，《死海古卷》在以色列的库姆兰山洞中被发现，其中包括写有《马可福音》的 19 块残片。那些残片的年代可追溯至公元 50 年。如果艾赛尼派在公元 50 年就保有写有耶稣信息的《马可福音》，那他们获得此抄本的几年前，《马可福音》就已在传播。[②]

据记录，耶稣复活后的 15 年，即公元 46 年，马可就将耶稣死而复生的消息带到了亚历山大城。

所以请告诉我，艾克的理论——耶稣的故事是由某个罗马家族于公元 60 年至 138 年编造的——对此做何解释？

5）罗马见证人

罗马历史学家塔西佗（公元 52 年至 120 年）记述了许多详细历史事件，其著作包括《罗马编年史》《历史》《阿格里可拉传》和《日耳曼尼亚志》。有关公元 64 年尼禄执政时期发生的罗马大火，他告诉我们：

> 尼禄为了辟谣，便找到了这样一类人作为替身的罪犯，用各种

---

① 阿齐兹·S·阿蒂亚，《基督教东方史》，伦敦：梅休因有限公司，1968 年，172 页、361 页。

② 埃尔娃·施罗德，《十二使徒发生了什么？》，南澳大利亚诺伍德：孔雀出版社，2003 年，125 页。

残酷至极的手段惩罚他们，这些人都因作恶多端而受到憎恶，群众则把这些人称为基督徒。他们的创始人基督，在提比略当政时期便被皇帝的代理官本丢·彼拉多处以极刑。这种有害的迷信虽一时受到抑制，但是不仅在犹太，即这一灾害的发源地，而且在罗马再度流行起来。[①]

塔西佗告诉我们，许多基督徒为了他们的信仰殉道。罗马的革利免（Clement of Rome）称此时"一大群人"被杀害。但更多人活了下来，带着基督的讯息。早在公元 64 年，罗马即已有众多耶稣信徒，这是否给我们提供了一些线索？

假使，就如艾克想要我们设想的那样，耶稣的故事是某些骗子在公元 60 年才开始编写，且直到公元 138 年才完工，那早在公元 64 年从哪冒出来了成千上万的基督徒？别扯了。

对批评家而言，更不妙的是拉丁历史学家苏埃托尼乌斯（公元 69 年至 140 年）的证词（更早了 15 年）。他告诉我们，公元 49 年，因为一位基督（Chrestus）信徒引发的动乱——"基督是他们的首领"——皇帝克劳狄将犹太人驱逐出罗马。[②]

怀疑论者拉姆齐

威廉·拉姆齐爵士（Sir William Ramsay）是历史上最伟大的考古学家之一。在他漫长的学术生涯中，拉姆齐荣获九所大学颁发的博士学位，并最终因其卓越的学术贡献被授以爵位。

作为 19 世纪中期德国历史学派的一名学生，拉姆齐相信《新约·使徒行传》是 2 世纪中期的伪造作品。事实上，他对此观点确信无疑。

在对小亚细亚进行地形研究时，他被迫对《新约》路加的作品进行思考。他如此叙述那段经历：

> 开始它不合我意……但最近，我发现自己被迫接触《使徒行传》，

---

① 《罗马编年史》15:44。
② 苏埃托尼乌斯，《罗马十二帝王传：克劳狄传》，26.2。

它是一本小亚细亚地形学、古代史及社会的权威著作。我渐渐明白，它之中许多细节描述都显示出惊人的准确性。事实上，我一开始带有固有观念，认为它是成书于 2 世纪的作品，我从不将它作为 1 世纪的可靠证据。但渐渐地，我发现，在一些模糊又困难的调查中，它能够提供有用帮助。[①]

结果是，他被迫完全颠覆自己的信仰。

经过三十年的研究，拉姆齐总结：

路加是一流的历史学家；不只是他对事实的叙述可信……这位作者还应与其他最伟大的历史学家齐名。[②]

路加"未被超越的……可信度"

拉姆齐还说：

就可信度而言，路加的历史从未有人超越。[③]

更近期的发现表明，路加等《新约》作者都是严谨的历史学家。

许多《新约》篇章都曾被指责不准确、不符合史实、不科学。之所以受到这样的指责是因为《新约》往往是其书中提及事件的唯一资料来源。

但随后的发现都肯定了《新约》著述的真实性。

威廉·福克斯·奥尔布赖特（William Fox Albright）是世界最顶尖的中东考古学家之一。他的定论是：

今天较激进的《新约》批评家提出，《新约》创作时间晚于公元 80 年，即公元 130 年至 150 年之前的整整两代人，我们已经能断定，

---

① 爱德华·马斯格雷夫·布莱克洛克，《新神学探究》，伦敦：霍德与斯托顿出版，1968年，36 页——引自拉姆齐，《旅行者圣保罗与罗马公民》。

② W. M. 拉姆齐爵士，《<新约>可信度的近期相关发现》，伦敦：霍德与斯托顿出版，1915 年，222页。

③ W. M. 拉姆齐爵士，《旅行者圣保罗与罗马公民》，大急流城：贝克书屋，1962年，81页。

此种说法再无任何牢靠依据。[1]

之后，有了更多证据，奥尔布赖特将那个时间推至更早：

> 在我看来，《新约》所有篇章的创作时间……很可能都在公元
> 50 年至 75 年之间。[2]

许多自由派学者不得不思考《新约》的创作时间要更早。在《重定〈新约〉年代》（*Redating the New Testament*）一书中，约翰·罗宾逊（John A. T. Robinson）博士做出了惊人的激进结论。他的调查让人相信，《新约》全篇的成书时间不晚于公元 70 年耶路撒冷的秋天。[3]

一份最古老的手稿在牛津大学莫德林图书馆（Magdalen Library）被发现，其身份在那之前的近一个世纪都未被辨认。那份手稿是一块《马太福音》残片——时间早于公元 70 年！手稿内容确认了这个时间[4]，由卡斯滕·蒂德（Carsten Thiede）教授于 1994 年圣诞节前夕发现。

福音书著者对后来的教会问题并不知情

还有一点可以暗示福音书成书的时间很早，那就是书中缺少对"教会"问题或宣传的记述。倘若福音书的内容是由早期基督教徒伪造，那我们本应看到，在创作的时候，他们会借耶稣之口讲出他们认为是燃眉之急的问题。

然而，事实是，尽管割礼是早期教会时代极受争议的问题，但福音书对此只字未提。

因此，我们有更正当的理由断定，福音书的成书时间要较之更早。

《新约》著者诚实地记述了历史，没有加入任何个人成见。

他们对事实的记忆准确吗

有人或许会问，虽然如此，但从事件发生到《新约》创作，这期间已有

---

[1]　威廉·F.奥尔布赖特，《圣经土地上的最近发现》，纽约：芬克与瓦格纳出版社，1955年，136页。

[2]　《今日基督教》对威廉·F. 奥尔布赖特的一段采访，1963年1月18日。

[3]　约翰·A. T.罗宾逊，《重定〈新约〉年代》，伦敦：SCM出版社，1976年。

[4]　见本丛书之《达芬奇密码的骗局》第10章。

些年头，作者对事实的记忆足够精确可信吗？

这确实是个值得研究的问题。他们的记忆有多可靠呢？

好的，就连最激进的《新约》学者都会向你保证，东方人的记忆力"令人惊讶的强"[1]。而犹太人同样能够提供足够的证据，证明门徒能将耶稣的故事只字不差地传达。

速记写作

不过"口传记忆"或许完全无必要。

被耶稣要求与他随行的人中有马太，马太是个被人轻视的收税员。当耶稣邀请他加入 12 人小队时，马太放下一切，追随耶稣。

他做的第一件事就是在自家举办一场盛宴，款待与他共事的收税员和其他被社会遗弃的人，并且与耶稣本人会面。当犹太领袖惊叹耶稣竟有那样的同伴时，耶稣回答："健康的人用不着医生，有病的人才用得着。"

尽管离开了旧有生活，但马太仍保有一些先前的东西——笔和写作能力。他能同时用母语希伯来语（或阿拉米语）和希腊语写作。

作为一名税收员，马太也学会了一种速写方法[2]，这使得他能快速记下眼前的商品评估。

公元 63 年，马库斯·提罗（Marcus Tiro）发明了一套速写系统。提罗是西塞罗（Cicero）家中的自由民，负责记录西塞罗等人的演讲，以及后来塞内加（Seneca）在罗马元老院的讲话。

提罗发明的这套系统深受好评，被在罗马学校教授，且沿用了 1000 多年。从尤利乌斯·恺撒开始，大多数皇帝都精通此套系统。它后来也被基督教领袖广泛使用。据说，俄利根（Origen）曾轮流使用七位速记员。

在提罗的时代，笔记是用尖笔刻录在象牙板上的。

马太可能用的是蜡板，这使得他在转录文字后，可将当天的书写擦掉。

马太被认为用这种方法记下了耶稣的大部分教导，包括著名的登山宝训，耶稣讲的许多寓言故事和每天发生的其他观察记录。

---

[1]　丹尼斯·宁哈姆教授。

[2]　《不列颠百科全书》，第16卷，709页。

不曾断过的锁链

从最初的耶稣复活到今天，基督教在时间轴上的发展从未间断。基督教的发展不存在时间上的断层。

没有发展神话的时间

批评家猜想，像童贞女生子等异常事件只是后来造出的神话。但事实是，福音书的创作时间不允许有足够时间去发展神话。

我们自然不可能证明 2000 年前的处女生子。然而，通过精细的逻辑思考，我们会发现那确是真的。

首先，福音书——这是肯定的——在耶稣生平事件目击者的时代已广为流传。修改任何错误信息对那些目击者而言都是轻而易举。

根据《新约》，约瑟想要解除与玛利亚的婚约，但之后确认处女生子是天使所为，他决定与她结婚。①

还有一点，在犹太法中，合法（非私生）父母极其重要，原因有几个——包括财产权。若对玛利亚的童贞有任何怀疑，都可以通过检验消除，这很容易做到。

我们因此可以问，若没有事实依据，处女生子一说何以会如此迅速扩散？

福音书若不是真实历史，那它们何以在那么早的时候就被广为接受？

我们有证据——来自当时的文书——表明基督徒对耶稣是处女生子的信仰十分坚定，这引来"早期"基督教敌人的攻击——此"早期"无疑是指 1 世纪之前。②

处女生子现实吗

处女生子可能吗？我想，答案可归结为一位全能上帝的存在。能创造原子的他应该知道如何做到此事。

说这种奇迹不可能即是否认上帝控制自己创造物的能力。有人聪明地说：

---

① 《马太福音》1:19-21。

② 乔希·麦克道尔，《要求裁定的证据》，加利福尼亚州圣贝纳迪诺：这就是人生股份有限公司出版，1986 年，115—117 页。

"真奇迹超越自然，却不违背自然。它们是更高法则的显现，低等法则必须顺应高等法则。"

如果耶稣弥赛亚在进入这个世界之前既已存在，那他还需要一位人类父亲吗？他需要的只是通过人类母亲这个载体获得人身。对他那样的存在而言，处女生子再自然不过。

如果上帝成为人，那人们一般会想，他化为人身时必定非同寻常。对于前来救赎这失落世界的上帝而言，处女生子必然是与其身份和角色唯一相符的降生形式。"出于上帝"却没有非凡出生，这与之身份不符。

降临者既是神又是人。若不是处女生子（若其父母都是人），那耶稣也不过是个人。

无论如何，耶稣的一切不都是个奇迹吗？上帝化为人身，这确实独一无二。你可以称之为"不可能的"事。

神子的处女出身完全是个奇迹。

尽管医学已有极大进步，但仍无法解释造物主的行为方式。若无法理解某物，人们通常就会说那是假的。在上述问题上，我们直面造物主的全知全能和人的认知无能。

思考真理的过程中掺杂着一定的自尊问题。因此，若无法以自己满意的方式解释万物，人类就会感到不耐烦和受挫。对人类而言，承认自己无知是极大的耻辱。

不可能吗？那请回答我：哪个是无所不能的——自然法则，还是创造自然法则且能为自己目的超越自然法则的上帝？

加维总结说：

> 基督，神的儿子，力图成为人的救世主，（却）如果未创造奇迹，那相比福音书一贯呈现给我们的耶稣，那样的他更令人无法理解，更不可信。①

这值得思考。

不过，接下来我们要来看另一个问题，假使耶稣的故事从未发生过——

---

① A.E.加维，《基督教护教学指南》，伦敦：杜科蒙公司，1923年，73页。

假使耶稣的故事是源于异教神话，那会怎样？

　　我们必须现实地看待这个问题。如果耶稣的故事真是来自异教神话，那将希望寄托于耶稣的无数基督徒就陷入了大麻烦。

　　所以，我们现在就来抓住这个问题，抖出真相……

第四十章

耶稣的故事脱胎于异教救世主？——耶稣与异教救世主有何不同

一个特殊日子里，乔希·麦克道尔在一节世界文学课上发言。多年来，乔希一直是全美大学最受欢迎的演讲人之一。讲课教授当面质问他："你如何看希腊神话？"

麦克道尔回答："你是想说，耶稣的生平事件，如复活、处女出身等，都只是神话？"

"是的。"教授说。

乔希回应："耶稣的故事与希腊神话有个明显不同，而那常被人们忽视。"

"哦？"

"希腊神话中的复活等类似事件都不是发生在实实在在、有血有肉的人身上，而是发生在神话角色身上。但在基督教中，那些事件构成了一个真实存在的人的生平故事，《圣经》作者知道历史上此人是存在的，他们认识拿撒勒人耶稣。"

教授想了一会儿。"你说得对，"他说，"我之前从未意识到这点。"

当然，古代神话中确实有死而复生的神。人类的想象力创造出了那些神，用他们来表现自然的循环，如稻谷在秋天死去，又在春天复苏。

相较之下，福音书有关耶稣的记述是真实的历史，与自然循环的神话无共同之处，也与人类想象中"很久以前"发生的故事毫不相同。

但有大卫·艾克这类人说这样的话：

如果想要有个替我们赎罪赴死的救世主神，那你尽管去古代世界里挑好了，因为那样的角色有一大堆，而且几乎都是在耶稣出现很久以前就已受人崇拜。①

所以耶稣只是"抄袭"先前已存在的异教传说"弥赛亚"？

哦，是吗？

这位批评家钻研了埃及、希腊、波斯和印度的老朽故事。在那成千上万个谬谈中，他发现到处都有与《新约》耶稣故事依稀类似的神话。于是，他得意扬扬地指出，那些就是《新约》故事的源头。

与异教信仰无关

哦，得了吧，大卫。《圣经》的著者憎恶异教。我们将在下章发现，《圣经》作者从未借鉴异教。

神话对抗历史

研究者阿纳斯·纳斯（Anath Nath）研究了《圣经》和印度教圣典（Shastras）。他集中调查了两个《圣经》主题——化身（上帝进入人身）和赎罪（上帝奉献自己的生命为人类的罪恶遭受惩罚）。

然后，他试图在印度教经文中找到与这两条教义相似的叙述。

结果，他发现吠陀创世神生主（Prajapati）有类似耶稣的自我牺牲。但他也看到了一个至关重要的不同，吠陀的生主是个神话象征，被施加于多个角色，而耶稣·基督是个历史人物。阿纳斯·纳斯最后总结："耶稣是真正的生主，是世界真正的救世主。"②

一个关键不同：第一手知识

请告诉我，你如何定义神话与历史的不同？

你或许会回答，历史有目击人的证词。

没错，不同之处就在于第一手知识，目击者证词。这就是"大约16位早

---

① 大卫·艾克，《大秘密》，密苏里怀尔德伍德：美国爱之桥出版社，2001年。

② S.埃斯特波恩，《被基督吸引》，伦敦：拉特沃思出版社，1965年，43页。

先神话中的救世主"与耶稣·基督的不同之处。

《圣经》作者在记录耶稣的故事时能说，"我亲眼所见"。我们有福音书作者路加的证词："他受害之后，用许多的凭据将自己活活地显给使徒看，四十天之久向他们显现。"①

你可以相信目击者证言所提供的准确历史画面。目击者将耶稣复生后显现的证词记录了下来。②

不只如此，他们还使用了当时读者与听众的第一手知识。

《圣经》的作者不只是说，"瞧，我们看见这个"，或是"我们听见那个……"而是直面存有最深敌意的批评家，说："你们也知道这些事。你们也亲眼见过的。你们自己清楚。这都不是在背地里做的。"③

注意他们做证的方式：

• ……既从起头都详细考察了。④

• 我们从前将我们主耶稣基督的大能和他降临的事告诉你们，并不是随从乖巧捏造的虚言，乃是亲眼见过他的威荣。⑤

• 神借着拿撒勒人耶稣在你们中间施行异能、奇事、神迹，将他证明出来，这是你们自己知道的。⑥

• 看见这事的那人就作见证，他的见证也是真的，并且他知道自己所说的是真的，叫你们也可以信。⑦

• 我说的乃是真实明白话。王也晓得这些事，所以我向王放胆直言。我深信这些事没有一件向王隐藏的，因都不是在背地里做的。⑧

---

① 《使徒行传》1:1-3。

② 《路加福音》24:48；《使徒行传》1:8, 2:32, 3:15, 4:33, 5:32, 10:39, 10:41, 13:31；《哥林多前书》15:4-9, 15:15；《约翰福音》1:2；《使徒行传》22:15, 23:11, 26:16。

③ 《使徒行传》2:22, 26:24-28。

④ 《路加福音》1:1-3。

⑤ 《彼得后书》1:16。

⑥ 《使徒行传》2:22。

⑦ 《约翰福音》19:35。

⑧ 《使徒行传》26:24-26。

你怎么看？在我看来，这些人坦诚直率。他们了解第一手证词的价值。

正如你们看到的，他们多次使用这样的证言，"我们亲眼见过这些事"，这是他们不变的自信声明，"这是你们自己知道的"。

在那么早的年代里，要编造耶稣的言行可不容易。因为报告若不真实，周围会有众人加以反驳。

因此，对于"耶稣的故事是抄袭异教传说"这个问题，答案很肯定，当然没有！

纵火烧房

事实上，《圣经》基督教谴责任何与异教"弥赛亚"有关的事物。耶稣当然没有抄袭它们。

或许正是因为那些冒牌救世主，艾克和其他一些人才拒绝相信真救世主，但那就好像为了除掉一个鼠窝而把自家房子烧掉一样。

第四十一章

最早的基督徒承认基督教起源于异教？——**阴谋破坏被预言**

如果此时你正躺在床上，那是多么的舒服！重重的雨点正敲打着屋顶……我多喜欢躺在舒适、温暖又干净的床上，静静听着雨点落下的声音。

不过，今早我早早就起了，因为有很多电子邮件值得我注意。有一封尤其如此。寄件人偶然读到一本书，书上称"最早的基督教著者"承认基督教起源于异教。

"这是真的吗？基督教源自异教？"他语气急切。"请务必说实话！"他央求。

按那种说法，2世纪的教士，如撒德的主教米利都（Bishop Melito of Sardis）和罗马的殉道者游斯丁，都称异教与基督教实则相同。

现代作者罗伯特·泰勒（Robert Taylor）说，那些人是最古老、最可靠的纯粹基督教辩护者。因此，他称他们的证词应得到承认。

根据米利都的文章，泰勒总结，基督教是"异域情调的东方神话"，是从东方输入的宗教。"基督借用了……克利须那的名字……这令后来的历史学家伪称基督生于奥古斯都执政时期。"

三个问题

照我看来，我的网友提出了三个需要回答的问题：

（1）米利都和游斯丁是最早的基督教权威吗？

（2）他们是最厉害的纯粹基督教辩护者吗？

（3）耶稣生于奥古斯都执政时期为假？耶稣的故事是借自克利须那？

正确的事件顺序

要回答上面三个问题，我们先得明白历史时间顺序：第一，基督教形成的时间；第二，那些教"父"出现的时间。

时间顺序是这样的：

（1）公元前，《圣经》犹太教为一神教，严格反异教。

（2）1世纪，基督教（脱胎于犹太教）同样是一神教，严格反异教。

（3）2世纪，有人试图将基督教与当时流行的异教融合。

下面我们来更详细地考察这几点。

1）公元前

在信仰上，犹太教是一神教，且严格反异教。从以下例证可以看出，引入异教思想会遭谴责。

* 外邦的神都属虚无，唯独耶和华创造诸天。[1]

* 太阳崇拜被视为背叛上帝。[2]

* 烤饼、焚香献给"天后"要受责难。[3]

* 为塔木兹哭泣（40天大斋节）同样是可憎的事。[4]

犹太教与东方异教大相径庭，后者被视为违背了真理。

2）1世纪

基督教（脱胎于犹太教）同样是一神教，严格反异教。早期基督教导师全然拒绝异教思想。多神异教信仰与一神基督教可谓黑白两立……

《旧约》预言了弥赛亚的到来，而基督教是耶稣·基督应验了《旧约》（犹太教）的信仰。如耶稣本人所说："莫想我来要废掉律法和先知；我来不是要

---

[1] 《诗篇》96:5。

[2] 《以西结书》8:15-17；《约伯记》31:26-28；《列王纪下》23:5、11。

[3] 《耶利米书》7:18，44:17-25。

[4] 《以西结书》8:14。

废掉，乃是要成全。"①

如同《旧约》的著者，早期基督教作者也强调基督教与异教的差别。请注意以下典型例证：

* 神的殿和偶像有什么相同呢？……你们务要从他们中间出来，与他们分别。②

* 这些人都违背恺撒的命令，说另有一个王耶稣。③

* 保罗的基督教讲道："引诱迷惑许多人，说：人手所做的，不是神。……这样……大女神亚底米的庙也要被人轻忽，连亚西亚全地和普天下所敬拜的大女神之威荣也要消灭了。"④

* 禁戒祭偶像。⑤

践行此信仰时，耶稣的追随者：

（1）推倒异教偶像。

（2）奉耶稣为至上的王，高于罗马皇帝。⑥

（3）定星期六安息日为礼拜日，不同于异教的星期天。⑦

基督教与之最大的异教对手（密特拉太阳崇拜）水火不容。

两大宗教有十分明显的差异。

第一，反基督教和迫害基督徒的原因。

完全可以肯定的是，上述三个因素：

（1）将基督教与异教区别开来；

（2）让基督徒看上去好似被憎恨的犹太人。

正是这些差别触发了反基督教和迫害基督徒。

最凶残的迫害时期是在尼禄和图密善（Domitian）执政期间，不过或大

① 《马太福音》5:17。

② 《哥林多后书》6:16、17。

③ 《使徒行传》，17:7。

④ 同上，19:26, 27。

⑤ 同上，15:29。

⑥ 《使徒行传》17:7；《以弗所书》1:20、21；《启示录》19:16。

⑦ 《使徒行传》13:14、44, 16:13, 17:2, 18:4。

或小的迫害一直持续了多个世纪。

事实是罗马异教徒无情地迫害了基督徒。据估计，公元最初 3 个世纪中，约 300 万基督徒遭迫害而亡。

第二，迫害：非政治动机，而是宗教原因。

迫害：这背后有什么原因？到底是谁或是什么组织发起了对一个宗教群体的迫害？是政府吗？

不是！历史将显示，政治势力并未主动迫害宗教群体。始作俑者是一群反对基督教的腐朽宗教团体。

为报复某些真实或假想的敌人，或为获取领地，或为拓展势力，政府也许会向其他政府开战。但政府不会因宗教信仰迫害人民——除非是受某些敌对宗教系统控制。

当我们问，为什么基督徒会遭受罗马当局迫害，答案显而易见。那是因为基督教压倒了异教，横扫异教迷信，推翻其偶像，拆毁其庙宇。那触动了他们的宗教权力……结果是，基督徒惨遭迫害。

事实说明，基督教不同于异教宗教——正是此差异使其招致迫害。

预言：“破坏很快到来”

然而，基督教使徒预言了堕落者将很快进入基督教运动。

注意这些早期警告：

　　＊我去之后，必有凶暴的豺狼进入你们中间，不爱惜羊群。就是你们中间，也必有人起来，说悖谬的话，要引诱门徒跟从他们。[1]

　　＊事实上，腐朽系统“已经发动”。[2]

3）2 世纪

起初只是星星之火，但燎原之势很快铸成。一场运动登台，人们想要将基督教与当时的流行异教混合。

---

① 《使徒行传》20:29、30。

② 《帖撒罗尼迦后书》2:3-7。

异教认为，一周的每天各由一位神掌管，但最重要的神掌管一周的第一天①，那位神就是"上主，太阳"，一周的第一天即是太阳神的日子——主日。

出于这种考虑，罗马皇帝哈德良（Hadrian）于公元135年颁布了一项法令，禁止庆祝第七日安息日②。基督徒对此法令普遍不予理会。但都城罗马的情况则不相同。

先驱使徒死后不久，新领袖在教会内部出现，他们想将基督教与异教混合。如仔细的历史学家注意到的：

> 使徒约翰死后100年，精神暗夜很快降临至基督徒团体；3世纪开始之际，神父蜂拥出现，他们常用的语言是使徒和福音传道者所处时代本该严厉训斥的。③

那些2世纪中后期所谓的教"父"包括马吉安（Marcion）（公元140年）、罗马的殉道者游斯丁（公元150年）、撒德的米利都（公元170年）、亚历山大的巴拿巴（Barnabus）和克雷芒（Clemens）（公元190年）。

这些人的作品显示了保罗的预言被真切地应验了。他们的文章表明，早期异教影响进入了教会。

殉道者游斯丁是他提安（Tatian）的老师，而他提安又是克雷芒的老师。

克雷芒将《圣经》寓言化；教授罗马主教的至高性；宣扬太阳崇拜与公义的日头耶稣类同；鼓吹若不把基督教与异教哲学混合，他将不会教授基督教。这种种都显示异教已混入了基督教。

历史学家约翰·莫谢姆（John Mosheim）做证：

> 他（克雷芒）清楚告诉我们，不会传授纯粹无杂的基督教真理，而要"留传与哲学教训相连的基督教，更确切地说，是要传布受哲学箴言遮蔽、覆掩的基督教"。④

---

① 译者注：星期日。

② 译者注：星期六。

③ 威廉·D.基伦，《古代教会》，伦敦：詹姆斯·尼比斯特公司，1883年，第2期，第2节，第5章，418页。

④ 约翰·莫谢姆，《记事》，2世纪，卷1，341页。

公元 190 年左右，罗马主教维克多一世（Victor I）与亚历山大的克雷芒结盟，为了寻求地中海盆地人士的支持，将教会礼拜首要日定为星期日。①

他们有两个原因要做此改变：

（1）令基督教吸引更多异教徒。

（2）罗马人对犹太人迫害、仇恨，而罗马的基督徒想与犹太人撇清关系，不与他们保有同样的安息日。你会注意到，这改变纪念日的动机——仇恨——严重背弃了基督教教义。②

安息日从星期六变至星期日，这并非源自基督教的初始总部耶路撒冷，也不是起始于随后的总部安条克（Antioch）。此改变最早出现在罗马，原因是异教太阳崇拜的影响与反犹太主义。史实就是如此。③

公元 2 世纪的"神父"：他们有多可靠

一些现代耶稣批评家视游斯丁和米利都为基督教权威，但我们有充分理由质疑，认定那些喜用寓言并偏好神秘主义的"教父"为基督教权威可靠吗？他们真是初期基督教运动的代表人物吗？能干的历史学家给出了他们的裁定：

· 那些所谓神父的文字"流传给我们，很不可信"。④

· 他们都相信《圣经》语言有两重含义，一重是表意，另一重是隐意；他们认为隐意更具价值，因此给《圣经》罩上晦涩之名。⑤

· 他们的篇章鲜有不充斥着错误。他们对《旧约》的了解不准确、通俗且满是错漏。⑥

· 经由他们阐释的《圣经》文字"就像用煤袋滤过的牛奶"。⑦

· 即便他们是权威，也不能证明大部分正统教义中存有一丝真理，他们教

---

① 本杰明·G.威尔金森，《真理凯旋》，亚利桑那州佩森：秋之叶图书有限公司，1988年，132页。

② 万斯·法雷尔，《皮特凯恩之上》，田纳西州阿尔塔蒙特：朝圣者之书，1987年，47—49页。

③ 塞缪尔·巴基奥基，《从安息日至星期日》，罗马：教皇格里高利大学出版社，1977年。

④ 奥古斯都·内安德，《基督教与教会通史》，伦敦：乔治·贝尔与桑斯出版，1871年，卷1，657页。

⑤ 约翰·L.冯·莫谢姆，《教会史概要》，4书合卷，纽约：罗伯特·卡特与兄弟出版，1881年，书1，3世纪，第2部分，第3章，第5部分。

⑥ 弗雷德里克·W.法勒，《解析史》，伦敦：麦克米伦公司，1886年，162页、165页。

⑦ 马丁·路德，《桌上谈》，伦敦：W.博格，1848年，228页。

唆的异端也未给罗马教廷增添半点辉光。他们的教义，在我看来，毫无权威性。[①]

你们会注意到，名望权威并不认同那些"教父"是基督教的代表。

在 2 世纪，支持太阳崇拜的皇帝与亚历山大的神学家（及受他们影响的人）有个共同目的。他们有个雄心勃勃的计划：欲将万教归一，"要令太阳被奉为中心崇拜物"。[②]

出于这个目的，一项计划被启动，两大异教节日被融合成一个"基督教"周年盛事。那两大异教节日分别是：（a）"厄俄斯特"节（"Eostre"），这个异教周年节日是为庆祝春分日；（b）"星期日 / 太阳日"（Sun-day），每周一次的庆典，目的是供奉太阳。这两个节庆被混杂一起，做成了最大的教会年度节日——复活节。

这解释了殉道者游斯丁和撒德的米利都两人的主张，他们都试图令基督教看上去更像异教。

罗伯特·泰勒的假设

在其《叙事》（*Diegesis*）一书中，罗伯特·泰勒的反基督教立场建立在三个错误假设之上：

（1）他资料的久远性；

（2）他资料的正统性；

（3）耶稣非真的假设。

1）有关这位批评家资料的久远性（"属于最早之列"？）

泰勒说[③]，米利都是基督教"最早的……拥护者之一"。他称米利都致马尔克·安东尼（Marcus Antoninus）的辩护词"历史十分悠远，且是最早的"。

那真相是什么？

真相：

基督教最早的拥护者根本不是米利都和他 2 世纪的同僚！基督教最早的

---

① 亚当·克拉克，《评注》，《箴言篇》8评注，伦敦：菲利普斯·亨特出版，1814年。

② 亨利·哈特·米尔曼，《基督教历史》，3卷本，伦敦：约翰·默里出版，1867年，卷2，175页、176页。

③ 第三十七章，在第二项指控的答案中。

提倡者是使徒们，其创作时间比米利都早 130 年。没错，《路加福音》的创作时间早于公元 60 年年初（作者与耶稣是同时代的人）。

此外，由于路加使用的一些资料来自《马可福音》，所以可推断马可的创作时间要更早。如约翰·罗宾逊指出的：

> 有十分令人信服的证据表明，《新约·福音书》的创作时间在公元 40 年至 60 多年。[①]

照此说法，《新约》开始创作的时间仅在耶稣死后的 9 年！……较米利都早 130 年……较殉道者游斯丁早 110 年。所以说，是谁说米利都和游斯丁是"基督教的最早拥护者"？那种说法天真到令人喘不过气，我得喝杯水缓缓。

重要：《新约》出版时，事件目击者仍活着。书中声明耶稣·基督生于犹大地，被钉十字架，死而复生。

而罗伯特·泰勒说，一个多世纪后登场的米利都和游斯丁否认那些事件的真实性。就事件的真实性而言，你更相信谁：目击者，还是后来者？

2）有关这位批评家资料的正统性（"属于最厉害的纯粹基督教辩护者"？）

泰勒说[②]，米利都是基督教"最……厉害的拥护者之一"。

真相：

荒谬！如果米利都和游斯丁是纯粹基督教信仰的保卫者，那希特勒还是犹太人的守护者。真相是，米利都和游斯丁更情愿倡导打着异教招牌的基督教，几乎任何异教皇帝都可称自己是那信仰的拥护者。米利都着手创立了合乎异教徒口味的新版基督教。

是的，泰勒先生，米利都这堕落的妥协人确实把"（基督教）教义与信条与最纯粹、最受敬仰的古代偶像崇拜完全等同、一致化"。

那真正的基督教教义与最纯粹的异教教义一致吗？当然不！

对于他自己的信仰，米利都给出了证词，表明他的信仰基本属于异教（虽

---

① 见约翰·A.T.罗宾逊，《重定〈新约〉年代》，伦敦：SCM出版社，1976年。

② 第三十七章，在第二项指控的答案中。

然他给它们贴上了基督教的标签）。他给源于东方神秘主义的异教信仰施洗礼。他说，那些信仰（他个人的信仰）实际是由皇帝奥古斯都引入。但那信仰不是基督教。

米利都的共犯殉道者游斯丁同样将基督教与异教等同：承认"我们口中的耶稣·基督正是你们口中的朱庇特（Jove）众子。他生于处女，你们的珀耳修斯（Perseus）与他相似；他被钉十字架上，你们的巴克斯（Bacchus）、赫拉克勒斯（Hercules）、波吕丢刻斯（Pollux）、卡斯托耳（Castor）也有那样的故事；他起死回生、升入天堂，原因你们都清楚，那正是你们所认为去世君王灵魂的归属地"。

在堕落侵入基督教运动的过程中，游斯丁这位后登台者表达了他的个人信仰。即使身为"基督教"导师，此人依旧披着异教哲学家的外衣。

殉道者游斯丁确实说过，"因此，请保留这宗教，它与你的王国一同成长；它始于奥古斯都……"这要么是指游斯丁的异教信仰是由奥古斯都引入，要么意味着基督教与耶稣共生于奥古斯都执政时期。其中之一为真。

批判基督教的泰勒先生掉入了这些陷阱：

（1）无视目击基督教产生证人的报告；

（2）选择引述 2 世纪（晚了 110 年）异教化基督教的倡导人。

而那些倡导者甚至算不上 2 世纪基督教信仰的真正代表人。

3）耶稣生于奥古斯都执政时期为"谎言"？（真正来源为克利须那？）

泰勒再次依据米利都得出结论，基督教信仰"是在奥古斯都执政时期从罗马帝国领域外的国家引入"。所以，基督教"并非起源于罗马省犹大地，而实际是个异域情调的东方神话；它大约在那时被从蛮族引入"。泰勒然后加上自己的设想：

> 经由埃及僧侣，印度教中传说的克利须那被引入罗马帝国，时间大约为奥古斯都执政时期。这令后来的历史学家假称基督生于奥古斯都统治期间。

真相：

一半的真相比彻头彻尾的谎言更具误导性。尤利乌斯·恺撒和奥古斯都将其他民族的神引入罗马，让罗马宗教系统吸收那些神祇。

然而，说基督教的讯息是源自印度教克利须那，这种论断无丝毫真相可言。事实上，克利须那与耶稣·基督的相似性直到公元 600 年左右才出现。有证据表明，那时基督教在印度已是一股不容小觑的力量。

由于害怕自己的权势丧失，婆罗门在他们众神中搜寻出一位等同于基督的角色，好将人民吸引回印度教。①

游斯丁本人也驳斥了罗伯特·泰勒的主张

如果泰勒仔细并深入阅读了殉道者游斯丁的《护教书》，那他应该会被游斯丁（泰勒之前认定他是权威）的这番话震惊：

> 基督生于 150 年前，在奎里纳斯（Quirinus）的任期内。②

游斯丁说了什么？很简单：耶稣是真人，就生于《新约》所说的时代。尽管有异教化倾向，殉道者游斯丁仍赞同路加的书是于 1 个世纪前写成——这说明耶稣是生于"奥古斯都恺撒执政时期……是居里扭（Cyrenius）（奎里纳斯）做叙利亚巡抚的时候"。③

谁想知道全部真相？泰勒要我们相信耶稣·基督并不存在，而是"个异域情调的东方神话"，取自克利须那传说。

然而，他所认定的明星权威殉道者游斯丁却与他意见不一！

想看看关于泰勒的"假"耶稣，金童游斯丁还说了什么吗？请听这个……

在写给罗马皇帝安东尼·庇护的《护教书》中，游斯丁引导皇帝去查阅彼拉多审讯耶稣的报告。游斯丁相信那份报告就保存在帝国档案室的某处：

> 他说"他们用大钉刺穿我的手、我的脚"，这不正是描述钉子如何将耶稣的手脚钉在十字架上吗？他被处决后，钉他的人掷骰子分他的衣物；这些都是事实，可以在本丢·彼拉多下命所记的《行传》中找到。

---

① 本书第二十五章已讨论了这个问题。
② 殉道者游斯丁，《护教书》，I. 46。
③ 《路加福音》2:1、2。

游斯丁之后又说：

　　他行的奇迹，您很容易从本丢·彼拉多的《行传》里获得令您满意的信息。①

全方位的证据

　　哦，别胡扯了，这不是该要诚实的时候吗？身为一名历史学家，我发现，如果哪个诚实的作者会无视上述证据，那还真是不可思议……还是泰勒根本不知道那些证据的存在？

　　可以肯定的是，看到像泰勒这样混淆视听的人，路西法军团不知有多高兴。他们抖出一点真相，然后再往其中掺杂谬论。对此毫不知情，一些人就吞下了那致命的毒药。

　　诚然，现在唯一安全且真实的调查方式就是全盘考虑事实，将事实一一权衡，就像法院考虑每个证据那样。同时，我们只做有证据、证词或历史依据的结论。

　　在本丛书后续书中，你会看到更多相关的惊人证据，而那些批评家的论调将被击得粉碎！

---

　　① 殉道者游斯丁，《护教书》，1.48。

第四十二章

基督教为何被指责抄袭？——**阴谋渗透**

几天后，我又翻看了朋友休留给我评论的书。我注意到作者大卫·艾克的另一个论断：

"基督教明明是异教太阳宗教，却抨击异教崇拜！"还有，"基督教是换汤不换药的异教信仰。"

这样的论断现在让人听了就犯困。是时候让这样的幻想彻底休止！

希望你不会被接下来毫无保留的历史揭露触怒。但我想，作为一名诚实的读者，你希望获知真相，对吗？

你就要发现基督教被指责抄袭异教的原因。

被窃的身份

如前所述，让云从中国进入德国的护照①根本不是云的！云凭借的是一个假身份通关。

艾克书中所谓的"基督教"根本不是真正的基督教！他要努力消灭的是个冒牌货。他并不清楚真假基督教的区别。

不，艾克，基督教不是异教太阳宗教。基督教不是换汤不换药的异教信仰。你还未意识到被窃身份的问题。

---

① 见前言。

耶稣对抗后来的神话

首先,我们直说吧,明白这二者的不同十分重要:(a)有关耶稣的历史记录,(b)几个世纪后加在他身上的异教神话。

那即是真假护照的区别所在。

看《圣经》的目击者报告,你永远不会困惑。它是直白的历史记述,是真护照。

但听信某些教派说的耶稣神话,你将会迷惑! 那些神话是直至 3 世纪左右才潜入教会的。

请让我在此澄清,在提及某个体系时,我针对的不是那个体系中的个人成员,我真诚地尊重那些人。我们要追溯的是一个宗教机构的历史。任何人都无资格评判人心。

从巴比伦到别迦摩,再到罗马

异教进入基督教最初是在都城罗马。故事是这样的。

巴比伦于公元前 538 年陷落后,巴比伦的士兵逃至中国西藏。如同埃及的孟斐斯,西藏也建立起了巴比伦的祭司制度。[1]

其服装由西藏僧侣保存至今。

与此同时,巴比伦的祭司(宁录密教的核心)逃至位于今天土耳其西南部的别迦摩城。他们在那创立了总部。多少个世纪以来,别迦摩一直是"撒旦的座位之处"[2]。

在那,在被神化的别迦摩国王主持下,以大蛇为象征的阿斯克勒庇俄斯受到崇拜。庆祝时,人们醉酒狂欢,纵情无度。而其他地方都对此保有节制。[3]

后来,罗马帝国吞并了这个地区,巴比伦宗教又在罗马确立了地位。

希斯洛普指出,皇帝尤利乌斯·恺撒之前被选为大祭司长(Pontifex Maximus)[4],他身兼罗马最高民事统治者、罗马首领和罗马宗教领袖,"巴比

---

① 威廉·B.巴克,《拉瑞斯和珀那忒斯》,伦敦:英格拉姆与库克公司,1853年, 232页、233页。

② 《创世纪》2:13。

③ 亚历山大·希斯洛普,《两个巴比伦》,伦敦:S.W.帕特里奇公司,1969年,240—241页。

④ 迪莫克,见该条目"尤利乌斯·恺撒", 460页,第1条。

伦主教的至高权力与职责全都赋予了他。他发现自己身处拥有这些权力的位置……他似乎自以为已坐拥('牛角'阿塔罗斯（Attalus）的神圣显位……然后，在某些显示他大祭司长身份的场合，他就像（巴比伦的）伯沙撒王，自然地以巴比伦的盛装现身。他身着绯红色长袍，手持宁录的权杖，头顶大衮（Dagon）的法冠，项戴雅努斯（Janus）和库柏勒（Cybele）的钥匙"[①]。

明白了？宁录的巴比伦密教变成了罗马的宗教。在《圣经》象征主义中，巴比伦被等同于罗马。如红衣主教吉本斯（Cardinal Gibbons）说的：

> 彼得第一封书信中的"巴比伦"，新教与天主教注解者都理解为是指罗马。[②]

现在来到了有趣的部分。

试图 1：从外部摧毁基督教

随着基督教传遍罗马帝国，异教开始退居其次，路西法军团因此向基督徒全面宣战。

迫害随之而来，但基督教运动仍然迅猛发展。历代恺撒——路西法军团的傀儡——都试图阻止基督教的发展，却都徒劳无果。

试图 2：从内部摧毁基督教

一个诡诈计划由此孕育而生——路西法军团决定渗入基督教运动，从内部破坏它——用一个假体系取而代之。

这项计划在帝国都城罗马启动。潜入者将其异教神祇与偶像带入基督教，简单地给他们换了新名字……朱庇特成了使徒彼得……维纳斯成了圣母玛利亚。太阳神 12 月 25 日的"生日"成了耶稣的诞辰，等等。

这不是秘密，如穆兰特·布罗克（Mourant Brock）说的：

> 事实上，熟知古代史的作者——无论是俗士还是教士，新教徒还是教皇，罗马人还是异邦信徒——都赞同，罗马现行惯法与仪式

---

① 亚历山大·希斯洛普，《两个巴比伦》，伦敦：S.W.帕特里奇公司，1969年，241页。

② 红衣主教吉本斯，《我们神父的信仰》，1885年版，131页；1917年《第83次修订版》，106页。

都源于异教。①

塞米勒米斯（"天后"）与宁录（顶着不同名字的太阳神）的塑像被带入了教会。他们的名字变成了圣母玛利亚和小耶稣。塞米勒米斯和宁录创造的假冒体系成功潜入了罗马教廷。

如同在巴比伦，忏悔室此时再次被立起，教士又得以将人们置于他们的掌控下。

这个体系最初在巴比伦被创造，然后从那里传至世界各处。但不同时代与不同地点将其改造或淡化了。现在，唯有宗教化的罗马才保有那体系几近纯粹和完整的形态。

天主教信徒中有无数正直、诚实之士，但他们对这些毫不知情。他们由衷地相信，自己被告知的是真理。但这受控制的强大体系正在欺骗他们。

天主教教徒西班牙征服者与耶稣会士行至美洲与亚洲时，他们惊奇地发现，异教民族的宗教竟与他们的几乎一模一样。

普雷斯科特（Prescott）写道："我们惊讶地发现，美洲印第安人和古罗马人的信仰与现代天主教竟是如此的相似。"②

你应该能列举出 80 多处相似特征。

多个世纪以来，借着各种比喻和寓言，这个宁录–塞米勒米斯假冒游戏与它的伪弥赛亚被公开宣传。只要睁大双眼，你就会发现宁录与其妻子/母亲随处可见。

现在，我就给你们一个图片例证。

请仔细看下面两幅图。

第一幅图是印度卡拉拉卡（Kararak）一座异教神庙中的日轮。第二幅图中的梵蒂冈圣彼得广场呈现了相同的日轮，且日轮中心处耸立着日柱，直接搬自埃及的黑里欧波里斯（Heliopolis）异教太阳神庙。

这些是否告诉了我们什么？

你会回想起塞米勒米斯曾宣称："宁录的灵魂已升至太阳。"然后是点睛之处……一束太阳光令她怀孕了！她的丈夫重生为她的儿子！

---

① 穆兰特·布罗克，《罗马、异教与教皇》，伦敦：霍德与斯托顿出版社，1883年，31页。

② 普雷斯科特，《秘鲁》，卷1，103页。

记住，这女人顶着多少名义受到崇拜！例如，在埃及，以哈托尔之名，她被塑造为享有一切神格的角色。为指出这位伟大女神母亲既是无限万能者，又是处女母亲，泛神论者将这段铭文刻于她埃及一所神庙中："我即万物，过去、现在、将来皆是。无人曾揭开我的面纱。我诞下的果实是太阳。"①

塞米勒米斯因此被奉为太阳神之母。

我们现在进到梵蒂冈大教堂的内部。那儿的墙上有一幅画，画的是圣母玛利亚产下……好的……看看吧……你看到了什么？没错！她诞下的是太阳！！！

日轮（一）

日轮（二）

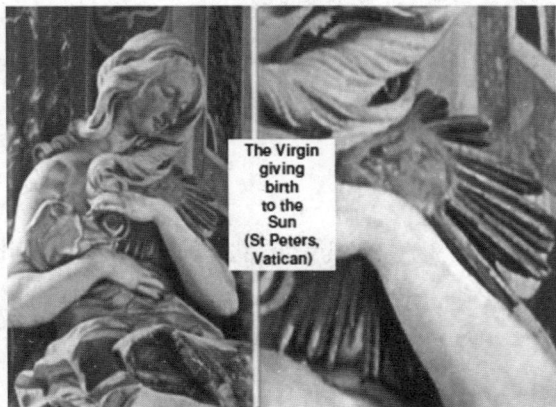

The Virgin giving birth to the Sun (St Peters, Vatican)

诞下太阳

① 本生，《埃及》，卷1，伦敦，1848年， 386页、387页。

这就是那个异教太阳崇拜。

而且，今天教皇领导的枢机主教团正是以异教"大祭司长"为首的教长会的翻版。后者在基督教创立之初就存在于罗马。而罗马的教长会又是对巴比伦教长会的仿效。

罗马帝国的延续

罗马帝国在 5 世纪瓦解时，罗马教廷便开始掌权。教皇掌控的罗马实际上是罗马帝国的延续。请听听历史学家是怎么说的：

> 在罗马政治的废墟之上，伟大的道德帝国——"巨型"罗马教廷——升起。[1]
>
> 无论蛮族和阿里乌斯教派留下了什么罗马元素……都……被置于罗马主教的保护之下。罗马主教是罗马帝国消失后的首要负责人……罗马教廷以此暗中将自己推至罗马世界帝国的地位，成为帝国的真正继承者；帝国没有消亡，只是改变了形式……这里可没有什么"狡黠言论"，有的只是对真实历史的认知，以及对罗马教廷本质最贴切、最合理的描述……罗马教廷是个政治产物。它之所以如世界帝国般威严，是因为它就是帝国的延续。那自称为"国王"和"大祭司长"的教皇实际是恺撒的继承人。[2]

一旦建立起任其调遣的军队，罗马城内的教会就着手消减基督教世界中所有与它这赝品相悖的人。众多历史学家记录了这一事件。

虔诚者退居荒野

真正虔诚于《圣经》的基督徒大为惊骇。他们知道撒旦创造了一个宗教怪物，并称其为基督徒。他们知道它是冒牌货，是邪恶的，且全然违背了基督教教义……《圣经》甚至严令禁止庆祝重新命名的异教节日。他们的上帝

---

① A.C. 弗利克，《中世纪教会崛起》，1900年，150页。

② 阿道夫·哈纳克，《何为基督教？》，纽约：G. 帕特南之子出版社，1903年，269页、270页——楷体部分为原文标示。

已给出明确指示，切莫以异教仪式敬奉他：

> 不可访问他们的神说："这些国民怎样事奉他们的神，我也要照
> 样行。"你不可向耶和华你的神这样行，因为他们向他们的神行了耶
> 和华所憎嫌所恨恶的一切事……凡我所吩咐的，你们都要谨守遵行，
> 不可加添，也不可删减。①

因此，为了拯救他们的信仰，真正的基督徒隐居山林。纯基督教在地下
活动了近千年。而那庞大的伪基督教势力成为凌驾于国王与民族之上的可见
统治体。

信假为真

这个伪基督教崇拜并入了如此多富有异教特色的伪"弥赛亚"，一些现代
作家因此中计。

他们看见一个大型教会采用了异教节庆与象征——看见某些所谓的基督
徒给那些东西贴上耶稣的标签——于是，他们贸然断定，耶稣·基督一定是
源于某个异教神话。

那些作者的研究或许听上去振振有词，实际却浅陋得可悲。批评家们，
醒醒吧！去了解真正的历史！

异教对抗基督教

基督教成立于公元 1 世纪。直至 3 世纪，罗马教会才被异教掌控。但甚
至在那之后，许多基督教徒仍旧保留了其宗教的纯粹性。多个世纪以来，无
数人不断为之献身——惨遭受洗太阳崇拜者的迫害！

真正的基督教是异教太阳崇拜？如果真是那样，那你说驴子能飞，我们
也会相信（只要在网上那么说）。

基督教是换汤不换药的异教？当然不是。天主教是换汤不换药的异教？
这才说对了。

我再次强调，我不是针对普通大众，他们许多人善良且诚实。我说的是

---

① 《申命记》12:30。

那个体系。希望这不会触怒你。毕竟，你想要的是历史真相。我说得对吗？

异教被引入基督教

以下是一些异教输入物：

* 崇敬天使与死去的圣徒——公元 375 年

* 原安息日被强制废除，时间被（老底嘉会议 Council of Laodicea）改为周日——公元 364 年

* 使用偶像——公元 375 年

* 弥撒成为每日庆典——394 年

* 以弗所会议（Council of Ephesus）开始赞颂玛利亚为"上帝之母"——431 年

* 炼狱教义（死后受苦）由教皇格里高利一世创立——593 年

* 直接向玛利亚、死去的圣徒和天使祈祷——600 年

* 亲吻教皇的脚，始于教皇君士坦丁（Pope Constantine）——709 年

* 崇拜十字架、偶像和遗迹，现已官方化——786 年

* 圣水（混杂少许盐，并受一名教士祝福）出现——850 年

* 弥撒渐渐发展成"祭祀"和强制行为——1050 年

* 教士被要求禁欲——1079 年

* 隐修士彼得（Peter the Hermit）写出《玫瑰经》(The Rosary)，信徒就用该经文边转念珠边机械地祈祷——1090 年

* 开始出售赎罪券（用钱购买救赎）——1190 年

* 教皇英诺森三世（Pope Innocent Ⅲ）宣布圣餐变体论，称教士能将上帝从天堂带入一杯酒与一块饼中——1215 年

* 拉特兰会议（Lateran Council）上，教皇英诺森三世创立向教士秘密忏悔罪行而非直接向上帝祷告的制度——1215 年

* 教皇庇护九世（Pope Pius IX）公布圣母玛利亚无染原罪说——1854 年

* 庇护十世（Pope Pius X）宣布"谬说要录"（"Syllabus of

Errors"），它被首次梵蒂冈会议正式批准，成为上帝真理（它谴责所有未被教会通过的宗教、言论、出版自由和科学发现）——1864 年

* 教皇凌驾所有统治者之上的世俗权力被正式重申——1864 年

* 梵一会议宣布，教皇对所有信仰与道德的阐述绝无谬误——1870 年

* 教皇保禄六世（Pope Paul Ⅵ）宣布玛利亚为上帝之母——1965 年

你瞧，以上都表明了原罗马异教在基督教的名义下复兴了。

以下是另一位审慎历史学家的研究结果。请看：

> 异教不是有神庙、祭坛、图像与雕塑吗？罗马天主教也有。异教不是使用圣水和焚香祈神吗？罗马天主教也是。异教不是有大祭司长或教宗主持祭司削发吗？天主教也有，而且它将这纯异教起源的名号印在钱币、勋章及其统辖的自大教士的文件上。异教不是声称祭司绝无谬误吗？罗马天主教也是。异教中，人们不是隆重地将神祇塑像扛在肩上游行，以示崇敬吗？罗马天主教也是。异教不是有亲吻教宗双脚的仪式吗？罗马天主教也有。异教不是有教长会吗？罗马天主教也有，名字为枢机主教团。异教不是有其教会制度吗？罗马天主教也有。异教的高位人士不是身着华丽长袍，头戴王冠，手持权杖吗？罗马天主教也是。异教不是崇拜偶像和天后，实行还愿祭吗？罗马天主教也是。异教不是有乡村神龛和列队行进祈祷吗？罗马天主教也有。异教不是有假造的神迹，会说话、会哭泣、会流血的塑像吗？罗马天主教也有。异教不是有乞讨制度和虚假圣人吗？罗马天主教也有。异教不是追封圣徒吗，如神化死去的恺撒？罗马天主教也是。异教不是有偶像崇拜节日和无数庆典吗？罗马天主教也是。异教不是强制禁欲，有神秘象征，并崇拜遗迹吗？罗马天主教也是。异教不是残忍迫害反对偶像崇拜的人士吗？罗马天主教也是。[①]

---

① H.格拉顿·吉尼斯，《罗马天主教与宗教改革运动》，伦敦：J.尼斯比特公司，1891年， 198页、199页。

一些现代作者的浅薄研究

亲爱的艾克攻击的是罗马体系，却称它为基督教——这正是他的问题所在。这是个常见错误。请理解基督教与罗马天主教的区别，这是解开疑团的钥匙。你将恍然大悟！

这是艾克忽视的真相：无数真基督徒了解最初的真理，拒绝接受异教输入物。在罗马势力以外的地区，他们继续保存着真基督教，令其纯粹、不堕落。朋友，这是我们现在仍然可能发现真相的原因。

以《圣经》为依据的基督教并未说耶稣生于 12 月 25 日。它谴责任何与异教"弥赛亚"相关的事——包括各种太阳崇拜陷阱。

耶稣·基督只是对更早"弥赛亚"的抄袭？能将说谎者变为诚实的人，重振破碎人生的《圣经》只是个满是谎言的骗局？哦，别扯了。请正视现实！

是谁设计了"基督欺诈"一说？醒醒！那一定是远离人性真知与无视历史人士的幻想。

第四十三章

最后回合——决战

"如果你不停止这'警示系列',我们会杀了你!"

这个声音出自一个自称是撒旦信徒的男子。在俄勒冈州塞伦(Salem)的电视节目直播中,这名男子打进节目电话,发出威胁。德怀特·欣曼(Dwight Kinman)之前从未受过生命威胁。他没把那恐吓当一回事。

那晚,欣曼走出摄影棚,时间为晚上 10 点 30 分。走进他的小型车,他将车开离路边,来到第一个十字路口。

麦迪逊大街灯光昏暗,但他能看清各个方向的几条街区。当开到十字路口时,他瞬间瞥见一辆闪着前灯的大型车。有人一直在黑暗中等着他,时机完好。

那辆车提速,飞快地朝他驶来。车灯的强光晃瞎欣曼的双眼,咆哮的马达震耳欲聋,他根本没时间踩刹车或踏油门。然后,突然间,他穿过了十字路口。攻击者几乎与他擦肩而过。

后来,电视台的一名工程师惊叫:"他不可能没撞上你,除非有神的干预。"

欣曼后来说:"那晚,一定是上帝保护了我。"

三天后,欣曼的邮箱里收到一封匿名信。信上说:"如果你不停止这'警示',我们会杀了你。地球上没有什么力量能阻止我们。趁还来得及时赶快停止。"

这是迄今他收到的最恶意的信件。德怀特·欣曼把信拿给妻子看。他们刚庆祝完 42 周年结婚纪念日。

"亲爱的，"欣曼说，"我很爱你，很爱我们的儿子、儿媳和孙子。我该怎么做？要放弃吗？"

"我们永不放弃！"他妻子立刻回答。

来自高位的护佑

信上说："我们会杀了你。地球上没有什么力量能阻止我们。"写信人不知道，这个世界之外有一个强大得多的力量。他没有意识到，欣曼受到高位——十分高——力量的护佑。

欣曼说："至高者……他是我的避难所，是我的山寨，是我的神，是我所倚靠的。"①

他们不知道欣曼有一份丰厚的人寿保险，他时时刻刻都受到周全护佑。②他们也没意识到，从很久以前，CIA 就在全天 24 小时保护欣曼。不，CIA 不是指美国政府的中情局，而是指天界——基督的无数天使③：

> 因他要为你吩咐他的使者，在你行的一切道路上保护你。④

一刹那，德怀特·欣曼感到恐惧。但是，之后他脑内闪过一条最伟大的承诺——很久以前，那已成为他的生命诗篇：

> 照着我所切慕、所盼望的，没有一事叫我羞愧。只要凡事放胆，无论是生是死，总叫基督在我身上照常显大。⑤

欣曼不再恐惧。从那刻开始，他知道自己受到护佑。

---

① 《诗篇》91:1-2。

② 《约翰福音》3:16。

③ 译者注：原文为Christ's Innumerable Angels，三个单词首字母缩写即为CIA。

④ 《诗篇》91:11。

⑤ 《腓立比书》1:20。

直指今日的预言

我们生活在"信息时代"。据说，世界全部知识的 80% 都是在前 10 年产生的，而 90% 的伟大科学家都生活在今天。

据估计，2004 年至 2020 年，航空客运量将翻一番。由于搭乘飞机的人越来越多，机场拥堵情况逐渐加剧，而乘客要求更高质量的飞行。在欧洲，人们希望能够承载 500—800 名乘客的双层空客 A380 可以解决这些问题。

但以理说："直到末时，必有多人来往奔跑，知识就必增长。"[①]

人类历史上再没有哪个时代，人们像今天这般在地球间频繁穿梭，信息量以如此惊人的速度增长。

根据预言，就是在这个时候，地球上的每个人都将被"审判"……那时永恒的正义法则将完全生效，万物将被矫正。

据称，审判将突然到临——那时人类普遍未有意料——那时许多人在谈论"和平与安全"。

这颗星球上的万事万物都是围绕两大宗教的持续斗争展开。即便认为自己是无信仰者，你实际也站在其中一方。

两大宗教的战争

归根结底，不存在成千上百种宗教，唯有两大宗教。

关于这两个选择，存在这些问题：

（1）上帝只是自然？

（2）上帝是自然的创造者？

这些问题的答案会改变你的所想所为。所以，无论意识到与否，你都有信仰。

一派胡言，有人说。我是无神论者，我才不信上帝，我信的是进化论。

无神论也是一种宗教。它的孩子进化论也是。两者都做出了有关上帝的明确声明。它们都说，上帝与你的存在无丝毫关系。这实则是一种宗教声明。

所以，你隶属两大宗教之一：

---

① 《但以理书》12:4。

（1）异教,相信万物源自且归于囊括一切的女神子宫。宇宙即一……神、人、动物、石头和树木都为一体。一切皆处于生命大循环之中。万物本质尽相同。

不存在具有人格的上帝。"神母"是赋予万物生气的非人类力量。

我们必须统一所有信仰,将互斥的宗教与哲学合一。那全球信仰将由一位新教皇以及跟随他一统异教的教会领导。该信仰将建立在对自然与女神崇拜的基础上。

（2）一神论,说上帝创造万物,是一切的主。他不是生命循环中的某股能量。他位于那之上,身处那之外。

造物主有自己的地方,他拥有其存在的领域。被他创造的生命循环系统无法容纳他。他有一片特殊领地,不同于我们生物所在的地方。

路西法,还是造物主

异教包括 ××××①、锡安主义、三边委员会（Trilateral Commission）、外交关系协会（C.F.R.）、光明会（Illuminati）、洛克菲勒帝国、伊斯兰教、主业会（Opus Dei）、罗马俱乐部（Club of Rome）、新纪元运动、进化论、UFO主义、人本主义、无神论、通灵术、撒旦主义……及许多宣扬人类自救的宗教组织。

各种毁灭之路都是由路西法及其隐形政府指引的。

人类事实上正处于撒旦崇拜的魔掌中。我们太过羸弱,以至于无法判断那邪恶的崇拜,它吞噬人类的力量,使人类饱受精神折磨。路西法军团的目的就是让人类自行毁亡。

路西法的所有策略都有个共同根基——憎恨或侮蔑耶稣·基督。

但,哦,若不是阴谋,那一定是巧合……不是!．

若是那样,耶稣·基督为什么会招来如此多的反对之声?

路西法军团从来不假造无足轻重之物。撒旦创建异教,目的就是诬蔑他仇恨的敌人——上帝——使人类拒绝救赎的馈赠。他意欲毁灭你。

---

① 删去4个字。

为永恒进化的永恒战争

路西法的傀儡，受进化论异教洗脑的初代人，在全球被授予各种权力职位。那些领导人相信那所谓的进化发展论，认为国家等竞争"单位"须发起战争，剔除劣等者。

想象一下吧！所有国家都承诺抵制战争，都表示出对和平热切与真诚的期望。而与此同时，各国都着手囤积为赢得战争最残忍、最有效的武器。这被叫作现实主义。我称那是最糟糕的精神失常——因为那是有意识的精神失常。

这个人类毁灭计划只可能是由某个远超出人类聪明才智的天才策划的。他在幕后精心设计、编排了一切。

上述两大宗教将迎来最后决战。

那将使得人类对地球的控制走向终结——从而迎来一个新世界。

异教新世界的公民

事实上，盛大的最后决战将在撒旦主义与基督教之间打响。路西法军团设计了一个由各种信仰构成的普世宗教，那之中真耶稣与真救赎都无影无踪。

《圣经·启示录》预言，那全球宗教确实会出现，由带有数字 666 的人统领。3 个 6 是三条盘绕的大蛇，是撒旦的象征。

无望还是希望

20 世纪两位著名人士都写下了关于希望的文字。

著名哲学家伯特兰·罗素（Bertrand Russell）公开宣称自己是无神论者。在他去世不久前，罗素分析了即将发生的世界危机，他写道："人类正处于跌向绝望的恶性循环中，我已放弃所有希望。"

欧洲伟大精神病学家保罗·图尼耶（Paul Tournier）是一位谦逊的耶稣信徒。他完全相信《圣经》是上帝的道。生命接近尾声之际，他写下："人类唯一的救赎希望是亲面我们的主耶稣·基督。"

此处发生了什么

有没有可能，地球上许多人都犯了一个可怕的错误？我们是否一直被不知答案的导师误导？有没有可能，不仅存在一位爱我们的上帝，还存在一场即将到来的审判？

有没有可能，《圣经》——这本世界上被翻译次数最多且被最广泛阅读的书——告诉了我们人类起源与命运的真相？

我现在告诉你。你最好相信！根据证词，《情报报告》(《圣经》) 给出了针对现实世界问题的唯一有效解释（和解决办法），并指出了唯一的永恒未来。

第四十四章

转世问题——"在我的前世"

"是的，1806年，我是名英国水手，参加了尼罗河战争。"坐在沙发上的男子说。电视摄像机拉近画面，他继续说："我在那场战争中被杀。"

"你看，"艾米对丈夫说，"转世。那真的存在！"

在你认识的人里面，或许就有人将他们的生活建构在对转世的期望上。

但是，转世是确定的事实吗——还是一场高风险赌博？

如果你已将希望盯在转世上，你或许会察觉到一些问题，而我们需要正视那些问题。不幸的是，转世理论现在面临着许多现实问题。

首先，一些勤于思考的人会问：

（1）为什么人要因为自己毫无记忆的前世（因为"恶业"）遭受惩罚？

（2）倘若（像声称的那样）业力存在的目的是消除人类的私欲，那为什么，哦，为什么在地球转世轮回无数年后，人性却未有显著进步？

（3）假使（如所称的那样）轮回和业力法则真那么有益，那为什么在系统教导转世理论的印度仍存在那么多的社会和经济问题，且日益恶化（如普遍的贫困、疾病和可怕苦难）？

看看史实吧，转世理论完全颠倒了神谕维存的最初宗法知识，即"你必定死"；"唯有犯罪的，他必死亡"；"世人都犯了罪"；"罪的工价乃是死"。①

---

① 《创世纪》2:17；《以西结书》18:20；《罗马书》3:23, 6:23。

相信转世轮回的人类全盘听信了路西法的谎言，但人类的创造者很快就发出他的警告，别指望轮回能拯救你。

如何解释"前世"记忆

噢！我猜我捅了个马蜂窝！有人已经在抗议了："如何解释许多人都存有前世记忆？难道那还不能证明转世轮回确实存在吗？"

表面看来，上面的问题似乎挺合理。

认为前世记忆的报道是谎言、幻觉或精神病是不对的。事实上，在许多案例中，那些对前世的细节描述被证实为真。

不可否认的是，弗吉尼亚·泰伊（Virginia Tighe）[1]、詹妮·科克尔（Jenny Cockell）、雪莉·麦克莱恩（Shirley MacLaine）和其他许多有相关真实经历的人都是在催眠状态下忆起前世的。错就出在对那种经历的解释。

一些人所谓的"前世"回忆实际是由如下三个可解释因素中的某个引发。

1）"遗传"记忆

在其《遗传心绪的预兆》（*Premonitions of An Inherited Mind*）一书中，作者安德鲁·劳伦斯（Andrew Laurence）采访了一位女子。这名女子惧怕母牛，尽管她从未见过那种动物。但她的母亲曾在农场生活——而她（她的母亲）害怕牛。

另一名女子嗅到橡皮燃烧的气味时会变得极度紧张。在她出生前，她的父亲差点在一次轮胎工厂爆炸中丧生。

显然，遗传能解释一部分前世"记忆"。显而易见的是，我们的 DNA 里继承了我们祖先流传下来的"种族记忆"。个人经历可通过 DNA 遗传给后代。

2）"回溯催眠术"

另一个因素是植入暗示。无论此时你的看法为何，你都不能无视加里·贝茨（Gary Bates）的这项研究，它事关催眠师是如何开启个人所谓的前世记忆：

---

① 以布赖迪·墨菲之名。

就在不久前,法官都承认,儿童的受虐记忆若是通过"回溯催眠"开启,那受害人就一定真实经历了回忆中的事件。简而言之,那些回溯的记忆就是证据。直至最近,法庭才以如下几个理由拒绝此种证据,而那之前回溯记忆一直被当作证据采纳,许多无辜人士曾因从未真实发生过的事被送入监狱。

"回溯催眠"存在一个问题,理疗师或执行催眠的人有可能有意地(或无意地)给患者的思想植入暗示。因而那些催眠引起的记忆可能是错误的。今天许多健康专业人士也主张,催眠会解开人的想象力(不只是记忆力),当想象的事件浮至表面时,人们可能误以为那是记忆。[1]

催眠无助于回忆

那好,假使一个人的"前世"故事非真,那它们从何而来?

我认为这是个好问题。最好的证据表明,事实是,无一例外地,前世记忆根本不是记忆。催眠状态下唤起的所谓记忆不是真的。一位权威这么说:

> 长久以来,人们都相信催眠能令被催眠者获得异常或罕见的回忆能力。被催眠主体能够轻松找回遗失的记忆,再体验童年经历,这令人惊叹……

> 然而,当检查此种记忆的真实性时,我们发现许多此种记忆不仅有误,甚至完全为伪造。虚构症,即编造故事填补记忆空白,似乎是常情,而非特例。准确地说,利用"催眠"回溯或唤醒某人过去的历史似乎不仅会刺激回想欲望与记忆加工,还会打开他或她的想象力闸门。[2]

---

[1]　加里·贝茨,《外星入侵》,阿肯色州绿森林:大师图书有限公司,2004年,253—254页,原文强调。

[2]　罗伯特·A.贝克,1992年,《隐藏的记忆:内在的声音与显像》,纽约州水牛城:普罗米修斯图书,1992年,152页。

3）路西法军团参演

我们还必须严肃地考虑另一个因素。

人们已经发现，许多案例中的转世故事实则由外灵介入产生。

你是否意识到灵体也能将暗示植入潜意识？

催眠为外灵侵入创造了极佳的条件。无须显露真身，他们就可以扮作前世的人格。

大多数人没有意识到，在他们试图忆起"前世"时，那些寄生体就已上了他们的身。而一些人虽然意识到有外力的介入，却将那些外灵视为他们回忆过程中的助手。

别被骗了！路西法军团可以将从未发生过的经历植入人的心智。此种情况中所谓的"前世记忆"纯属虚构，用于欺骗无知和轻信的人。

那些恶魔完全有理由撒谎。他们创造了最巧妙的手段欺骗人类对灵性真相的认知。这个事实早已被告知我们：

> 撒旦也装作光明的天使。所以，他的差役若装作仁义的差役，
> 也不算稀奇。他们的结局必然照着他们的行为。[①]

我们应注意到，轮回转世显然与造物主宣称的救援计划相悖。催眠（过程中自我意识暂停）为灵体通过人体表达创造了绝佳条件……他们怎么会不趁机演戏呢？怎么会不回应这邀请，用这极好的方式来达成他们的目的，愚弄轻信无知的大众呢？

转世研究者乔·尼克尔（Joe Nickell）观察到：

> 灵体附身意味着人被外灵（恶灵）完全或部分占据，此种现象为大部分宗教所知。寄生灵操控人的行为、心性和情绪，引人兴奋、发狂。这图景显然十分接近催眠回溯期间发生的事。为什么我们一方面拒绝灵体附身的解释，另一方面却又相信前世回忆？那些恶灵创造的所谓前世生活某种程度上照应了历史现实（总是挑选最容易赢得人们信任的现实），但人们如果知道了那是恶灵的作为，他们还

---

① 《哥林多后书》11:14-15。

会那么轻易地让恶灵上身吗？人类若能够用他们知晓的事实创造历
史场景，那恶灵不也具有相同的创造力？[①]

尼克尔还注意到，儿童的"人生回溯"也存在相似机理：

> 在回溯所谓前世的年龄段（通常是 2—5 岁），他们的灵性识别
> 力尚未形成，这令他们很容易受到邪灵操控。在讲述此现象的先前
> 章节中，我们已经看到，在一些案例中，所谓的转世灵魂与儿童的
> 人格重叠，那是恶灵附体的典型症状。

另一位著名前世记忆研究者伊恩·史蒂文森（Ian Stevenson）在其《二十
个隐射前世案例》（*Twenty Cases Suggestive of Reincarnation*）一书中总结到，
转世只是催眠暗示，未有确凿证据表明它真实存在。然而，有人宁愿暗示邪
灵附体——但那是获知灵性真相最不可信的方法。

你曾想过这点吗，路西法军团十分了解早先人们的生活细节，他们对此
种事十分清楚。

当然，没有哪个当前活着的人可能清楚布莱迪·墨菲知道的那些细节。
但目睹那些细节的邪灵那时活着，现在也依然活着。他们看到布莱迪所做的
一切，他们知道她的感受，等等。

邪灵确实有能力引发幻觉——幻觉中甚至掺杂进他人的人生。

当然，亲历那些幻觉的人会将它们视作自己的真实经历。确实，那幻觉
像是真的。因此，转世似乎是个合理解释。

动机为何

"哦，"有人说，"路西法为什么要煞费苦心地撒转世这么个大谎？意义何
在？"

事实是，人类天生就渴望与造物主相通。我们生来就如此。一场战争因
此打响。路西法使出浑身解数击退那种渴望。为什么？因为他憎恨造物主。
他意图割断人与上帝的联系。而一个既简单又有效的方法就是破坏造物主的

[①]　《调查档案：转世》，2005年。

援救计划，假造"前世轮回"等宗教体验。

本书附录 L 解释了一些常见的转世假想问题。

"在我的前世……"

一档电视节目中，一位催眠师催眠了一个躺在桌上的男子。那名男子声称，他前世是个英国水兵，死于 1806 年的尼罗河战争。

他说出了船舰和自己的名字，还提供了其他细节。那些事实后经检验，结果令人难以置信的准确。

乔纳森·格雷，你对此做何解释？

好的，请细心思考这点。

首先，睡在桌上的那名男子允许其他力量操控他的心智。他完全任凭催眠师摆布。

而那位催眠师又处于路西法军团成员的掌控下——他们曾目睹尼罗河战争及几千年来的各种事件。

他们知晓那场战役的各种情况及所有船舰和水手的名字。[①]

转世存在的证据？当然没有。醒醒，我亲爱的朋友，你被骗了！

高风险

路西法军团——造物主的敌人——是一群十足的骗子。他们既没有能力也不希望恢复我们与上帝破裂的关系——他们无法保证你未来的人生。他们的最终计划是毁灭你。

瞧，我不知道该如何更委婉地表达，这是你的人生，是你唯一受救的机会，你本该获得永生，现在你却被设计要受死。

朋友，上帝有一个总计划，神和路西法都有一个蓝图。而你越早跨越怀疑上帝计划的障碍，越早不再担忧相信它会让你与疯子同伍，那你将变得更加幸福。

你无须"进化"至更高层级——根本不存在那档子事！因为你怎么知道自己什么时候能到达更高层级？如果（按灵体教导的）这数百万年来仅有少

---

① 此种能力存在的证据请见本丛书之《UFO外星人：致命的秘密》第21章至23章。

数那么几名"优秀导师"到达了那种境界，那我们这等常人岂不是毫无希望可言，岂不是意味着我们注定要做无尽的苦工？

但，朋友，事实比那更糟。

相信轮回说的人要大吃一惊了。根据《情报报告》："按着定命，人人都有一死，死后且有审判。"①

桥的尽头

有个人要驾车通过一座又长又窄的桥。在去那的路上，他看见好几个牌子，上面都写着：

此桥禁止通行

但由于迫不及待地想到达目的地，他赌了一把，超过了前头的车。

当这位司机开车行至桥头时，他十分吃惊地看到一位巡警示意他停车。

"你没看见桥上'禁止通行'的告示吗？"巡警问。

司机点了点头。

然后巡警说："那你为什么不照着指示牌上的做？"司机回答："我没想到在桥头会撞见你！"

按着定命，人人都有一死，死后且有审判。②

在我转瞬即逝的人生中，倘若我无视那个危险标志，做我个人认为安全的事——相信我在未来会转世……就好比捡到一张100美元，准备花掉它时，却不料那是张假钞。

我想你会同意这点，你的未来是个严肃问题。我和你需要的是确定的事实，而不是假设和揣测。你现在珍视的生命太过宝贵，不能把它赌在虚无的东西上。

---

① 《希伯来书》9:27。
② 《希伯来书》9:27。

第四十五章

无与伦比的馈赠——你将活多久

"快！快到洗手间去！"柯丝蒂（Kirsty）、梅利莎（Melissa）和斯蒂芬妮（Stephanie）每天都要进行她们的晨间仪式。她们会站在大镜子前，身子前倾，涂抹口红，再挺直身子看看效果如何。然后，她们会亲吻镜子，在那上面留下唇印。

最不起眼的东西往往是最重要的。她决定必须做些什么。三个女孩因此被叫到洗手间。在现场，她向女孩们解释，那些唇印给清洁人员造成了很大麻烦。

然后她转向清洁工。"请演示下擦掉那些唇印有多困难，"她说，"你能将镜子擦干净吗？"

清洁工照办了——用一把泡在马桶里的长柄橡胶扫帚擦干净了镜子。

我知道，自那之后，镜子上再没出现唇印。

那是一种威慑。有时，我们必须经受不愉快的经历。威慑令我们端正行为。苦难是位伟大的导师，能帮助我们快速成长。

但无辜的人怎么办？你问，他们为什么受苦？

全面思考这个问题后，答案不难发现。我们的造物主给了我们保护自我的物理与灵性法则。与那些法则和谐共处，我们将获得内在的愉悦、满足与平和。无视它们，我们将会受苦，而且我们的行为常会致使他人——他们尽管无辜，却可能会——受苦。

为什么会发生自然灾害？2004 年 12 月 26 日的可怕海啸为什么会发生……恐怖爆炸、校园枪击等又为什么会发生？那些时候上帝都在哪？

"上帝怎么能允许这样的事发生？"

比利·格雷厄姆（Billy Graham）的女儿接受采访，简·克莱顿（JaneClayton）问她："上帝怎么能允许这类事情发生呢？"

安妮·格雷厄姆的回答极为深刻。她说：

> 我相信上帝同我们一样，对此深感痛心。但多少年来，我们一直叫上帝离开我们的学校、离开我们的政府、离开我们的生活。而他是位绅士，我相信他已然平静地离去。倘若我们要求上帝对我们不闻不问，我们又怎能期望他给我们祝福、赐我们保护？

2005 年 3 月的《八十年代俱乐部时事通讯》（Eighty's Club Newsletter）[1]中有一篇文章，由编辑理查德·扬（RichardYoung）刊登。

> 我们来看看……我想这始于玛德琳·墨里·奥黑尔（Madeline Murray O'Hare）的抱怨，她说不想学校里有任何祈祷活动。大家答应了。
>
> 然后有人说，最好不要在学校里读《圣经》，因为《圣经》说不可杀人、不可偷盗、要爱邻舍如同爱你自己。大家答应了。
>
> 本杰明·斯波克（Benjamin Spock）博士说，我们不应该打孩子，因为那会扭曲他们幼小的心灵。大家答应了。
>
> 然后有人说，孩子行为不端时，学校老师和负责人不应予以训导，因为他们不想造成任何负面影响，肯定也不想被起诉。大家答应了。
>
> 然后，一些选举上任的高官说，我们只要做好我们的工作，私下里干什么都无妨。我们赞同了他们的提议，说只要我们有工作，经济运转良好，任何人私下做什么都无妨。

---

① 八十年代俱乐部是澳大利亚墨尔本的一个斯里兰卡社会组织。

然后有人说，……在杂志上刊印裸体照，那是对人体健康和朴实之美的欣赏。大家答应了。

然后，其他一些人将那种审美进一步发展，公开放上儿童的裸体照片；而后更甚，那些照片被放到互联网上，所有人都可以看见。大家答应了——称人们享有言论自由。

然后娱乐产业说："……用电视节目和电影宣扬亵渎言语、暴力和不正当性行为，录制鼓励强奸、嗑药、谋杀、自杀和撒旦主题的音乐。"我们说，"……那只是娱乐，不会产生不良影响，没人会把那当真，所以请便吧。"

而现在，我们自问，我们的孩子为什么变得没有良心？为什么不明是非？为什么能满不在乎地杀害陌生人、同学和自己？如果花时间努力思考，我们能找到答案。我想，在很大程度上我们是"自作自受"。

"亲爱的上帝，你为什么不救救这个在教室里被杀害的小女孩？真诚的，忧心的学生"……

回信："亲爱的忧心的学生，学校不许我入内。真诚的，上帝。"

真滑稽，人类多轻易地就将上帝丢弃，然后又不解世界为什么正走向毁灭。

真滑稽，我们深信报纸的话，却质疑《圣经》的教诲。

真滑稽，大家都这么想上天堂，却又想不需要有信仰，无须思、言、行正直之事。

真滑稽，有人竟能说："我信仰上帝，但仍追随撒旦；顺带说下，撒旦也'信仰'上帝。"

真滑稽，我们多急于下判断，却不愿被立即判定。

真滑稽，用电子邮件发一千个"笑话"，笑话会像野火般迅速传开，但发有关上帝的信息时，人们会犹豫是否要分享。

真滑稽，淫秽、粗俗、下流、猥亵的内容可在网上自由传播，而公开讨论上帝却被在学校和工作场所禁止。

你笑了吗？

真滑稽，有人在周日为基督变得激昂澎湃，却在一周其他时间里变成隐形基督徒。

真滑稽，当要转发这则上帝的信息时，你不会把它发送给通讯录中的许多人，因为你不确定他们相信什么，或不确定他们会怎么看待发送这则信息的你。

真滑稽，比起担忧上帝如何看我，我竟更担心旁人如何想我。你思考过这点吗？

这则信息的结语如下：

如果你认为这些意见有价值，请将其传播；若不然，你可以置之不理……也没人会知道。但你若丢弃这个思考过程，那就不要一边坐视不理，一边还抱怨这个世界有多糟糕……

敌视的原因

快走到运动场时，戴蒙听到身后传来脚步声。转过身，他发现对面站着的是"龙卷风"。

这个大块头囚犯抓住戴蒙。"嘿，老兄，我有话跟你说！"他大吼。

戴蒙感到自己的胃又揪紧了。

"嘿，兄弟，别紧张，""龙卷风"说，松开他的手，"我想要问你些事。"

两个无期徒刑犯慢步至一个安静的角落，然后坐下。

"你看，老兄，""龙卷风"说，"我想和你谈谈耶稣那个家伙。我曾经很仇视他，但我想那是因为我对他有误解。没人曾向我说明他是谁。我从来没有机会去了解他说的话——也没有机会发现他对我的生命有什么帮助。"

戴蒙嘴角泛起笑意："是的，我明白。你知道吗？我也曾因宗教狂误入歧途。现在我知道了错不在耶稣。如果宗教出错了，那错是在人和教会——因为他们没有建立起耶稣与个人的联系。"

"龙卷风"点点头："我一直在想一个问题，告诉我，世上有佛陀、穆罕默德、孔夫子……他们到底有什么区别？"

"你真的想知道吗？答案是唯有耶稣称自己是上帝。其他家伙——他们的信徒都只强调他们的训诫。耶稣则不然，他让他自身作为他训诫的中心。"

唯一有效办法

"哦，是吗？"

"'龙卷风'，这是你要面对的一个挑战，在丢弃之前请试一试、尝一尝、看一看……你会发现耶稣是个极棒的家伙。"

"但世界真是一团糟……""龙卷风"的声音变低。

戴蒙眉头一蹙："'龙卷风'，你要搞清楚这点，对于真实世界出现种种问题的原因，耶稣给了你唯一的合理解释——和解答。"

"你听过缺水船的故事吗？船员不断向附近一艘船发送信号，说：'请给我们水！'"

"但邻船每次都回复，'沉入水里'。真像是残酷的讽刺。没办法了，终于，在绝望中，船员跳进了水里。他们惊奇地发现那里竟然全是淡水。尽管远离海岸边，但他们就在亚马孙河的出海口处。亚马孙河喷出的巨大淡水流向海里推进了数英里远。"

"嘿，伙计，这真好笑。被淡水包围着，他们竟全然不知！"

戴蒙扇走了在他耳旁飞来飞去的苍蝇："'龙卷风'，你瞧，你和我都身处这个炼狱，渴求平和……幸福……甚至更长的人生（如果我们能从这出去的话）。而事实上，秘密就在我们眼皮底下！耶稣是获得那一切的钥匙，而且无偿。"

龙卷风抓着戴蒙的胳膊："嘿，伙计，这对我来说太棒了。"

看完戴蒙从狱中写给我的信，我放下信，开始思考。是的，我们不都想获得更多平和……更多希望吗！像戴蒙一样，我已经发现这点是绝对无误、毫无疑问的，耶稣能够让人脱离恐惧——恐惧敌人，恐惧失掉金钱，恐惧死亡，恐惧他人不同于我们，恐惧改变。

如何长生：破除死亡障碍

嘿，还记得我说过恐惧死亡吗？你也许能想起我是个理智的考古学家，我讨论的是实实在在的东西。那"长生"这个东西……可能吗？

很好，你能活多久呢？

最好的情况下，你们目前的寿命也只是稍纵即逝。然后呢？

一个手术室的墙上挂着这样的标语："生命的头两分钟至关重要。"标语底下还加了一句打趣的话，"最后两分钟是最危险的"。或者像另一个人说的，"世上最危险的事就是活着，因为死亡率百分之百"。

说正经的，你知道科学家目前在试图将人的寿命延长 20 年吗？假使你能和你爱的人快乐、健康地活无数年，那又如何？

是的，我们都终将死去，但你不必不抱希望地死去。临终之际，你至少有权期望未来。

活一千年，可能吗

"活一千年。"剑桥大学一位科学家于 2004 年 12 月 3 日在 BBC 新闻上发表的一篇文章中这么说。

遗传学家奥布里·德格雷（Aubrey de Grey）说，"掌控可忽略衰老战略"（Strategies for Engineered Negligible Senescence）将能够"修复人类过去受到的各种分子与细胞损伤"。

德格雷对他的宣言很有自信，因为一些必要的修复方法已经被开发出来且正在进行临床试验；而其他一些方法可以基于现有技术开发，但需要被进一步应用到解决衰老问题上。该项目的部分成果会于十年内在老鼠身上实验，再过十年后将被应用到人类身上。基于这些发展，德格雷认为，第一个活到1000 岁的人现在可能已经 60 岁了。德格雷在文章的最后这样写道：

> 最后，有人会担忧这是在玩弄上帝，是违反自然规律。但我们仅仅接受我们所看到的世界才是违反自然。从发现火、发明车轮以来，人类不断在展现改变自我与环境缺陷的能力及与生俱来的渴望。如果认为人类必须要永远承受脆弱、衰老和依赖他人，那才是违反人性的根本。改变世界就是玩弄上帝？不，那不过是上帝让我们变得更像他的一种方法而已。①

---

① http://news.bbc.co.uk/1/hi/uk/4003063.stm。

死亡的真正原因

来自澳大利亚昆士兰的约翰·麦凯（John Mackay）在他的网上时事通讯中写道：

> 如果剑桥科学家相信他们能让人活到 1000 岁，那他们没有理由不相信《创世纪》第 5 章中提到的上帝能使人活过 900 岁。上帝最初创造世界时，环境和人体都是完美的，没有什么能损坏我们的细胞，人类没有基因缺陷。人背叛造物主后，上帝诅咒大地，惩罚所有人死亡。早期人类之所以能活那么久全是因为最初创造的恩赐。挪亚洪水时期，地球环境进一步受到破坏。从挪亚到大卫时期，人类的寿命迅速减短，大卫写道：

> "我们一生的年日是七十岁，若是强壮可到八十岁。但其中所矜夸的，不过是劳苦愁烦。转眼成空，我们便如飞而去。"①

> 有趣的是，尽管德格雷并未表现出懂得衰老及死亡的真正原因，但他承认人是照上帝的形象创造的。他的细胞修复方法或许能使一些人享有更健康的晚年，那是好事，但不会解决真正的问题——人类是因为原罪而死，而并非因为生理必然性。要真正解决衰老及死亡的问题就必须处理问题的真正原因——原罪。唯有无罪的基督、造物主、审判官和救世主才能做到。②

"我不打算死"

《新科学家》（*New Scientist*）2005 年 4 月 9 日刊第 39 页有篇题为《死亡是个"工程学问题"》（*Death an " Engineering Problem"*）的文章。其中谈到科学家们越来越有信心，通过现代生物科技，他们也许能找到治疗衰老、使人类长生不死的办法。

据说，工程师雷·库兹韦尔（Ray Kurzwell）和营养学家格里·克罗斯曼

---

① 《诗篇》90:10。
② 《创世调查通讯》。

（Gerry Crossman）已经"搭建好通往永生的三座桥梁"。第一座桥是利用现有知识保持健康，即每天摄入 250 种膳食补充剂。第二座桥涉及新的医疗技术，如基因测试，其目的是提早探测到疾病并提供精确治疗。

第三座桥是用纳米技术治疗疾病，如清除动脉阻塞并将需要的营养物质输送到各个组织。

《新科学家》作者格雷格·克勒克斯（Greg Klerkx）问库兹韦尔希望自己活多久，库兹韦尔回答说："我不打算死。"

"注定"死亡

所以死亡只是个生物学现象？别自欺欺人了！《圣经》指出了另一个因素：特殊干预。神考虑到人生出邪恶的能力，因而限制了其寿命时长。[①]是造物主决定了人类的寿命。那么我们是早就注定只能活这么久吗？

据迈克尔·麦科纳基（Michael Maconochie）报道，衰老的一个重要原因是"我们可能注定要死。我们的生命基石分子 DNA 中必定有种遗传物质告诉身体大约在 120 岁时永远关闭自己。"[②]

谁掌握你的未来

重要的并不是未来有什么，而是谁掌握着未来。我们的未来可以充满希望和确定性。

允诺之人确实来过地球——应验了事前 300 条详细预言！而现在我又发现了 300 条预言详述此事：他承诺要归来，来完成他开始的事，来接管我们搞得一团糟的地球。没错，他要来地球制定无可争辩的规则。

在他化身成人的早期，耶稣已窥见过新地球的荣耀品质。

当然，根据进化论，死亡是优胜劣汰的一种手段。然而，正如本书第六章说的，死亡降临地球是因为亚当的背叛，而耶稣·基督——允诺的拯救者——会替人类受惩。

因此，"通往永生的桥"只有一座，但那并不是关于如何维护修复我们现

---

① 《创世纪》6:3; 9:3-5。

② 《新女性》，1993年2月，88-90页。

有的身体。死亡并非工程学和生物学问题，而是道德惩罚。因而，解决死亡的唯一办法已由造物主提供。

他允诺了死而复生。

雷·库兹韦尔将会大为震惊。"按着定命，人人都有一死，死后且有审判。"[1]
他将会遵守这个约定。

那是一个建立新世界的计划，要清除所有违背造物主的人……让地球再不为那些人扰乱。

未改变的人心是堕落的，违背上帝，不乐于与他交流。一个未改变的人在新地球上不会感到快乐。他会在爱救世主的人们面前畏缩。

如果那样的人被允许进入上帝的新王国，他将不会感到快乐。他的心不会与那儿盛行的大无私精神共鸣。他的思想、兴趣、动机不同于感谢上帝救赎的人们。他就如同插进圆洞的方木闩。对他而言，那儿简直是炼狱。他会期望躲避那一切快乐的源头。

将那些人驱逐出他的新王国绝不是上帝任意的指令。那些人之所以遭到拒绝是因为他们与新世界不适合。

造物主将会确认我们的选择

一切可以归结于此：神不会强迫我们做选择。我们被创造为自由的个体。但倘若个人坚决要违背救赎者，反对他允诺的永生救赎计划，那他只能责怪自己。如果他不想要造物主的救赎，造物主会无奈地确认他的抉择。我们都被给予珍贵的自由选择权，而我们的造物主最终将满足我们所希冀的。

重要问题

你可以忘掉所谓的转世了。请确保你的信念坚如磐石。不要冒风险以永生为赌注。

你再也不必相信自己受困于轮回中，要经历无数次重生才能到达生命之树。耶稣已开启通往永恒国度的新道路。

每个接受允诺救赎计划的人都将复活——永远的——在那没有恐惧的世

---

[1] 《希伯来书》9:27。

界。你们知道，你们的造物主，英明的审判者，会公正地裁决。

这是我给信奉世界上"其他基督"的人的问题：面对现实吧，他们不是真神（他们也不能救你们）——

问题是：你们究竟为什么不相信这个叫耶稣的家伙？是因为他会帮你们排忧解难，让你成为赢家吗？是的——赢家！但是你们不想，不是吗？

我必须得跟你们说说我在《笨拙周报》（Punch）上读到的特尔维尔（Thelwell）的卡通画。故事里一对夫妇被困在一艘翻掉的小艇上。

另一对夫妇（哈林顿）开着摩托艇去救他们。

在翻船上的妻子大声说："我才不要被哈林顿家的鲍勃和维拉救！"

你觉得我这么说明智吗："我才不要被耶稣救……不需要他搭救！"（尽管他是我获救的唯一希望？）

仔细想想，一个医生用同样的方法治疗了一百个相同绝症患者，且每位患者最后都完全康复。然后我患上了那种病，那位好医生开给我同样的药。如果我说，"不，谢谢，我不喜欢那药的味道"，你怎么看？

能治好原罪这种绝症的只有一种药——耶稣。其他方法都不管用。明白了？他不是一种药——而是唯一的药！

现在再来看另一位医生，你告诉他你想要被治好，但他只是说："好的，我有四五种药，任何一种都可能有效。要不你随便挑个喜欢的味道，然后告诉我效果如何？"真的假的，哪种药都可以？路西法军团早已抛下好些根骗过很多人的假救生索。

如果你不介意，请听听以下我的一些建议：

· 从进化论的美梦童话中醒来——你会活得更好。

· 别被那"宇宙兄弟"的谎言给骗了——了解你真正的敌人，到时不要太惊讶。

· 别把希望放在轮回转世的假设上以确保你的未来。

· 消除对《情报报告》的疑惑，你的生活质量会提高。

· 排除对耶稣的偏见，你的生活会变得更好——而且会活得更长。

难道你不想活得更久，无须忍受痛苦、失望和恐惧吗？你当然想！

为什么要将这世界上最完美、最仁慈的人——耶稣——排除在你的人生之外？

"我不傻，先生"

在某个美丽的春天，一个渔夫心满意足地坐在一条宽河的草岸上，注视着他鱼线上的软木塞。这时他的注意力被远方上游拐角处的一艘船给吸引了。

大约就在这时，一个小男孩沿着河岸跑到一个向河内突出几英尺摇摇欲坠的码头边。

有人曾经插了几根桩子在泥里，还搭了几块厚木板，做成了那个粗糙、简陋的码头。

小家伙盯着那只船，疯狂地摇着手中的白手帕。渔夫问他是不是在朝船上的人招手。

"我在示意他们靠岸。"男孩回答。

"孩子，你疯了吗？"渔夫大叫，"那艘船永远不可能在这靠岸。"

河里有股急流，渔夫确信那个靠岸口太危险了。

然后船鸣笛了，男孩停止招手。渔夫暂时忘了钓鱼那档子事。船正朝那儿靠岸。算好了急流的力量，舵手驶着船靠近岸边。

一块跳板被扔到了那脆弱的码头上，然后小男孩跑上了船。

船员将跳板拉回船内时，男孩朝惊讶的渔夫喊道："我不傻，先生。我爸爸是这艘船的舵手。"

在其他犯人看来，戴蒙就如同渔夫眼里的那个小男孩。他正十分自信地攻克人生难题。遇到危机和挫折时，他十分平静。他充满希望地面对不确定的每一天。

在不了解造物主的人看来，戴蒙似乎很傻。但戴蒙清楚他信的是谁。他确信是他天父的手掌管着人类与国家。

不，他没有疯。造物主是他的父亲。而他明白"万事都互相效力，叫爱神的人得益处，就是按他旨意被召的人"。[1]

---

① 《罗马书》8:28。

　　被扔进最高安全级别的监狱时，戴蒙感到悲恸、沮丧、绝望。但耶稣步入他生命后，他对人生大大改观，只要读读他写给我朋友查斯（Chas）的这封信便能得知：

　　"你知道吗，从'集团犯罪'到主宰的神，太有意思了！妻子抛弃我时，他却与我同在！只有他在数月里一直在牢中陪伴我！

　　"我怎么能不忠诚于他？怎么能恢复元气后又忘了他？他陪伴我，从未抛弃我！丧家犬被给予仁慈，它会忠贞不贰！它会随你到天涯！

　　"而我就是它，一条流浪街头、长满跳蚤、陷于街斗的野狗，找寻着对它展现仁慈的朋友。

　　"现在我是个全新的生物，查斯！你要做好准备，现在的我'有武装，很危险'——我装备着神的灵！

　　"所以，注意了！我要以耶稣之名，斩断我同胞们的枷锁和心防——我将不会停止，直至死亡的到来！"

　　当然，戴蒙仍身处监狱中。但他再也不介意牢房的四壁。他是个自由人了。

　　对此，斯坦利·琼斯（Stanley Jones）说："耶稣定立了人类生活的基准音调。与那音调一致即是奏响宇宙的美妙音乐；背离那音调将是嘈杂与折磨。"

结　语

　　身份已然转换！救赎者正遭受诽谤、仇恨和斥责，而强盗却被称颂、相信甚至崇拜。地球正跌入深渊。

* * * * * * *

　　这趟不可思议的旅程告诉了我们一些惊人的事实：

　　（1）证据表明，就人的起源，进化论和外星干涉理论都站不住脚。

　　（2）地球一直被敌对势力劫持，他们拼命压制真相，企图将我们全都毁灭。

　　（3）造物主已经安排了拯救计划。

　　（4）古代文明知道那项惊人救援行动的预言。

　　（5）骗子剥夺且顶替了救赎者的身份。

　　（6）宗教世界几乎都被那秘密行事的冒牌货欺骗。

　　（7）历史见证了两方不停的较量。

　　（8）最后的一决胜负正迫近。

　　与此同时，许多不可置否的确凿证据表明了救赎者独一无二的身份。很多人会惊讶，那些证据都指向耶稣·基督。尽管个人有自由选择其他信仰，但那么做将会带来灾难性后果。

　　我们怎么知道耶稣是通往永生的唯一途径？

（1）地球各种文件中，《情报报告》独一无二。证据表明，在超越我们五官感知的问题上——死后人生等问题，它是唯一的可靠消息。

（2）它肯定了耶稣是"道路、真理、生命。若不借着我没有人能到父那里去"①。"信子的人有永生。不信子的人得不着永生，神的震怒常在他身上。"②这说得再清楚不过了。

这种说法太过狭隘？甚至不公平？

上帝即是上帝。而我们是人。由不得我们去评判创造我们的神。然而，我们有我们的选择权，即决定是否接受他所说的。

与其浪费时间计较我们所认为的公平与否，倒不如感激造物主提供了一条救赎的途径，后者更有意义。我们应当感激这条路是如此简单——他还提供了如此充足的证据帮助我们做决定。而且救赎——简单、直接、免费——对任何人都是唾手可得，不管他过去的所作所为如何。

我们可以对他为何容许这或那存有疑问。我们也能够明白他是完美无私、绝对公正的。

---

① 《约翰福音》14:6。

② 同上，3:36。

附录

附录A

六千年前的黄道带

问：你说研究现在的星体位置可以计算出六千年前的黄道带。但大洪水时期的地轴为 $23\frac{1}{2}$ 度，那计算结果岂不是不可信？所以原始预言中的事件顺序岂不是也不一样了？

答：从一个给定位置看到的全天星图只有边缘处会有所不同。天空中心处的可见星带，也就是黄道带，不会有改变。也正是太阳穿越的这条星带讲述了救赎者的故事。

尽管地轴倾斜角度发生了变化，但从地球上看到的全天星图并未改变。

我们所处的太阳系与从前别无二致，仍在星空中持续着既定旅程。而从地球观测到的太阳系也未发生多少变化。

换句话说，将倾斜 $23\frac{1}{2}$ 度的点从地球上的一处移至另一处，你会发现在两处见到的黄道带并没有变化，除了一些靠近地平线的星星会消失在地平线下，而之前看不见的一些星星变得可见了。

但是黄道带——讲述故事的中心星体——仍旧如初。

这是因为星空和我们的太阳系在银河系中的长期轨道并未受到扰乱。

改变的只是视角，而非所观测的图景。两极之间，无论极点处于什么位置，同样的基本星图在地球上依旧可见。

附录B

斯芬克斯的年代到底有多久远?

第十三章提到埃及的起源大约在公元前 2200 年至公元前 2100 年，我们将在此讨论斯芬克斯的年代问题。

吉萨的大斯芬克斯像坐落在埃及开罗西边的吉萨高原。它是一座狮身人面像，头戴法老头饰，身长约 73 米。

被水侵蚀

斯芬克斯像坐落在沙漠中，有被侵蚀的痕迹。

那是风沙侵蚀吗? 不。是水侵蚀!

岩体的边缘是圆滑的，而且岩石内明显有很深的裂缝。石头上的压痕并非风沙侵蚀形成的水平状（如当地其他金字塔上的侵蚀痕迹），而是垂直状。这表明斯芬克斯曾遭受暴雨侵蚀。

斯芬克斯顶端的侵蚀程度比基座周围的围墙要严重。这种"上层"表面侵蚀通常与雨水溢流侵蚀有关。基岩连接处一个有很多纵道和斜槽的波状垂直剖面曾被开凿出来。

法国学者 R. A. 施瓦勒（R. A. Schwaller）、独立埃及学家约翰·韦斯特（John West）和地质学家罗伯特·肖赫（Robert Schoch）都对它进行过检测。

肖赫将斯芬克斯的这一状况与吉萨高原其他岩石刻痕的风化状态做了比对。例如，对于许多旧王国墓，风沙侵蚀在低品质的岩石上很明显，但未对古代雕刻的外观及门道造成严重损害。而斯芬克斯像及其围墙上的圆滑侵蚀痕迹表明，雕像曾在很长一段时间内受到雨水侵蚀。

洪水还是雨水？

你会问，斯芬克斯像的那些侵蚀痕迹是不是在同一远古时期由尼罗河洪水洗刷而成？答案是，要造成到达雕像脖子的侵蚀痕迹，洪水必须要漫过尼罗河谷 20 米或更高。所以答案不是洪水。如果是水流侵蚀，那必须是雨水造成的。

那么猛的雨水！

你知道吗，有足够证据表明，在最早时期，埃及曾受过非常猛烈的暴雨侵袭。普遍的观点认为，埃及从冰川时期过渡到现今沙漠环境的时间段为公元前 10000 年至公元前 3000 年。大约在公元前 2200 年，当地的降水量减至像今天的每年 20 厘米。

公元前 7000 年建成？

韦斯特和肖赫的理论为，若依据普遍观念，要有造成那种程度的石灰岩侵蚀的雨水，斯芬克斯像就必须是在那段过渡时间期间或之前建成。也就是说大约公元前 7000 年。如果真是那样，斯芬克斯的年代就比"官方"说法久远两倍。

或是公元前 10500 年？

罗伯特·波法尔（Robert Bauval）和格雷厄姆·汉考克（Graham Hancock）也参与了这个问题的讨论。这两位业余考古学家相信，斯芬克斯的建成时间既不是在公元前 2500 年也不是在公元前 7000 年，而是在公元前 10500 年。

根据他们的理论，猎户座腰带及狮子座的星点排列类似于吉萨金字塔的排列。他们还认为金字塔排列与猎户座腰带的完美重合是在公元前 10450 年，那时猎户座腰带在天空中处于其历史最低位置。

他们相信斯芬克斯或许是在那个时期建成。

当然，无论听上去有多么吸引人，这个理论却是建立在无法证实的假设基础上的。很抱歉，没有不可置否的证据支持公元前 10500 年的说法。

如果要判断从给定的地球某一点计算出的先前恒星排列是否准确，必须看以下几点是否确定无疑：

（1）地球的变化并未改变那些排列；

（2）精确地知道地球的变化程度；

（3）那些变化具体是在什么时候发生。

虽然我们期望那能成功，但是基于天文数据构建文明年代的尝试必然要失败。原因很简单，地轴的角度在公元前 2345 年发生了猛烈变化[1]，从地球每个既定位置上看到的恒星位置也因此发生了巨大变化。

很不幸，公元前 2345 年的地轴变化导致许多人的计算不成立。

然而，太阳系几千年来在空中的行进并未受到地轴变化的影响，但与地球特征相关的天文时间计算（将地球某个位置与星体相连）则是另外一码事。

简而言之，我们不能将现今的地球作为计算过去的参考。那只是异想天开。

那公元前 2000 年以后呢

出于多种原因，上述两个理论（公元前 10500 年和公元前 7000 年）被其他科学家否定了：

（1）没有证据表明埃及文明年代如此久远。

（2）考古证据显示斯芬克斯像与附近的哈夫拉金字塔年代相近。现在认为那座金字塔建于公元前 2144 年。[2]

（a）哈夫拉下令建造了 4 座约 8 米长的斯芬克斯像，其中两座位于该法老的河谷庙门前。一条排水渠从哈夫拉金字塔的堤道直达斯芬克斯像的围墙，如果斯芬克斯像先已存在，那条排水渠会是对围墙的亵渎。

（b）斯芬克斯神庙的中场与毗连哈夫拉金字塔的哈夫拉祭庙中场一模一样。

（c）斯芬克斯神庙的岩心块与斯芬克斯像围墙的基岩岩层一致，这表明该庙宇是在围墙被开凿时建造。也许可以推测，如果其他哈夫拉建筑与斯芬

---

① 见本丛书第二本《UFO外星人：致命的秘密》第27章。

② 见本书附录C。

克斯神庙建于相同时间，那斯芬克斯像也是在那时建成的。

（3）受严重侵蚀的斯芬克斯像看上去比它的实际历史更长。

（4）地下水流（饱水沙造成石灰岩周期性湿润）或尼罗河洪水可能导致那种侵蚀形态。通过毛细管作用，沙中的水位可以高于洪水位。（斯芬克斯像和河谷庙大部分时间都被埋在沙中。）

（5）有两个原因可以解释为什么位于高处的吉萨金字塔的侵蚀形态不同于低处的斯芬克斯像。

（a）尼罗河洪水是灌满斯芬克斯像围墙（所处位置低于金字塔）的部分水源。

（b）如果斯芬克斯像上的侵蚀痕迹是由公元前 7000 年的雨水所致，而吉萨高原上的其他建筑（建于 4000 年前）都是受一般的风沙侵蚀，那为什么后来的风蚀痕迹没有取代斯芬克斯像上"更久远"的水流侵蚀痕迹？（不得不说逻辑真棒！）

（6）一些人认为斯芬克斯的头像哈夫拉，就是这位法老下令建造了雕像近处的一座吉萨金字塔，而他生活的年代接近公元前 2000 年。

还有人指出斯芬克斯像的侵蚀形态更多是由其岩石特性造成。斯芬克斯像的中间层之所以受侵蚀最严重是因为那部分的岩石是更易渗水的石灰岩。

岩石内的孔变大会导致"盐结晶作用"（salt crystallization）。晨露在岩石表面和内部凝结，溶解岩石内的天然盐分。到了白天，露水蒸发，剩下的盐开始结晶，然后挤压岩孔周围。这个过程通常会弱化岩石，扩大早先已存在的缝隙。

（当然，我们可以问，如果斯芬克斯像历史上大部分时间里都被埋在沙中，那有多少晨露能够凝结在埋在沙中的岩石上并导致盐结晶作用呢？

就我对萨卡拉地下的观察，盐结晶作用不单由露水造成。这种现象现在发生得越来越快，尤其自阿斯旺大坝建成以来，从尼罗河的地下四处蔓延开来。事实上，那对许多古老建筑造成了越来越严重的威胁。）

但为什么侵蚀形态不同

可是如果斯芬克斯像和金字塔都在同一时间建成，那为什么金字塔的可见侵蚀形态不同于斯芬克斯像？

真相或许在这些因素里：

（1）公元前 2000 年左右的过量雨水导致金字塔和斯芬克斯像的软岩都遭受了雨水侵蚀。

（2）然而，由于气候变干燥，当地地貌变成了沙质沙漠，低处的斯芬克斯像很快就被沙子埋没，这使得它之后免受风沙侵蚀，因此随后多个世纪的风沙侵蚀没能销毁它原来的雨水侵蚀痕迹。

（3）相较之下，由于所处位置的高度，金字塔未能被沙子覆盖保护。由于多个世纪暴露在风沙环境下，金字塔原来的雨水侵蚀痕迹已被风沙吹尽。

这就是为什么如今金字塔的可见侵蚀形态不同于斯芬克斯像的原因。

令人震惊的新证据

埃及直至公元前 2000 年还是多雨……多雨……多雨气候！

另有证据显示，在紧接大洪水的时代，即公元前 2000 年不久前和之后的一段时间中，埃及时常有强降雨和洪水发生。所以无须倒回至公元前 7000 年去寻找埃及的湿润时期。

（1）现在已确定大洪水的时间为公元前 2345 年。[①]

（2）1999 年，德国波茨坦气候研究所（Potsdam Institute for Climate Research）公布其研究结果，撒哈拉沙漠的存在时间只有 4000 年之久。这个数字是基于沙漠发展形态、增长率等因素得出的。[②]

（3）早期墓室画上的植物和动物物种显示了当时埃及的气候要比今天湿润许多。事实上，古王国的降雨量比今天要多。

（4）金字塔周围发现的蜗牛和蠕虫活动可以证明，在不太久远的过去，当地曾是更为温和的地中海气候。驻日本横滨的通讯记者罗斯（Ross）发邮件给我："在吉萨全境的许多岩石小缝中，我发现了数百个古代蜗牛壳——这说明在当地绝迹前，那些生物曾在变得越来越炎热和干燥的环境中寻找阴凉的地方。"他接着写道：

"这些壳大约来自 4000 年前至 2000 年前，因而当地的沙漠化显然是在十

---

① 见乔纳森·格雷的《尸体归来》第22、23章。http://www.beforeus.com/third.php。
② 《地理研究快报》，1999年7月15日。

分近期才发生。我还在岩缝里发现了蚯蚓粪，这再次证明那些生物曾出于同样的原因寻找更阴湿的地方。现在吉萨周边的土壤里没有蚯蚓，但在不久的过去，当地曾有大量的蚯蚓，你可以从残存的蚯蚓粪找到它们存在过的证据。但那可没蜗牛壳那么好找，不过还是可以找到。"

我的结论是，4000 年前，金字塔周边比现在要凉爽湿润得多！

（5）在《创世纪》中，约瑟告诉我们，迟至公元前 1700 年，埃及的气候依然能使它成为世界的粮仓，而公元前 1970 年的死海地区被描述成好似伊甸园。那些描述并非指它们现今风化成沙漠的样子！

埃及——建成于公元前 2000 年之后

当然，接下来的证据将力压各种说法。有令人震惊的新证据表明，埃及在公元前 2345 年的大洪水之后才出现。

没错！我们一直在时间判断上犯了大错！

从冰川时代过渡至现今的沙漠环境并非发生在公元前 10000 年至前 3000年，而是在更晚的公元前 2250 年至前 2000 年。[1]大约在公元前 2200 年，美尼斯（或麦西）和他的追随者来到埃及，他们在尼罗河岸筑堤防护，建立了埃及文明。[2]

也就是在那个时候金字塔和斯芬克斯像被建造！

它们可能是大洪水前的建筑吗

有些人问，斯芬克斯像有没有可能是大洪水前的人造建筑，而埃及人只是在偶然发现它后将它加以修饰？

根据现有有关大洪水的资料，我们会发现，那场灾难的可怕程度显然远远超出了我们的想象。洪水冲刷了整个地球，一些地方的山谷填满 3000 多米深的淤泥。[3]

基于那样的证据，我强烈怀疑大洪水前的埃及地表或是地球其他地方能

---

① 见《尸体归来》第17章。

② 见本书第十三章。

③ 见新书《惊奇见证人》中列举的地球空前巨变证据，http://www.beforeus.com/second.html。

否成功躲过大洪水的浩劫。

斯芬克斯代表什么

关于斯芬克斯的意义有各种理论。有一种解释很有趣，斯芬克斯是黄道带的标识物。

实际上，在埃及埃斯那神庙（Temple of Esneh）中刻画的黄道带上，一个斯芬克斯像（女人头、狮子身）被置于处女座与狮子座之间。

"斯芬克斯"（sphinx）（起源于希腊语"sphiggo"）意为"紧紧相连"，它暗示了黄道带上要被连起来的两端，及圆环从何处开始、至何处结束。与此同时，狮子座中有颗名为"Sarcarn"的星，意为"连接"。

人们相信，斯芬克斯传达的信息是圆环始于处女座，终于狮子座。

根据绝对权威，古代各族都存有这一习俗，即认为圆环始于处女座，终于狮子座。

人们曾相信，黄道带（48 幅象形图案组成的圈）讲述了一个宇宙故事，那些星座图案就是为了讲述那个故事被置于古星图上的。

附录C

大金字塔的年代有多久远

倒回至 19 世纪，苏格兰皇家天文学家皮扎尼·史密斯（Piazzi Smyth）教授在大金字塔附近扎营了六个月。这位大师级天文学家去那是为了解开金字塔的一些秘密。

史密斯仔细研究了大金字塔背面直指上空的下降通道（Descending Passage），他发现通道的角度为 26 度 18 分 10 秒。

著名的约翰·赫歇尔爵士（Sir John Herschel）曾发现，这条下降通道对准天龙座。经过仔细的天文运算，史密斯证实了这个观点。

在下降通道内，史密斯还欣喜地找到两条"刻线"（scored lines），它们呈直角指向上空。这是对天文学家的暗示，它们指示的方向须被检测。

两条"刻线"都约 4 英尺①长。史密斯惊叹其精确性。作为子午仪观测者有很长时间了，此时，史密斯感觉仿佛置身于熟悉的天文台中。经过仔细计算，他发现这些"刻线"通过金字塔指向"昴宿星团"的昴宿六星。

昴宿六被视为太阳系的枢心，其他"恒星"都围绕着它旋转。它因而被称为"中心星"。

史密斯教授的发现令人激动。下降通道对准极星（天龙座的阿尔法星），与此同时，"刻线"指着"枢心星"昴宿六，这二者重合的时间为公元前 2144

---

① 译者注：约1.2米。

年 9 月 22 日。

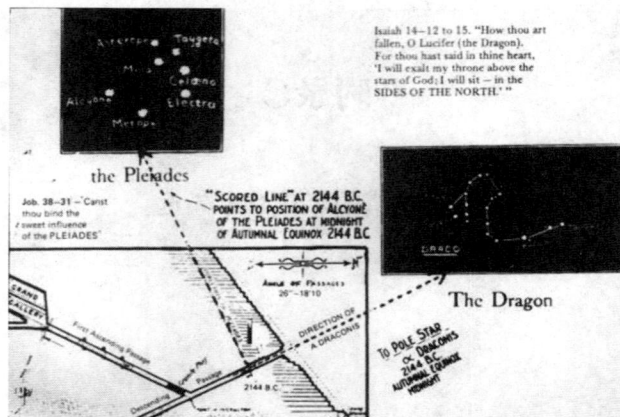

公元前 2144 年 9 月 22 日，"刻线"对准昴宿星团昴宿六，下降通道同时对准北极星天龙座阿尔法星（图出自苏格兰皇家天文学家皮扎尼·史密斯）

昴宿六——"奠基"星

公元前 2144 年，这个确切时间被固定于金字塔内。

在缺少相左证据的情况下，现在你或许会问，"刻线"指示的公元前 2144 年有可能是标示金字塔的建成年代吗？

要解开这个疑问，有个值得注意的事实或许会有所帮助。幼发拉底河流域（美索不达米亚）似乎有将昴宿六和奠基仪式等同的传统。金字塔建造者的祖先可追溯至幼发拉底河流域，注意到这点就能明白其中的重要性。①

此外，一位古天文研究者告诉我们："Alaparos（幼发拉底传说中前洪水世界十位国王中的第二位）被视为昴宿六 Alcyone（属于金牛座 Tauri），幼发拉底天文学对该星的简写为 Te 或 Te-te；而极简式的阿卡德语 dimmena（'基石'）= 亚述语的 timmena-timmen-timmetim-tem-te（'基础'）；'基础'星（Temennu）就是昴宿星团，或特指昴宿六。"②

"刻线"对准的"基础星"昴宿六是为指示金字塔的"奠基"时间吗？很

---

① D. 戴维森和H. 奥尔德史密斯，《大金字塔：它的神圣信息》。

② 布朗，《原始星座》，第一卷，57页。

有可能。

"刻线"说明了两个相连秋分——公元前 2145 年和 2144 年——的午夜观测结果。它们确定了基于午夜计算日期的天文零值，还阐明了大金字塔从秋分算起的起始太阳年。

大洪水的时间也被确定

研究者巴兹尔·斯图尔特（Basil Stewart）认为，埃及《亡灵书》暗示了大金字塔上升通道的"1 英寸代表 1 年"。[①]

以代表公元前 2144 年的"刻线"为起点丈量下降通道，终点为 200 英寸[②]外的一块深色花岗岩栓。然后按"1 英寸 1 年"的比例计算，结果十分有趣。

如果 200 英寸真的代表 200 年，那结果真是惊人。为什么？因为这 200 年精确地表示了大洪水的结束时间——公元前 2344 年！

那个深色的栓是不是被用作象征地球那段黑暗时期？

接下来的发现同样令人惊叹。

人们发现，水瓶座（"运水人"）也出现在大金字塔天文学当中。古人常把水瓶座与大洪水联系起来。大洪水的结束时间被确定为公元前 2344 年。你相信吗，那两条"刻线"在公元前 2144 年对准奠基星昴宿六，而在公元前 2344 年对准的正是水瓶座！

请仔细想想。

我并不是指大金字塔在洪水前就已建成，或洪水还在泛滥时"刻线"就指着水瓶座。不是那样的，金字塔是建于大洪水之后。（金字塔的尺寸信息中包含了后洪水时期新太阳年的计算方法，一年 365 天。）"刻线"被标记在那是为了纪念历史上某个重大事件。

请明白这点，我并不像一些人认为的金字塔的度量值预示了未来事件。我们只是在证明已知史实。

---

① 斯图尔特，《大金塔的秘密》，17—19页。

② 译者注：约5米。

善恶之战

公元前 2144 年，天龙座的右枢——阿尔法星（代表龙，撒旦）照进下降通道，直达金字塔底部的"无底坑"（Bottomless Pit）。在古代，人们认为是撒旦将人类推落至黑暗、凄凉和死亡的深渊。

照入下降通道的天龙座的那颗星象征着撒旦的影响。

与此同时，"刻线"对准的昴宿星团象征着温和的影响（sweetening influence），《约伯记》因此这么说：

> 你能系住昴星的结（SWEET INFLUENCES）吗？[1]

在古代传统中，昴宿星团代表好的影响和幸福。

在这个意义上，大金字塔实际概述了善恶之间的斗争。大金字塔的建造者是不是知道，昴宿星团的良性影响象征着造物主会将人类从其愚昧导致的灾难中拯救出来？这则信息是不是告诉人类无须一直处于下坡路，而是也可以朝上看并抱有希望？

古代世界非常清楚世界各种事件背后实为两方势力的较量，这点是确定的。

天龙座照进下降通道很好地阐明了恶的影响，以赛亚等作者对此也有记述：

> 明亮之星、早晨之子（龙）阿、你何竟从天坠落。你心里曾说，我要升到天上。我要高举我的宝座在神众星以上。我要坐在……北方的极处。[2]

极星天龙座右枢阿尔法星照进的下降通道就位于大金字塔的北面！

现代天文学已确认，正是在公元前 2144 年 9 月 22 日的午夜，"温柔的"昴宿星团昴宿六处于"刻线"指示的位置，与此同时，"邪恶的"天龙座右枢阿尔法星照进下降通道直至"无底坑"。

天文学确定了一个对大金字塔有着重要意义的日期。

---

[1]　《约伯书》38:31。

[2]　《以赛亚书》14: 12-15。

确定大金字塔年代的历法线索

古历法的一年为 360 天。与此相对应，地球被划分成 360 度。中国古代历法的一年为 360 天，巴比伦、罗马、玛雅、印度和埃及的历法皆是如此。

但之后，所有民族都改变了它们的历法。

古历法的纷纷重置一直困惑着学者。古代民族为什么都将其历法中的一年时长从 360 天改为 365 天？

是因为他们后来变聪明了，还是另有原因？

我的邻居罗伯·佩恩（Rob Payne）认为他找到了答案。"哦，我可以解释，"他说，"古代人先是制定了粗略的年历系统。之后数学水平进步了，他们就把历法改了。"

罗伯，挺好的猜测。但是我们现在已经发现，古代人在发明 360 天为一年的历法时就已经是非常出色的天文学家和数学家了。

例如，玛雅人留下了一些他们的计算成果。他们算出月亮的公转周期为 29.5209 天，非常接近我们今天用精密设备计算出的结果。他们计算年的精确度理应不会太差。

现在我问你，为什么世界各地这么多古文明都在计算一年时长时犯了同样的错误，然后又都改正了呢？

我知道有些人倾向认为埃及大金字塔的历史要更为久远。但现实是，我们有很好的理由相信它是在大洪水后的数百年内才被建造的。无论是今日还是在它被建造的时候，大金字塔都精确地伫立在地球地表的中心位置。

它可以被称作一个巨大的地球标记和巨型测量标杆。它所在经线上的陆地面积比其他经线上的都要大，所在纬线上的陆地面积也比其他纬线上的大。显然，金字塔的建造者非常熟悉大洪水后（而非之前）地球的陆地面积及地理分布。金字塔展示了后洪水时期的全球地理测量成果。

这也可以解释为什么大金字塔的尺寸里融合了新的一年时长。

这座金字塔的外部特征、尺寸和单位精确地提供了地球现在——而非公元前 2345 年之前——的运行和轨道的各种重要数值。

例如，有意或碰巧，大金字塔的基座周长——各个边长的和——为

36524.22 英寸①，这个数值正好是太阳年数值 365.2422 的 100 倍。

而当时历法的太阳年时长仍然为 360 天。

这太令人惊讶了，我们得摘下帽子向那些后洪水早期的科学家们致敬。在许多方面，他们都领先于我们。不存在什么粗略计算，数值都精确到了小数点的后四位。

究竟发生了什么

1866 年在尼罗河三角洲塔尼斯（Tanus）发现的一块碑文揭露，托勒密（Ptolemy Euergetes）九年（约公元前 237 年），克诺珀斯（Canopus）的祭司下令，"必须照现今的世界安排调整历法"。

古代人重算历法并非因为他们之前的计算错误，也不是因为他们的原始技术进步了。真正原因是"万物秩序的变化"。

时间不断流逝，历法的不协调性也越发显露。

洪水过后，不同民族不断涌现，他们继承了先前的文化，他们的认知基本源于那被洪水抹平的世界，他们在挪亚的遗产上发展。在他们继承的事物中，有一样便是大洪水前的历法，一年 360 天。

在大洪水时期，是不是不只地轴改变了，地球轨道也发生了变化，从而导致一年的时间变长了？

这正符合《圣经》中对造物主的严谨记述，据信，造物主"使地摇撼、离其本位"②。

---

① 译者注：约928米。

② 《以赛亚书》13:13。

附录D

历史上的毁灭周期

问：有没有证据表明存在周期性的世界灾难？如果有，下一次的灾难性事件会是什么？

答：自然周期毁灭的理念与玛雅历法有关。该历法据说提到了太阳系的周期性灾难，太阳系在2012年与银河系中心连成一条直线时将是一个周期的终结。那历法还推测，地球在那时会发生维度变化，导致地球毁灭。

的确存在有可测规律的天文周期，如月球绕地球公转，地球每日的自转，地球及其他行星绕太阳旋转，太阳系绕银河系旋转，等等。宇宙就如同一座大钟运转着，其制造者可谓是钟表大师。对此，我们有很多证据可以证明。

不过，自然周期毁灭是另外一回事。没有足够证据支撑这个理论。

但是，有证据表明存在一位超越自然、时常操控自然的智者。这位智者——上帝，造物主——为了人类的福祉与他们互动。

造物主出于对他创造的生物的尊重，不会允许残酷无情的无意识周期存在。

造物主并不是遥不可及、冷若冰霜、不为祈求所动的存在。他为他心爱地球的至高生物——人类——设想了一套长远计划。该计划正在一步步实施。对地球而言，这个已被揭露的计划高于一切。

此既定事实已被大量证据证实，这同时说明了自然周期毁灭理论的谬误性。

"毁灭周期"理论从何而来？关于此，有个有趣的故事。

这个理论从何而来

这套理论的起源可以追溯至公元前 2000 年的土耳其南部。简单说来就是，基于对过去两个相似历史事件的认知，示拿（Shinar）人构筑了一套周期理论。

他们了解初始的地球创造，而后大洪水将原来的世界毁灭，继而带来了"新生"，即第二个新世界又从废墟中产生。这两个世界有许多相似之处。

基于这些，示拿人开始一步步推理，最终发展出了一套世界将经历不断毁灭与重生的理论。[①]

除此推想，示拿人还同其他早期文明一样继承了一套科技文化，其中包含天文学知识。

事实与理论的混淆

之后，示拿人迁至亚洲、美洲和世界其他地方，他们将杰出的科技与其哲学混合，进而歪曲升华了那些理论。从中产生的一套理论便是周期毁灭与重生的思想。

我经常被问到，2012 年将会发生什么，玛雅历法说那是一个周期的终结时间。

以下是事实。玛雅人精通数学与天文学。但与此同时，基于那个周期思想，他们构建了一套想象的宇宙历史。

玛雅太阳历以 52 年为周期计数。"破坏神周期"（circle of the Destroyer）是指 104 个 52 年周期，即 5408 年。

有关这个玛雅历法周期，有两点得说明。

第一，一般认为，玛雅人的天文计算鲜有错误。事实上，他们的历法比我们的还精准。

第二，"破坏神周期"这个概念始于公元前 2000 年的美索不达米亚。而玛雅人及其他民族都是从那个中心迁至世界各处。玛雅人后来将这个概念改进，使它更好地融入他们的天文历法。玛雅人的历法是基于事实及观测。不过，这个"破坏神周期"理论并非如此，它仅是个理论，如此而已。

我们应当十分谨慎地区分事实与理论，区分真科学（如观测天文学）与理论推想（如周期哲学）。相信真相无误，但相信臆测就危险了。历史很好地

---

① 见本书第十、十四章。

教导我们，许多理论无非是各种形式的猜想。

当明确知晓一个理论的起源及其如何、为何演变成今天的形式后，我们就能够判断该理论的准确性。这点是确定的：周期理论源于猜想，而那个猜想是基于两个——仅仅两个——历史事件。如今，这个理论依旧只是猜想。

过去只有一次全球性毁灭

真相是，历史上有过许多次地区性毁灭，但地球表面的全面性毁灭只发生过一次。那次事件就是大洪水。

关于此，我们可以很有自信地引用一份权威资料做证。

考古研究已经证实，相比其他资料，有份古代文献具有绝对的可靠性。

尽管过去150年饱受非议，但今天你可以自信地肯定，《圣经》的记述十分可靠。

首先，考古科学已经证实《圣经》中的历史真实可信。

其次，《圣经》中数百个比事件早几个世纪的预言都被证实为惊人的准确。

从这些确定性中生出一个问题，历史是否是照着某个计划前行？

历史是否存在一个既定方向、目的甚至主题，而现今的科学唯物主义将其无视了？

被引导的历史

证据表明历史事件并非由某一任意力量摆弄，也不存在什么无情的周期循环。2012年不是命中注定的毁灭之年。

我们的存在并不是被残酷的周期性或盲目的偶然性掌控。

事实是，历史和人生都存有既定模式。所谓的纯属偶然简直是笑话。一些历史事件几乎大声喊出了一切的背后都是由一位至高无上的智者主导的。

细心的观察者会发现，历史事件都是彼此相连，一个带出另一个，虽顺序复杂却又必然，如同事先被精心安排一般。

人们可以感知到背后存有一个世界之外的力量。

如果没有一位管辖者，地球只是任意前行，那将如同船没有舵手任意漂荡，我们也不可能看到各种历史事件照着提前写好的预言剧本逐一上演。研究者已经注意到，历史证实了许多《圣经》预言，历史事件按着这提前写好的时间表一一发生。其中一些预言十分具体,详细指出了事件主人公的名字和日期。

那些预言谈及的重要历史事件一步步将历史引向一个结局:人类对地球的管控将会突然中断。

再看历史,你会发现,一个个事件一步接一步地实现预言——通常那些预言的细节都准确得惊人。那之中暗示着某个目的。

是的,我知道。我们已将他排除在历史之外。提起他让一些人不舒服。不过,有无可能这位造物主不只是历史发生的一个因素,而是那至高的掌控因素?

如果真是那样,我们又有一个好理由否认历史周期理论。

宇宙并非注定要机械、无情地走向周期性毁灭。

而是,每当这颗叛逆星球上有重要事件发生,它们都是有目的、被计划好的。

既然这里讨论的是毁灭,那有一点值得注意,有一则预言说地球会经历一次毁灭性的末日大火灾。

《圣经》预言,火灾之后,地球将得以新生……那个世界的基准是青春永恒、互助互爱、安全稳定;而转变的人们——再不愿重复从前的错误——会在那里和谐友好地生活。

附录E

耶稣存在的独立证据

优西比乌、杰罗姆及许多历史学家都讲过一个很有意思的故事，是关于犹大·达太（Jude Thaddaeus）①早期的事奉。优西比乌说，耶稣的神迹成为许多地方的热议话题，包括离犹太地很远的地区，很多人都去找耶稣治病。②

听说过耶稣神迹的人包括奥斯若恩的国王阿布加·乌察玛。奥斯若恩王国是由奥斯若（Osrhoe）于公元前136年建立的。奥斯若或许是个伊朗人，但随后的统治者是阿拉伯人。该王国战略上地处东西要道，紧邻库尔德高原南端，且控制着古波斯御道（Persian Royal Road）的贸易通道。

奥斯若恩的都城埃德萨（今乌尔法）建在富饶的哈兰（Haran）平原中一个山谷的陡峭悬崖边。

国王阿布加·乌察玛患有严重疾病，快要死去。他给耶稣写了一封信请求帮助。优西比乌告诉我们：

君主阿布加派信使亚拿尼亚给耶路撒冷的耶稣送去一封信，信的内容如下：

"君主阿布加·乌察玛致敬耶路撒冷的仁慈救世主耶稣。

我久闻您的大名，且听说您不用药就能治好疾病。倘若传闻属

---

① 译者注：耶稣的十二门徒之一，不是背叛耶稣的犹大。

② 优西比乌，《从基督到康斯坦丁的教会史》，G. A. 威廉姆森译，明尼阿波里斯市：奥斯堡出版社，1975年，65—70页、230页。

实，那您能让瞎子重见光明，跛子行动自如；您能驱走麻风，赶走邪灵，疗愈慢性病痛，起死回生。

听闻您的种种神迹，我推断二者之一必定为真——您或是上帝，从天而降来展现奇迹；或是上帝之子，代他行事。

因此，我写信乞求您，无论对您多不便，请来到我这里，治好我的病痛。

补充一句，我知道犹太人对您不屑，想要伤害您：虽然我的城市很小，但很受尊敬，足以保护您和我。"

耶稣让信使亚拿尼亚给国王阿布加带去他的回信：

"我很高兴，您虽未见过我，却相信我。命中注定，见我的人不信我，未见我的人却信我且得生。

您请求我为您看病，但我必须先完成来此的使命，之后须立即回到遣我于此的神那处。待这一切达成，我将派一位门徒为您治疗，令您和您的国民重见生机。"

承诺很快被兑现。耶稣复活升天后，十二使徒之一多马受启示，令达太去到埃德萨，在那他有托拜厄斯（Tobias）的陪同。达太的到来被公之于众，他展现的奇迹使众人信服，阿布加被告知，"正如耶稣信中承诺的，他的一位使徒已到来"。

阿布加即派人请来达太，问他是否真是耶稣允诺的人。达太承认，且对国王说："您全心全意相信上帝，出于此，我被派来您这。因为您的信仰，您心中的祷告将会成真。"阿布加回答："我虔诚地信仰他，若不是受罗马帝国威力的牵制，我将带着军队消灭处死他的犹太人。"

达太说："我们的主已达成其父的愿望，之后他重回天父那处。"

"我信圣子和圣父。"阿布加说。

"因此，"达太说，"我以他之名，将手置于您之上。"

达太于是把手放在阿布加身上，阿布加的病立刻好了。阿布加大为惊叹，他的祷告被奇迹般地实现。然后在场的其他人纷纷来到达太跟前，跪倒在他脚下祈祷。同样地，许多人的病都神奇般地被治好了。

国王阿布加说："达太，是上帝的力量让你得以展现这些神奇，我们都很叹服。但我还有一个请求，请解释下耶稣的降临，背后的原因和他的力量。"

达太回答："对于您的请求，现在我还不能回应；不过我被派到此处是为传播福音，善意的您请于明日召集您的民众，我将为他们讲道，在他们的心中播种生命之道。

福音会告知耶稣的降临及那如何发生，他的使命及天父派他于此的目的，他的力量、神迹及他在世间讲过的奥秘。

你们会知道他如何谦逊地将神性置于一旁，被钉十字架，跌入地狱，劈碎任何人力都无法撼动的巨石，起死回生；他独自死去，却带着众人的信仰升天；现在，在天堂，他光荣地坐在天父的右手边；他会再次回到人间，以神力审判生死。"

阿布加于是指示他的民众于破晓时分聚集，聆听达太的布道。

之后，国王下令赐给达太黄金白银。但达太拒收并说："我们都丢弃了自己的财物，又何需接受他人的？"

"从那之后至今（公元 325 年左右），"优西比乌写道，"埃德萨全城都忠诚于基督，这也是我们救世主对其恩泽的最有力证明。"

除了优西比乌的文字，对埃德萨事件的记述还出现在公元 185 年、197 年和 205 年的不同教会记录中。

埃德萨档案馆中保存的那份古叙利亚语文件（优西比乌所引用的）的落款处写着：

一切发生于 340 年。

译者 G. A. 威廉姆森注释，这个时间是"依据塞琉古历法，对应公元 30 年，这可能是耶稣升天之时"。[①]

优西比乌说此事发生于司提反受石刑之前，且大约和雅各被任命为耶路撒冷教会主教为同一时期。这说明这个事件很有可能发生在公元 30 年不久后。

---

① 准确说来，应是公元31年。

附录F

《以赛亚书》第53章的弥赛亚降临预言

关于《以赛亚书》第53章，犹太作者阿巴伯内尔（Abarbanel）说：

> 在《塔库姆》中，约拿·本·乌薛（Jonathan ben Uzziel）将《以赛亚书》第53章解释为对未来弥赛亚的预言；我们的学者在其大部分阐释①中也是如此说明。②

另一位16世纪著名犹太作者阿尔什奇（Alshech）也有相似坦白：

> 我们的拉比一致同意且肯定，（《以赛亚书》52:13至53:12）预言指的是弥赛亚王。③

著名注释者大卫·巴伦（David Baron）写道：

> 犹太人普遍认为这章说的是弥赛亚降临……一个犹太人说……事实上，那是上帝给予弥赛亚的描述，要鉴定真假弥赛亚，只需依据那段文字就可知。④

---

① 译者注：原文为"米德拉什"，midrashim为希伯来语，意为"解释"、"阐述"。
② 大卫·L.库柏，《弥赛亚：他的赎罪事业》，洛杉矶：大卫·L.库柏，1935年，90页。
③ 同上。
④ 同上。

许多犹太人会惊讶地发现，他们的祈祷书中竟有这样的文字：

> 公正的受膏者（弥赛亚）离了我们：恐怖抓住我们，我们无所辩解。他背起我们不义、罪恶的轭，因我们的罪孽负伤。他将我们的原罪扛在肩上，为我们的不义寻求谅解。他的伤口将治愈我们，那时，永恒会令他（弥赛亚）成为新造的人。哦，借助伊农（Yinnon）之手，他出地球循回，从西珥山（Seir）复活，再次将我们聚集在黎巴嫩山上。①

犹太先贤在写祈祷书时知道那说的是弥赛亚吗？答案很明显。他们一定知道！他们引用的正是《以赛亚书》第 53 章。

公元 1 世纪犹太人对弥赛亚的期盼

《死海古卷》可证明犹太人盼望一位会起死回生的弥赛亚，其中名为《创世纪诗选》（*A Genesis Florilegorium*）（4Q252）的残片显示，犹太人相信存在一位弥赛亚，而且他会是大卫的后裔。

"第 5 列（1）统治权不会传至犹大部落，（2）成王的大卫后裔对以色列的管辖（不会）停息……（4）直至正义的弥赛亚、大卫的支脉降临。"②

残片《上帝之子》（*The Son of God*）（4Q246）板 4 第 1、2 列甚至肯定了众人期盼的弥赛亚的神性：

"地球将受迫害……（直至）人民的王、上帝出现……他（的伟大）将展现于地球……（一切都）将（平和），众人都将事奉（他）。他将被称为（伟大（上帝之子）；他将被这样命名……他将被称作上帝之子；人们将称他为至上者的儿子。"③

残片《天地的弥赛亚》（*The Messiah of Heaven and Earth*）（4Q521）更是提及弥赛亚的死而复生："（12）然后他会治愈病患，起死回生，向温顺者宣福音。"④

---

① 《赎罪日祈祷书》，A. Th. 菲利普斯博士译，布洛赫出版公司，239页。

② 罗伯特·H.艾森曼和迈克尔·怀斯，《揭秘死海古卷》，纽约：巴恩斯&诺贝尔出版社，1992年，89页。

③ 同上，70页。

④ 同上，23页；比较 63页、95页。

附录G

"结"盟？

但以理写道："一七之内（七年），他必与许多人坚定盟约。"[①]

有人将这句误解为，某个邪恶之人将与犹太人"结"盟，然后出尔反尔。然而，希伯来原文中那个词从不译作"结下"，而一般被译为"盛行"。因此没人要"结"盟。

如果但以理真想表达结盟的意思，为什么不使用常用的希伯来习语？但他没有那么做，他选择的希伯来动词词根意为"获胜"（坚持、支配、胜利、真正获胜）。[②]

"一七"还未发生

许多人认为，尽管《但以理书》预言的 70 周中 69 周都依序成真，但第 70 周的预言仍未发生。请注意原文：

"Seventy weeks are determined upon thy people and upon thy holy city（为你本国之民、和你圣城、已经定了七十个七）。"[③]

动词"are"希伯来原文为单数，这点很重要。主语"seventy weeks"（七十个七）是复数，而动词是单数。单数动词表示了这七十个七被视为一个整体。

---

① 《但以理书》9:27。
② 例证见《创世纪》7:18、49:26;《出埃及记》17:11;《耶利米哀歌》1:16。
③ 《但以理书》9:24。

因此，最后一个七不能与其他七割裂开来，也不是发生在其他某个将来。

某个恶人会与犹太人"结"盟这一错误理论的源头

这个错误理解从何而来？

新教改革后，罗马天主教召开了特伦托会议（Council of Trent），意在阻挠新教发展。新教指控教皇是反基督者，这令教廷不安。

两个耶稣会士写书回应新教的攻击。一人说"反基督者"只存在于过去。另一人名叫里贝拉（Ribera），他说"反基督者"尚未出现，他仍在未来。里贝拉使用了但以理"第七十个七"来支持他的观点。

耶稣会士里贝拉的书被束之高阁两百余年，直至某日坎特伯雷大主教的图书馆员塞缪尔·梅特兰（Samuel Maitland）牧师拿起一本副本阅读。随后，他写了一段《圣经》评述，那是第一个将"反基督者"置于未来的新教评述。里贝拉的"反基督者"理论经过四百余年才得以流行。而今天大多数新教徒都天真地接受了它。

附录H

遗失的星座

异教神话产生前天体已被命名

早在希腊神话诞生前，天体的名称与数目就已被确定。因此，不是因神话产生星座，而是因星座产生神话。

星座有何变化

希腊天文学家托勒密称，他修改了一些星座。

黄道带的历史很容易被追溯。

（a）从以诺到亚伯拉罕

如果古代人所说为真，原始星座排列被告知了以诺，那就不难理解以诺的曾孙挪亚在大洪水时期保留了星座知识，也不难理解那些知识后来又被转述给了亚伯拉罕。

（b）从亚伯拉罕到埃及

根据固有的传统，亚伯拉罕将相同信息传给埃及人。据说他们将其作为神圣纪事并非常认真地保存下来。

（c）从埃及到希腊

相传希腊的欧多克索斯从埃及一座神庙中获得了一个标有星座的地球仪，那成为希腊天文学的基石。诗人亚拉突也对那个地球仪做过详细描述，他在一首诗中描述的星座与今天的大体相同。

希腊天文学家并未对那些星座知识表现出太多敬意，他们改变了一些星体的位置以适应其美学。不过，多数情况下他们自豪地标出了所做的改变。

那之后将近 1000 年，天文学都没有太大变化。最后在文艺复兴时期，托勒密的天体表被定为标准。我们至今还沿用着那些星座，几乎未对其做任何改变。

我们可以追溯历史上星座的所有变化，因而我们有理由相信，今日我们熟悉的星座实际可以一直回溯至以诺时期。

遗失的星座

不知为何，一个清楚且重要的星座在希腊人之前就被从星空图上抹去。托勒密的天体图上也留有一处空白，上面散落着一些未构成图形的星体。

那个遗失的星座到底是什么？

在托勒密的天体图上，我们可以看到遗失星座的位置：它是与处女座相邻的三个星座（旬星）中的第一个。

所幸的是，我们仍有充足线索让它重回本来的位置。

那些线索可以从古埃及人和古波斯人那里找到。

波斯人将其确认

幸运的是，阿尔巴梅泽为我们提供了有关那个星座的大量信息。他告诉了我们它的具体位置、形状，甚至含义。那个星座位于处女座头部之上，是该星座群的第一个旬星（或段）。

你会问，那个星群在希腊星空图的什么位置？在下页的天体图上，看到那片没有星座的区域吗——就在处女面向的前方，她手指附近。瞧那片空白处，有五颗亮星，托勒密都给它们做了标记。那正是遗失星座的位置。

今天那个区域被后发座（贝勒尼基的头发）占去，那本是遗失星座的位置。

波兰天文学家约翰·赫维留（Johannes Hevelius）为了填满那片空白，于 1687 年创造了猎犬座。

黄道平面投影示意图（北方）

有关那个原始（现在失落的）星座，阿拉伯天文学家阿尔巴梅泽到底想要告诉我们什么？弗朗西斯·罗尔斯顿翻译了阿尔巴梅泽对该星座的描述：

> 处女座包含两部分和三形态。如波斯人、迦勒底人、埃及人、两位赫耳墨斯与阿斯克留的教导，第一个旬星里升起一位年轻女子，她波斯名字的阿拉伯译文为 Adrenedefa，意为纯净无瑕的处女。她手持两束麦穗，坐于王座上，给一个婴孩喂奶。她喂奶的婴孩（我认为是男孩）有个希伯来名字，一些民族称他 Ihesu，意思是 Ieza，在希腊语中即是基督。①

要知道阿拉伯天文学家阿尔巴梅泽不是基督徒，他的文章写于公元850年。

阿尔巴梅泽不仅为我们保留了波斯人对那个星座的释义，即王后处女母亲抱着的小孩，还告诉了我们那婴孩是象征耶稣·基督。此外，他说有许多证据表明这个解释的正确性：他一一列出了证人，分别是波斯人、迦勒底人、

---

① 弗朗西斯·罗尔斯顿，《十二星座》，伦敦：利维顿出版社，1862年、1875年修正，之后的版本由韦泽图书于2001年缅因约克海滩重印。

埃及人、三重伟大的赫耳墨斯（可能是以诺）和第二位赫耳墨斯（很有可能是亚伯拉罕）。

埃及人刻画了它

埃及丹德拉的哈托尔神庙内的详细星空图也描绘了远古星座，从中我们也可以确认遗失星座的信息。拿破仑的艺术家细致绘制了所有图案的副本，其成果为一套几大卷本的图画册。

我们可以很容易地在丹德拉星空图上找到处女座。处女附近的星（旬星，或阐释符号）显示，坐在王座上的女人抱着一个婴儿。它就是阿尔巴梅泽描述的"遗失"星座。

注意这和波斯人的描述很相似：一个女人坐在王座上，抱着一个婴儿。

约翰·P. 普拉特（John P. Pratt）将这个星座命名为"婴孩王子"（The Infant Prince）。

普拉特重构的"婴孩王子"星座

普拉特有力地指出，一颗亮星现在被归属于处女座附近的一个星座，但它应被包含在（最早也一定是）处女座的一个旬星中才对。他对此星座的重构部分基于丹德拉的星空图。①

---

① http://www.johnpratt.com/items/docs/gis/gis_qa.html。

附录Ⅰ

耶稣的名字被编码在《旧约》里?

有没有可能耶书亚不只出现在《旧约》的表面文字上,还被编码进文字内容里?

1994 年,希伯来大学和耶路撒冷理工学院公布,他们发现了《圣经》中的隐藏密码,它似乎可以揭示《圣经》成书后几千年中发生的各种重大事件的详情。

你或许已经听说过那个密码。《UFO 外星人:致命的秘密》(第 15 章)对此有详述。

此密码的发现者是世界级量子物理数学家伊利雅胡·芮普斯(Eliyahu Rips)博士。这个发现先后被耶鲁、哈佛、希伯来大学的著名数学家和美国国防部一位高级代码破译员确认。

"跳跃的"密码

文字背后的密码被发现隐藏在《旧约》的原始版本中,即希伯来语《圣经》。信息以等距字母顺序隐藏在表面文字下。也就是说,通篇文本中,等距、有序的字母可以拼出含有其他意义的文字。

据称,这个密码的设置十分精巧、复杂和聪明,远非人类智力的创造物,以至于唯有依靠电脑才得以发现它。

文本内的相同字母排列可以包含多重意义,并且有限的文本被编入了巨量信息，因而任有多高超的运算资源，那种工程量也大大超出了任何人（或团体）的能力。

那是个极度复杂的文字游戏——没有电脑的帮助几乎识别不出来。

一本书的内容由多重信息密码构成……且每一层信息都完全独立、自成体系，你能想象吗？

举个例子：

《以赛亚书》第 53 章是一则关于允诺的弥赛亚的预言①。《以赛亚书》53:10 写道：

> 耶和华却定意将他压伤、使他受痛苦。耶和华以他为赎罪祭。
> 他必看见后裔并且延长年日。耶和华所喜悦的事，必在他手中亨通。

以上为表面文字信息，但整段文字以 20 个字母为间距构成的密码信息为"耶书亚是我的名字"（Yeshua Shmi）。

现在深吸一口气，准备好了吗？编码信息"耶书亚是我的名字"偶然出现在那句诗中的概率为十亿分之一。

你能理解吗？

还有更多令人惊讶的东西。《圣经》第一个短语（"起初"）是个令人惊愕的例证。第一句诗说上帝创造了地球及万物，而背后隐藏的编码短语为"耶书亚能够"（Yeshua yakol）。以《圣经》中第一个希伯来字母 Y（Yod）为起始，以 521 个字母为间距，即可得出该信息。

犹太学者雅各布·拉姆赛尔（Yacov Rambsel）认为，《旧约》的编码中包含许多耶书亚（耶稣）、弥赛亚和耶和华的相关信息。

拉姆赛尔说，事实上，《旧约》里每条拯救者预言都包含耶书亚的编码信息。就此，他写了一本 264 页的书详述这一发现。②

别在意希伯来语和英语中允诺之人名字的不同拼法。耶书亚 Yeshua 和耶稣 Jesus 实际是同一个名字。希伯来语的耶书亚 Yeshua 最初被译成希腊语

---

① 见本书附录F。

② 雅各布·拉姆赛尔，《他的名字是耶稣：神秘的耶书亚密码》。也见雅各布·拉姆赛尔，《耶书亚——旧约中耶稣的名字被揭露》，美国塔尔萨：先驱研究出版社，1996年。

的 Iesous，之所以 Y 变成了 I 是因为希腊语里没有 Y 或 SH。然后希腊语的 Iesous 在罗马语中被译为 Iesus，再之后到英语就变成了耶稣 Jesus。

"哦，得了吧，"我听到有人批评，"即便耶书亚被藏在《以赛亚书》第 53 章中，那也不代表那个耶书亚指的就是耶稣。耶书亚是个很常见的名字。"

面对这样的批评，拉姆赛尔进一步挖掘了《以赛亚书》第 53 章的弥赛亚预言。他的调查结果令人屏息！

仅在《以赛亚书》52:13 至 53:12 这 15 行诗中，拉姆赛尔就发现了 43 个与耶稣本人和其死亡相关的人物和短语。那些信息从左至右或从右至左以不同间距被编入原文中。

耶书亚……拿撒勒……弥赛亚……示罗……加利利……使徒……彼得……西门……约翰……马太……安得烈……腓力……多马……雅各……西门……马提亚……达太……约瑟……玛利亚（出现 3 次，耶稣处刑时有 3 个玛利亚）……他的十字架……摩利亚……他被钉十字架……赎罪羔羊……逾越节……面包……红酒……种子……水……俄备得……耶西……希律王……恺撒……彼拉多……汉纳……该亚法……利未人……来自锡安……主的灯……他的署名……邪恶罗马帝国。

这段预言文字中出现了：

（1）名为耶书亚（耶稣）的人的生死；

（2）《以赛亚书》第 53 章中的弥赛亚预言早于事件 700 年被给出。

这些信息被精心地编排，交织一起，难分难解。不能将它们拆分！这足以让你起鸡皮疙瘩了！

"七"因数

另一个引人入胜的发现是《旧约》中环环相扣的七的设计。那些七如同轮中之轮，以各种可能的方式交织一起，藏于文字之下。

俄罗斯科学家伊凡·帕宁（Ivan Panin）是第一个发现它的人。他向世界挑战，看有谁能够造出藏有此种密码的文书。没人能做到。帕宁问，密码 7 是伟大设计师、造物主的签名吗？①

---

① 《UFO外星人：致命的秘密》第15章中有一些关于密码7的惊人例证。

近来有发现表明，以 7 为单位的序列与耶书亚有关！例如，在《摩西五经》（Torah）中，耶书亚至少出现了 12 次，且正好以 7000 个字母为间距。

有宰羊献祭传统的希伯来逾越节概述了救赎者到来的预言。《出埃及记》12:27 提到了这一逾越节传统，我们可以从这句诗中发现三个重要编码词：从第五个单词的最后一个字母开始，找出随后每个单词的最后一个字母，最后可以拼出羊羔（ha'rachel）；以五个字母为间距，可以拼出弥赛亚（Mashiach）；还有，从这句诗开始，以 777 个字母为间距，可以拼出耶书亚（Yeshua）这个名字。

如果还觉得不够震撼，那再看看这个：

《但以理书》9:26 字面信息是，"受膏者必被剪除（被杀）"。这文字背后存有什么编码信息？答案还是：耶书亚！

这条早于真实事件 600 年的救赎者预言很直白地说明了救赎者就是耶书亚·弥赛亚——耶稣·基督！

都是重磅炸弹啊！接着再来看些数字信息。

你瞧，在希伯来语和希腊语中，字母表里的每个字母也兼作数字（就像拉丁语中，v 等于 5，x 等于 10，c 等于 100，等等）。将一个希伯来单词的每个字母所代表的数值相加会得到一个属于该单词的总值。

好的，名字耶书亚 Yeshua 由四个希伯来辅音构成，即 YOD，SHIN，WAW，AYIN。（Y-Sh-W-A）Yeshua 四个字母的总数值为 386。然后——屏住呼吸——《摩西五经》中，耶书亚出现了 12 次，都是以 386 个字母为间距。

那些编码十分繁复多样，不可能是人造的，至少基督出生前 500 年的中东世界没人能做到。

3500 年前的人不可能有能力编写《圣经》这样的书，哪怕是今天最聪明的人也没有那种能耐。我们必须面对这背后的意义，人类之上存有某人或某物。

无论《圣经》的作者是谁，他是不是煞费苦心，故意将那些字母顺序编排好？

是不是耶书亚将他的签名印在他写的文字中，如同纸币上那几乎看不见的水印？

附录J

拿撒勒①存在于1世纪

反对观点

一些怀疑论者认定耶稣的时代并不存在拿撒勒这座城市。

原因是《旧约》《塔木德》和保罗都未提及拿撒勒，生活在1世纪的约瑟夫斯也未曾提及那个地方。

事实

所谓的未曾提及根本构不成证据。反过来，他们为什么非得提到那个地方？毕竟，那些资料又不是游记见闻。而且，拿撒勒在历史上又不是什么重要地点，也没有什么重大的战略意义，因此它没有被历史文献提起的价值。那是个非常小且无足轻重的村庄，如同路旁一块无名的小丘。

此外，当时很多地方同样未被那些文献提及。加利利有数百座城市和村庄，但约瑟夫斯也只谈到了其中45座。

拿撒勒是个模糊的地理概念，它距一座大城市（塞拉皮斯）大概只有一里。相比拿撒勒，塞拉皮斯的地理重要性大多了，历史学家的目光自然更会被它吸引。

---

① 拿撒勒位于耶路撒冷北边约142公里处，是塞拉皮斯的小卫星镇。

批评者的思路是,凡是只被《圣经》提及的地点(如拿撒勒)都是虚构的。然而,这样的推理思路将使得很多只被一位古代作者提到的地点沦为"虚构"。

19 世纪以来,批评者例行地否认了许多只在《圣经》中出现的地点和人物的真实性。原因是当时缺乏那段历史的相关知识。

然而,随后一个接一个的发现推翻了那些反对言论。每个发现都证明了《圣经》的真实性,挫败了那些批评者。对此,我们可以举出很多例子,如赫梯人(Hittites)、巴比伦王伯沙撒和伯赛大村(Bethsaida)的存在。

关键是,还没有什么考古发现与《圣经》的记述相左。《圣经》的记录无懈可击。我们有理由推论,这种模式会一直持续。

拿撒勒的发掘

对拿撒勒的考古发掘始于 1955 年,位于宅基下面的地窖"洞"被挖出,它们曾被用作地下室、作坊和仓库。

但拿撒勒是个相当小的地方,只有 35 家住户。他们共用一个家庭农场和运货马车农场,仅靠雨水生活。史蒂文·凡恩(Steven Pfann)博士的考古队于 1996 年至 1997 年在那进行过发掘,他说:"拿撒勒很小,只有两三个氏族,35 个家庭,散落在约 37 亩地上……"

重点是拿撒勒是个很小且无足轻重的地方,如同一个沉睡的小山谷。因而它没有理由被历史学家提及。

"城市"的定义

我们现在对"城市"的理解和《圣经》时期大不相同,例如耶利哥(Jericho),尽管不足 50 亩地,它仍被称为"城市"。当时还有许多更小的"城市"。

拿撒勒的犹太人集会

怀疑论者会嘲笑说,《新约》竟提到在拿撒勒那么小的地方有犹太人集会(synagogue)。

抱歉,"犹太人集会"仅需十个犹太男子到场就成立,而且不要求在某种特殊建筑内进行,可以在户外举行。那对有两三百个人的村子而言完全不成问题。

悬崖

怀疑论者进一步嘲笑《新约》描述的耶稣被敌人带到悬崖边想要推他下去。他们反对的理由是，距拿撒勒最近的悬崖也有 4 公里远。

这更显出他们的无知。从前和现在，拿撒勒都是地处"紧挨山坡"的山谷中，三面都被山围绕。《路加福音》中的"峭壁顶端"是指该城西南角 10 米左右高的石灰岩崖壁。

残忍的亲属

另一种质疑《圣经》的意见为："如果耶稣在仅有 35 个家庭——不足 300 人的近亲氏族——的村中长大，度过了他人生中的 30 年，那么被他亵渎神明的言论震惊且想把他从悬崖上扔下去的'那群人'恐怕是他的亲友，包括他的兄弟，而不是《圣经》所写的充满敌意的陌生人。因为他们大概听到他的宗教言论已有许多年。"

真的吗？不，男性通常直至 30 岁才"成为"男人。而在那之前他所说的都不被视为严肃的"宗教言论"。事实上，正是因为他们深知耶稣与他们是如此不同才导致耶稣回去向他们布道时的问题。

"拿撒勒还能出什么好的吗？"[①] 这个问题不仅指出那个地方的无足轻重，同时告诉我们当地居民的素质问题。那儿的人品质败坏，一有机会，他们便毫不犹豫地彰显他们的坏心眼。

拿撒勒存在于 1 世纪

尽管拿撒勒的地理位置很模糊（这导致一些批评者认为它是在更晚时期才建成），但考古表明这个村子从公元前 7 世纪就已存在，且在公元前 2 世纪被重建过。[②]

以下是一些证据：

---

① 《约翰福音》1:46。

② M. J. 米勒，《一位边缘犹太人——重思历史上的耶稣》，（卷一，300—301页），引自迈耶斯和斯特兰奇，《考古、拉比和早期基督教》，阿宾顿：1981年，56—57页。

（1）当地出土了公元 1 世纪至 3 世纪和 11 世纪至 12 世纪的陶器。

（2）希律党人的墓葬进一步证明了拿撒勒存在于耶稣活动的 1 世纪。

（3）公元 66 年至 70 年的犹太罗马战争后，犹太牧师及其家庭重新定居。
这群人只定居在没有混种人的城镇，即没有外邦人的地方。

> 一块于 1962 年在该撒利亚港（Caesarea Maritima）出土的铭文
> 上写着，埃卡利尔（Elkalir）牧师定居在拿撒勒。顺带一提，这是
> 基督教书面文献之外唯一提及拿撒勒的古代资料……一些学者甚至
> 认为拿撒勒是早期基督徒虚构的；然而，那块出自该撒利亚港的（犹
> 太教——非基督教）铭文证明那种看法有误。①

那群人只在严格意义的犹太城镇定居，而他们去到了拿撒勒定居，这说
明拿撒勒在公元 1 世纪确实作为一个城镇存在。

今天，那里教堂前的整片广场都是考古遗址，车辆不得通行！

所以明眼人无须证据就能明白拿撒勒是否存在于公元 1 世纪或更早之前！

以色列信息网提及 1 世纪的拿撒勒

"耶稣时代，拿撒勒是个小且不重要的村庄，而公元前 900 年至公元前
600 年就有人在那定居。《约书亚记》19:10-16 提到西布伦族的 12 个镇子和 6
个村子，但因为太小，拿撒勒未在其中。约瑟夫斯提到的加利利 45 座城市里
也没有拿撒勒，《塔木德》提及的加利利 63 个镇子也没有它的身影。所以迦
南的拿但业说的'拿撒勒还能出什么好的吗'（《约翰福音》1:46）似乎体现
了这个地方表面上无足轻重……在加利利，耶稣被称为'拿撒勒人耶稣'（《马
太福音》21:11 ;《马可福音》14:67），但对于加利利以外的人而言，这个称号
毫无意义。为了解释拿撒勒的位置，加利利人必须说明那个村子靠近迦特希
弗（约拿的故乡，《列王纪下》14:25），从拿撒勒可以望见迦特希弗。"

"（巴加蒂②自 1995 年）对拿撒勒的考古挖掘显示了拿撒勒是个小农村，
只有几十户人在那定居。"

---

① 保尔·巴奈特，《新约背后的秘密》，1990年，42页。

② 译者注：Bellarmino Camillo Bagatti。

"出土的陶器残片证明公元前900年至公元前600年当地就一直有人居住，那之后虽有间断，但到了公元前200年又有人在那定居。"

自那之后（公元前200年），拿撒勒一直有人居住。[1]

感兴趣的请注意

优西比乌写到[2]，公元200年左右，尤利乌斯·亚弗利加纳斯（Julius Africanus）曾提及"拿撒勒"（Nazara）和耶稣的亲属（desposunoi），这个人称"小心翼翼地保存着他们血统的记录"。

---

[1]　詹姆士·弗莱明博士，<http://www.inisrael.com/tour/nazareth/history.htm>。
[2]　《教会史》1.7.14。

附录K

《塔木德》肯定了基督教创始人耶稣被处死

犹太人在其历史中并没有质疑福音书中耶稣·基督生死的真实性。

以色列·沙哈克（Israel Shahak）在《犹太史，犹太教》（*Jewish History, Jewish Religion*）中[①]写道：

"根据《塔木德》，犹太法庭以偶像崇拜的罪名处死耶稣，指控他煽动其他犹太人崇拜偶像，蔑视犹太祭司权威。所有提及处死耶稣的犹太经典文献都欣然承认是犹太法庭处死了他；在《塔木德》的描述中，罗马人甚至未曾出现。"

在更为人熟知但从未被重视的记述中，如著名的《耶稣的一生》（*Toldot Yesbu*），对耶稣的指控更加厉害，他被谴责行巫术[②]。在犹太人眼里，"耶稣"是令人憎恶的代名词，这种流行传统一直延续至今。（希伯来语的耶稣 Yeshu 被视为这一诅咒的缩写——"愿他的姓名和记忆被抹去"，这是极厉害的咒骂。）

事实上，反犹太复国主义东正教犹太人（如圣城卫士会 Neturey Qarta）有时称赫塞尔（Herzl）[③]为"赫塞尔·耶稣"。我在犹太复国主义的宗教作品中找到"纳塞尔[④]·耶稣"和更为近期的"阿拉法特[⑤]·耶稣"等说法。

---

① 97页。
② 《安息日》104b；《犹太公会》43a。
③ 译者注：犹太复国主义运动的创始人。
④ 译者注：埃及前总统，阿拉伯民族主义倡导者。
⑤ 译者注：已故巴勒斯坦前总统。

为什么犹太人一直这么厌恶耶稣？因为和他相关的不是无足轻重的古旧历史，他创造了令人敬畏的东西——基督教——从一开始它就是犹太人的眼中钉。毫无疑问，以上他们谈论的就是基督教的耶稣，在犹太人心目中，耶稣就如同希特勒。

除了上述原因，没有什么可以解释犹太人为何也憎恨福音书，甚至直至今日，以色列的犹太学校仍不准许引用福音书（更不用说教授了）。

犹太杂志《前进》（*Forward*）专栏作家大卫·克林霍弗（David Klinghoffer）为《洛杉矶时报》①撰稿写道：

"《塔木德》大约成书于公元 500 年，记录的是口传多个世纪的拉比语资料。该书从 16 世纪开始被多次修改，涉及耶稣及其处刑的篇章被删除，目的是避免激怒基督徒。但《塔木德》全文被完整地保存在更古老的手稿中，而今天一些版本的《塔木德》附录的小字里仍可以找见曾被删除的部分。"

"涉及犹太高等法庭判决步骤的《塔木德·犹太公会》中有个相关的例子：'逾越节前夕，他们吊起拿撒勒人耶稣。40 天前他被告知宣判结果，他要受石刑，因他行巫术，蛊惑以色列，引它入歧途。有谁知道他行的任何好事，请来为他辩护。'结果他们发现他一无是处。"

拉比语文献《塔木德》是在《米示拿》（*Mishnah*）②的基础上编写而成，后者约于公元 200 年成书。在《米示拿》中，拉比以利泽尔（Eliezer）解释说，被石刑处死的人都要被吊起，他的两只手被钉在两块木板上，形状如大写字母"T"，也就是十字架。

另一位拿撒勒人耶稣

《塔木德》肯定了耶稣·基督被处刑，他是基督教的创始人，而不是早于他 100 年的其他人。

因为一些《塔木德》篇章里的耶稣出现的时间比实际早或晚 100 年，所以一些犹太辩护者称《塔木德》中的拿撒勒人耶稣一定另有其人。但是，大部分拉比文献释义权威，如中世纪圣贤纳赫玛尼德斯（Nachmanides）、拉希

---

① 2004年1月。

② 译者注：犹太教法典的第一部分。

（Rashi）、托撒菲斯特学者（the Tosaphists）可不那么看。

12 世纪在埃及，迈蒙尼德（Maimonides）明确写到，《塔木德》里的耶稣是创建基督教的人。

在其总述犹太法律和信仰的巨著《密西拿托拉》（*Mishneh Torah*）中，迈蒙尼德写道"拿撒勒人耶稣编造他是弥赛亚，但被教廷处死。"在其《也门书信》（*Epistle to Yemen*）中，迈蒙尼德称："拿撒勒人耶稣对摩西律法训诫的阐释十分异端，好似它们毫无意义。他的声明在我们人民中得以传播前，睿智的圣贤意识到他的诡计，给予他应得的惩罚。"

附录L

回应一些轮回假设

假设1：只依赖信仰与祈祷和上帝沟通的传统宗教不能够让人同神的旨意和谐共处。

事实：如果《圣经》真的包含了上帝给人类的信息，那信仰与祈祷即是他指定的通往与神的旨意和谐共处的道路。神的旨意是他的律法，可以被成功遵循。[①]仅靠遵守造物主的诚命和接受他的真道，人们就可以令他们的信仰与神的旨意和睦共处。[②]

假想2：《圣经》鲜有提及死后生活及今生如何为以后的转变做准备。

事实：实际上，《圣经》在这个问题上有大篇幅的说明。

假设3：不理解转世轮回就不可能充分解释受苦的原因。

事实：《圣经》能够解释且已充分解释了人类受苦的原因。[③]

假设4：人类有如此多的东西要学习，因而必须经过多世才能取得重大进步。

事实：指望转世来改变现状的人只能等着忍受无数世的苦痛和死亡。

轮回并非最初揭示的真理，它是由背叛神的宁录的追随者渐渐发展出来的。完善品格在今世就能实现。

---

① 《诗篇》40:8。

② 《启示录》14:12。

③ 部分解释见本丛书之《UFO外星人：致命的秘密》第17章至20章，及本书第四十三章和附录J。

假设 5 :《圣经》也教导人们轮回。

事实：正好相反，《圣经》强调我们的命运——进天堂或是永远与神分离——仅由此生决定。

> * 按着定命，人人都有一死，死后且有审判。①
>
> * 现在正是拯救的日子。"②
>
> * 死后没有二次、三次或四次机会。③
>
> * 人在仅此一生决定自己永远的命运。④

每个人只作为凡人在地球上活一世，死一次，然后接受审判。之后所有不义都会被纠正。

假设 6：如果这世搞砸了，只要下世或下下世……重来，直至做对就行了。

事实：这里犯了一个大错，即将神人化和将人神化。这种观点傲慢地认为"人人必须自救"——因为基督教是谎言——此邪恶想法的结果是毁灭性的。

以免有人吹嘘，在此我再次说清楚，真相是我们无法通过善行自救。不，你不必为了做对一次次重来。

轮回谎言的危害是，死后才发现没有机会重来，届时已晚。

---

① 《希伯来书》9:27。

② 《哥林多后书》6:2。

③ 《以赛亚书》38:18。

④ 《马太福音》25:46。

附录M

公元 31 年该亚法对耶稣的记述

  根据穆罕默德二世（Mohammed Ⅱ）的命令，大量手稿被保存在君士坦丁堡（今伊斯坦布尔）的圣索菲亚大教堂（Mosque of S. Sophia），隐世近1500 年，且无意公之于众。其中两份手稿由方体希伯来字母写成。阅读它们对世界上最优秀的希伯来语学者来说都有困难，他们必须借助工具书。

  那两份卷轴是 1 世纪的官方法院文件，署名为该亚法。该亚法是在公元31 年主持传言中的耶稣死刑的犹太高级祭司。第一份卷轴包含他写给罗马总督本丢·彼拉多的信，内容为对耶稣·基督的长篇控诉及要处死他的理由。

  在那份卷轴上，学者还发现了该亚法写的另一封信，那是一份写给犹太公会关于此事的严肃报告。[①]

  我发现今天有一些怀疑论者质疑那份文件。在该发现公布 53 年后，有人开始怀疑那份文件的真实性。

  然而，我们必须理解：

  （1）那份文献存在的这么多个世纪中，无人试图将它公之于众，因此明显缺乏造假动机。

  （2）那份文献的特殊性使得发现它的人无力造假。上文说过，即便是最出色的希伯来语学者读它都相当费劲，必须借助工具书。

---

  ① 《阿奇克卷》，意大利热那亚古文物研究所麦金托什博士和特怀曼博士译自君士坦丁堡手稿及罗马梵蒂冈元老院判决摘录，1896年，92—93页。

而仔细研究赞成和反对那份文献真实性的证据后，你会发现结论偏向该文件为真。不过，如果你想无视那份文献也可以，还有大量毫无争议的文献可以证明耶稣·基督的历史真实性。

附录N

良久沉默

当世界来到终局的时候，散落世界各处的数十亿人来到神的王座前。几组人激烈地谈论着。一名年轻女子恶狠狠地说："上帝凭什么审判我们？他知道什么是苦痛吗？"她猛地拉起袖子，露出在纳粹集中营被烙上的数字纹身。一个黑人男子放低衣领，露出一块丑陋的绳子勒伤。"那这个呢？"他问道，"只因为是黑人，没有犯任何罪，就遭到私刑。我们在奴隶船上受压制，被亲人折磨，辛苦地工作，直至死去，才得以解脱。"

其他许多人也详述了他们的受难故事。每个人都抱怨神竟允许邪恶与苦难存在于他的世界。他住在天堂多幸运，那儿甜蜜光明，没有哭泣，没有恐惧，没有饥饿，没有仇恨。大家都赞同，神似乎活得很逍遥。

每组各派出一位代表，分别有犹太人、黑人妇女、印度贱民、私生子、广岛受难者、血汗工厂工人和劳改营犯人。在平原中心，他们商议着。

最后，他们准备好发布商议结果。其言语十分大胆。他们说，在上帝有资格审判他们之前，他必须忍受他们曾受过的苦。因此，他们做此决定：上帝应被判处以人身在地球上生活！但是，考虑到他是神，他们要采取一些防护措施以确保他不使用神力帮助自己：

让他生为受人鄙夷的犹太人。

让他的身世遭受质疑，没人知道他的父亲究竟是谁。

让他投身一项正义事业，但因为过于激进导致他被当权者憎恨、谴责。

让他尝试描述无人见过的、尝过的、听过的和闻过的东西……让他尝试将上帝传达给人类。

让他被最亲近的友人背叛。

让他被诬告，被歧视他的陪审团审判，被怯懦的法官定罪。让他饱尝极度的孤苦和被人遗弃的滋味。

让他受刑。

然后让他与其他普通罪犯一起羞辱地死去。

小组领导每念一条判决条款，人群中都传来赞同的呼喊声。但宣言完全公布后，众人沉默良久。无人说话。无人动弹。

因为所有人突然明白，上帝已服完他的刑。①

---

① 匿名作者。

图书在版编目（CIP）数据

被窃的身份：耶稣·基督：是历史还是骗局？ /
（美）乔纳森·格雷著；邱琳光译. — 长春：吉林出版
集团股份有限公司, 2016.12
（秘史译丛）
书名原文: STOLEN IDENTITY—Jesus Christ:
History or Hoax?

ISBN 978-7-5581-1882-1

Ⅰ.①被… Ⅱ.①乔… ②邱… Ⅲ.①基督教史 – 研
究 Ⅳ.①B979

中国版本图书馆CIP数据核字(2016)第295373号

被窃的身份——耶稣·基督：是历史还是骗局？

著　　者	[美]乔纳森·格雷
译　　者	邱琳光
出　　品	吉林出版集团·北京汉阅传播
出 品 人	刘丛星
总 策 划	崔文辉
策划编辑	张红军
责任编辑	王昌凤
封面设计	未　氓
开　　本	650mm×960mm　1/16
字　　数	420千
印　　张	27
版　　次	2017年1月第1版
印　　次	2019年3月第2次印刷

出　　版	吉林出版集团股份有限公司
发　　行	北京吉版图书有限责任公司
地　　址	北京市西城区椿树园15—18号底商A222
	邮编：100052
电　　话	总编办：010-63109269
	发行部：010-63104979
官方微信	Han-read
邮　　箱	jlpg-bj@vip.sina.com
印　　刷	河北省三河市天功达印刷有限公司

ISBN 978-7-5581-1882-1　　　　　定价：63.00元